Eva Gesine Baur

Hamlet am Herd

Das Leben des Eckart Witzigmann

| Hoffmann und Campe |

1. Auflage 2006

www.hoca.de
Satz- und Buchgestaltung: Prill Partners producing, Berlin
Reproarbeiten: tiff.any, Berlin
Druck: Druckhaus Nomos, Sinzheim
Bindung: Großbuchbinderei Spinner, Ottersweier
Printed in Germany
ISBN (10) 3-455-50003-X
ISBN (13) 978-3-455-50003-5

HOFFMANN
UND CAMPE

Ein Unternehmen der
GANSKE VERLAGSGRUPPE

I.
Kapitel

Er strahlt, schattenlos. Er strahlt auf jedem Kochbuch-Cover, auf fast jedem der Fotos aus seinem privaten Leben wie aus seinem beruflichen. Er strahlt als Kind auf dem Arm der Mutter, auf Skiern als Zwölfjähriger, als junger Lehrling an der Seite des ersten Chefs, als Aufsteiger im Blazer auf einer Londoner Parkbank, im Kreis seiner Brigade hinter dem Buffet für irgendeinen Galaempfang, mit einem silbernen Pokal in der Hand oder einem übergroßen Steinpilz, im Frack, im Kochkittel, im verschwitzten Tennishemd oder mit nacktem Oberkörper, seinen Fischfang präsentierend, er strahlt neben Altbundespräsident Walter Scheel und Königin Silvia von Schweden, Reinhold Messner und Anne-Sophie Mutter, neben Michail Gorbatschow und Niki Lauda. Und er strahlt auch meistens in der Wirklichkeit, selbst noch, wenn gerade irgendeine Schlamperei sein Gesicht verfinstert oder für einen Wutausbruch gesorgt hat. Der Anblick einer makellosen Fenchelknolle mit ihrem Laub, einem grünen Gefieder gleich, genügt, um dieses Lächeln aufgehen zu lassen in seinem Gesicht. Und es ist kein abwischbares Lächeln für den Fotografen, es ist ein Lächeln von innen heraus, das alles, was zuvor war, vergessen macht. Anders gesagt, es ist das, was seine Schüler sagen lässt: »Dem Chef kannst du nie böse sein.«

Was also soll dieser Mann mit Hamlet zu tun haben? Was hat den Autor Peter Brügge dereinst verleitet, ausgerechnet Eckart Witzigmann als »Hamlet am Herd« zu bezeichnen? Das war Ende 1979, lange bevor die viel zitierte Kokainaffäre ihn wirtschaftlich zu ruinieren drohte, in einer Zeit, in der sein Weg unaufhaltsam nach oben zu führen schien und er gerade als erster Koch den dritten Michelin-Stern nach Deutschland geholt hatte. Doch Witzigmann triumphierte damals nicht. »Nach dem dritten Stern«, erklärte er, »will man sich total absichern. Aber man weiß, dass es nicht geht.«

»Den größten Triumph seines Lebens verwürzen ihm womöglich Zweifel an seinen und den generellen Möglichkeiten für eine fortwährende Kreativität am Herd.«
Peter Brügge im *Spiegel* vom 3. Dezember 1979

Hamlet ringt bekanntlich fünf tragische Akte lang. Und auch Eckart Witzigmann, dessen Dasein mittlerweile weitgehend von Tragik bereinigt zu sein scheint, ringt bis heute. Natürlich längst nicht mehr um die Anerkennung, nicht einmal mehr um Rehabilitierung und seit kürzerem auch nicht mehr ums Geld. Sondern jedes Mal von neuem um das Produkt, das er heiligenmäßig verehrt, wenn es von erster Qualität ist. Er grübelt über einem Saibling, sinniert über einem Oktopus, über einem Blumenkohl oder einem Rettich wie Hamlet über dem Schädel. Warum?

»And thus the native hue of resolution Is sicklied o'er with the pale cast of thought.«
»Der angebor'nen Farbe der Entschließung Wird des Gedankens Blässe angekränkelt.«
William Shakespeare, »Hamlet«

Mit Witzigmanns gern verbreiteter Forderung: »Das Produkt muss der Star sein«, ist diese Frage nicht beantwortet. Denn dass es ihm wie kaum einem anderen gelingt, diesen Star einfühlsam zur Geltung zu bringen mit allen Eigenwilligkeiten, dass er mit seiner Kunstfertigkeit, Phantasie und Geschicklichkeit den Charakter des Produkts, seine Einzigartigkeit hervortreten lässt, liegt auf der Zunge. Witzigmann kann das, was er fordert, er beherrscht sein Metier traumwandlerisch. Warum also ringt er und worum?

Es ist, als sei Witzigmanns Lebenswerk wie Schuberts letzte Symphonie mit »Die Unvollendete« überschrieben, als sei er noch nicht dort angekommen, wo er ankommen muss, als habe er die Aufgabe noch nicht erfüllt, die er sich selbst gestellt hat. Es wirkt, kurz gesagt, als gelte es noch, Menschen zu überzeugen. Wovon?

Selbst wenn er es nicht so ausspricht: davon, dass Kochkunst nicht nur so heißt, sondern wirklich zu den Künsten gehört. Dass wir das einsehen, hat für niemanden eine größere Bedeutung als für Eckart Witzigmann. Denn das, was ihn aufhielt, quälte, behinderte, behelligte, beleidigte und schließlich zu Fall brachte, resultierte daraus, dass er als Handwerker, bestenfalls als Kunsthandwerker betrachtet wurde, aber niemals als Künstler.

Seien wir ehrlich: Nach wie vor ist für uns ein Koch, auch und gerade ein von Michelin-Sternen bestrahlter oder von Gault-Millau-Hauben bekrönter Spitzenkoch, vor allem ein Erfüllungsgehilfe unserer Selbstinszenierung. Jemand, der uns einen Abend unvergesslich macht, weil wir uns selbst vergessen können im Glück des Augenblicks. Natürlich gibt es in der Kochkunst wie in jeder anderen Kunst neben den Meistern und den Genies jede Menge Stümper, Blender und Kleingeister. Dennoch, es wäre doch so nahe liegend, Kochkunst als Kunst zu sehen, auch wenn die Karte nicht vom Dialog der Weißwurst mit ihrem Senf oder dem Terzett von Meeresfrüchten salbadert, auch wenn kein Feuilletonist das Gemälde auf dem Teller beschwört, auch wenn wir nicht in einem klugen Guide nachlesen, der Meister habe das Lamm feinsinnig interpretiert oder er spiele souverän auf der Klaviatur der Aromen.

Es scheint unleugbar, dass die Kochkunst von allen anderen Künsten etwas in sich birgt. Sogar ein scharfzüngiger Berufsesser wie der Gault-Millau-Herausgeber Manfred Kohnke gibt das zu, wenn er sagt, Witzigmanns Kochkunst sei nur mit der Kunstfertigkeit eines Michelangelo, van Gogh oder Leonard Bernstein zu vergleichen. Dass sich ein Koch wie andere Künstler mit dem Unverständnis seitens des Publikums herumzuschlagen hat, sich auch damit abfinden muss, dass Kritiker über ihn ebenso herfallen dürfen wie über einen Schauspieler oder einen Schriftsteller, scheint als Indiz dafür, dass Kochen Kunst ist, nicht ausreichend. Doch es gibt jede Menge anderer Belege dafür, dass diese Disziplin, die so viel Disziplin erfordert, zu den Artes liberales gehört. Zuerst das Anstrengendste:

»Kunst ist schön, macht aber viel Arbeit«, hat Karl Valentin gesagt. Welcher andere Künstler schuftet schon wie ein Koch auf Witzigmann-Niveau fünf bis sechs Tage in der Woche von morgens neun bis kurz vor Mitternacht, und das unter klimatischen Bedingungen, wie sie in den Tropen herrschen? Welcher andere Künstler wird so gezeichnet von den Spuren seiner Arbeit? Kämpft gegen Bandscheibenbeschwerden und Übergewicht? Es ist kein Zufall, dass selbst sparsamste Köche für gute Schuhe weit mehr Geld ausgeben, als ihr Etat erlaubt, denn Krampfadern können sie sich noch weniger leisten.

Manche der schneebesenwirbelnden Fernsehköche, denen Sprüche so locker gelingen wie Witzigmann ein Topfensoufflé, wecken den Irrglauben, Kochen sei etwas Spielerisches. Eckart Witzigmann sagt bis heute knapp, Kochen sei nun einmal Arbeit und vertrage keinerlei Ablenkung. Und eben das verträgt das Dirigieren einer Beethoven-Symphonie auch nicht.

»Ich habe schon früh die Fähigkeit entwickelt, mich bestens auszupressen.«
Eckart Witzigmann auf einem Notizblock des *Hotel Jerome* in Aspen, Colorado

Wolfram Siebeck, altgedienter Freundfeind von Eckart Witzigmann, hat ihn mal einen »Karajan der Küche« genannt, woran sicher manches stimmt, besitzt er doch wie der Dirigent die hohe Gabe, seinem Orchester zu vermitteln, wie etwas zu deuten sei. Wenngleich, was die mangelnde Eitelkeit und die versessene Werktreue angeht, Witzigmann eher mit Harnoncourt zu vergleichen wäre.

Der Koch muss wie ein Pianist, wie jeder Instrumentalsolist über Fingerfertigkeit und Interpretationskunst verfügen und muss zugleich wie ein Tänzer dafür sorgen, dass von seiner körperlichen Anstrengung nichts zu bemerken ist, dass alles, was er vorführt, leicht und mühelos wirkt. Wie ein Bildhauer muss er das Wesentliche herausarbeiten, wohl wissend, dass Weggeschlagenes, Verworfenes ein für alle Mal verloren und eine Fehlentscheidung nicht mehr zu revidieren ist. Auch mit dem Schriftsteller hat er viel gemeinsam, geht es doch hier wie dort darum, nicht mit zu viel Sauce und Dekoration, mit zu vielen Einfällen und Kunstgriffen den Kern der Geschichte, das Eigentliche zu verdecken. Bartolomeo Scappi, gern als »Michelangelo der Küche« gepriesen, befand ganz aus dem Geist seiner Zeit und seiner Heimat heraus, der italienischen Renaissance, ein idealer Koch müsse einem Architekten gleichen. »Dieser baut nach einer richtigen Zeichnung zuerst starke Fundamente, und darauf schenkt er der Welt prächtige und nützliche Gebäude.« Witzigmann selbst notierte für sich einmal: »Wir sind wie ein Filmregisseur und sein Team. Das Restaurant ist unsere Leinwand.« Nur leider muss das Drehbuch jeden Tag neu geschrieben werden. Und darf vor allem nicht zu viele Gags enthalten.

Letztlich lassen sich zu fast jeder Kunstform Analogien entdecken. Es geht jedoch nicht um die Ähnlichkeit mit irgendeiner anderen Disziplin, sondern darum, was die Kochkunst mit allen schönen Künsten gemeinsam hat: Sie gibt einer Epoche, einer Zeitspanne Ausdruck, so wie eine Sonate oder ein Song, ein Bühnenstück oder ein Gemälde, ein Roman oder ein Film, ein Bauwerk oder ein Gedicht oder eine Skulptur.

Als aber Eckart Witzigmann einem Gast, der nach Salz, Pfeffer und Maggi verlangte, erklärte, er verlange doch auch nicht Farbe von einem Maler, um in dessen Bild herumzuklecksen, wurde ihm das als himmelschreiende Überheblichkeit angekreidet. Allein die spärlichen Kenner der kulinarischen Frühzeit gaben ihm Recht.

Und als er sich später Freiheiten, Vergnügungen, Exkursionen zu Boxkämpfen, champagnerdurchzechte Nächte, Auftritte mit schönen Frauen und mehr oder weniger verbotene Lustbarkeiten gönnte, die jedem bildenden Künstler der Szene, jedem Regisseur, jedem Filmstar nachgesehen werden, fielen die Selbstgerechten über ihn her und von ihm ab, um zu zeigen, dass dieser Emporkömmling nur geduldet worden war in ihren Kreisen, ein Hofnarr eher, der nie wirklich dazugehört hatte. Was er, während die glitzernden Opportunisten sein Acht-Gänge-Menue genossen, oft durchlitt, hatte sie ohnehin nie interessiert. Und der Gedanke, dass am Herd ein Grübler steht, ein Schwerarbeiter, der schweißüberströmt um die Perfektion einer Hummersauce kämpft, hätte ihnen nur den Appetit verdorben.

»Nachwürzen von Speisen ist eine Beleidigung für den guten Koch. Der große Kochkünstler hat in jedem Fall die feinere Zunge. Der Gast sollte ihr vertrauen.«
Klaus Besser in seiner Serie »Der gelernte Gast«, 1976

Wer Witzigmann jemals bei der Arbeit zusehen durfte, versteht Peter Brügges Rede vom Hamlet am Herd aus anschaulichen Gründen. Da steht er hochkonzentriert und ernst, abwartend und wachsam. Stumm befragt er jedes Gemüse, jedes Kraut, jedes Stück Fleisch, jeden Fisch. Es wirkt, als warte er darauf, was dieses Produkt ihm sagen, ihm mitteilen will.

»Hinter der Bühne versuche ich, meine Angst in Energie zu verwandeln.«
Notiz von Eckart Witzigmann auf einem Notizblock des Hotels *Breidenbacher Hof*, Düsseldorf

Welcher Weggefährte Witzigmanns auch immer interviewt wird, jeder betont, soll er das Kennzeichnende an der Arbeit des Chefs schildern, dessen Umgang mit den Dingen, das Zögerliche und das Zärtliche daran. »Wie viel Zeit er sich lässt, bevor er anfängt, einen Fisch zu zerlegen«, bewundert Karl Ederer, viereinhalb Jahre lang in Witzigmanns Küche und einst sein geschätzter Sous-Chef, »wie er darum herumtänzelt, als müsse er ihn beschwören, eher einem Medizinmann ähnlich als einem Koch.« Und auch Witzigmanns ehemaliger Schüler Johann Lafer erinnert sich nicht nur daran, dass er in der Straßenbahn auf dem Weg zu seinem Arbeitsplatz in Witzigmanns *Aubergine* vor Stress erbrochen hatte, sondern auch daran, wie der Chef ein Stück vom Entrecôte betrachtete, als wolle er darüber meditieren. »Wie er eine Erdbeere betastet, als wären es die Brustwarzen einer Frau«, schwärmt seine weinkundige Co-Autorin Paula Bosch. »Oder wie er einen Spargel mit beiden Händen umfasst, als wär's eine heilige Reliquie.« Der Witzigmann-Schüler Jörg Wörther nennt die Gebärdensprache seines Lehrers in der Küche sogar »feminin« und meint, das habe nur noch der legendäre Paul Haeberlin so vorgemacht.

Daran hat sich bis heute nichts geändert. Und Eckart Witzigmann, der wie fast alle großen Köche an Astrologie glaubt, schreibt das dem Umstand zu, dass er im Zeichen des Krebses geboren ist, was aus Sicht der Sternkundigen Weichheit, Verletzbarkeit und Weiblichkeit bedeutet. Gäbe es für einen Mann einen besseren Beruf, um das auszuleben, als den des Kochs? Viele seiner Schüler, von Jörg Wörther bis Roland Trettl, betonen stolz, dass sie wie der Chef ebenfalls Krebsgeborene seien.

»Hamlet ist eine Frau.« Edward Jones, Psychoanalytiker und Freud-Schüler

Doch in dieser Behutsamkeit und Achtsamkeit eines Mannes, der sich wie nur wenig andere dieses Faches seiner Fähigkeiten sicher sein kann, stecken zwei gegensätzliche Regungen: Ehrfurcht und Ehrgeiz. Ehrfurcht meint bei Witzigmann die Demut vor einem Gottesgeschenk. Mit Gott, sagt er, habe er sich nie explizit beschäftigt. Dem begegne er beim Arbeiten. Ehrgeiz bedeutet in seinem Fall den Drang, über den ärgsten Feind zu siegen: über die Zeit. Zugegeben, alle Künstler ringen mit ihr. Wer der Zeit so weit voraus ist, dass sie ihn nicht einholt, erntet Ruhm und Geld erst postum, wer ihr hinterherhinkt, erntet zu Lebzeiten Spott. Verfallsdaten bedrohen nicht nur Hummer und Crème fraîche, sie bedrohen auch Romane oder Gemälde, Kompositionen oder Interpretationen. Der Kochkünstler ringt dennoch wohl am heftigsten mit der Zeit, denn er arbeitet mit ihr und doch gegen sie. Chronos ist der Tyrann der Kochkunst. Es klingt erschreckend und abstrus. Aber gerade in der Küche, Inbegriff sinnlichen Lebens, ist die Kunst, die Kochkunst, ein Kampf gegen den Tod und ein Ringen um Chairos, den richtigen, günstigen Augenblick. Ähnlich wie in einer Opernaufführung können Sekunden darüber entscheiden, ob das Ganze gelingt oder scheitert, denn gerade in einer großen Küche geht es um das hochkomplexe Zusammenspiel sehr vieler Beteiligter. Selbst bei einem solistischen Kochkünstler reichen Sekundenbruchteile, um etwas völlig zu verderben.

Shakespeares Hamlet brütet. Und er ist durchaus der Meinung seiner Mutter, die fordert: »More letter, less art.« Mehr Inhalt, weniger Kunst. Was auch heißt, alles Überflüssige wegzulassen, um den Wesenskern zu erkennen.

Gegen das Verkünsteln arbeitet er weiterhin an. Mit umso mehr Energie, zumal sich Ideen, wie Rumkabeljau zu einer Tabak-Schokomousse in Wacholderschinken oder etwa Fisherman's-Friend-Spätzle zu einem Kaffee-Lotte-Lamm mit korianderbestreutem Granatapfel zu servieren, rascher verbreiten als Viren im Internet.

Was aber treibt ihn nach wie vor an und um? Und was trieb ihn nach oben?

Wer das Erfolgsgeheimnis des Eckart Witzigmann erkunden will, muss dessen Weg von Anfang an nachgehen. Es ist ein mühsamer Weg mit brisanten Steigungen, scharfen Kurven, jähen Gefällen und erneutem Anstieg. Und wer weiß, wo dieser Weg hingeführt hat, will vor allem eines wissen: Wie hat dieser Eckart Witzigmann ihn bewältigt? Woher bezieht er seine seelische Kondition? Wie hat er es geschafft, den Mount Everest der Kochkunst nicht nur ein Mal zu erklimmen, sondern immer wieder?

Die Geschichte des Eckart Witzigmann führt vor, wie er das bewältigt hat. Auch nach Unfällen, nach Abstürzen, wenn alle Gliedmaßen schmerzten und die anderen sagten: Diesmal wird er es nicht mehr schaffen.

II.
Kapitel

Es könnte paradiesisch sein in Bad Gastein. Der Krieg hat hier nichts zerstört. Die Nähe zum Obersalzberg hat keinen Bombenhagel beschert. Unversehrt leuchten die Hotelbauten der Belle Époque, manche zwölf Stockwerke hoch, im Amphitheater der Bergwelt. Gerade jetzt, in den fünfziger Jahren, könnte es hier paradiesisch sein, denn es sieht so aus, als stimme alles. Die Lage des Ortes, sogar von buchhalterischen Pflichterfüllern wie Kaiser Franz Joseph als romantisch gefeiert und von Kaiserin Sisi in Gedichten tränenselig beschworen, wird nun in bunten Prospekten erfolgreich vermarktet. Die reichen Badegäste von früher, die adligen vor allem, sind seit dem Ende des Zweiten Weltkriegs weggeblieben, aber obwohl die wirtschaftliche Lage prekär ist, haben die Stadtväter weitsichtig investiert, um den idyllischen Badeort auch noch zum dynamischen Skisport-Ort zu machen. Es reicht nicht mehr, dass der Wasserfall in der Ortsmitte, in dem die Ache sich in die Tiefe stürzt, ein beliebtes Postkartenmotiv ist, es reicht auch nicht, das milde, fast ganzjährig nebelfreie Klima, die gute Luft und die Wunderwirkung der warmen Quellen anzupreisen. Die Bad Gasteiner haben schnell reagiert auf die neuen Verhältnisse. Schon an Silvester 1945 war der Haimalmlift am Graukogel eröffnet worden, 1947 die Sesselliftanlage, 1951 dann die Stubnerkogel-Gondelbahn. Jetzt, in den Fünfzigern, laufen die Geschäfte gut, erst recht seitdem eine neue Straße von Salzburg aus die Fahrt hinauf beschleunigt in diesen auf eintausend Meter Höhe gelegenen Ort im Schatten der Tauern, von wo aus die Besucher den Blick über das Gasteiner Tal genießen können. Dass sich dieses elegante Dorf seit 1936 Bad nennen darf, interessiert in wirtschaftswunderbaren Zeiten keinen, und dass hier einst der gesamte Hochadel Österreich-Ungarns und Deutschlands verkehrte, ebenso wenig. Es reicht nicht mehr, dass es in Bad Gastein 500 Thermalbäder gibt, Inhalationsanlagen, einen Radiumstollen und ein Becken für Unterwassertherapie. Um die 7000 Betten zu belegen, müssen neue Geschäftsideen her, sonst sind die luxuriösen Grandhotels nicht mehr zu halten mit ihren böhmischen Kristalllüstern, Marmorböden und Parkett, roten Teppichen auf breiten Steintreppen, filigranen Eisengeländern, reich stuckierten Speisesälen, Messingbeschlägen und hohen Schleiflackflügeltüren. Es hilft zwar, dass sich der Komödienheld Georg Thomalla in eine Bad Gasteiner Pensionsbesitzerin verliebt hat und in seinem Gefolge die Filmstars, von Theo Lingen bis Hildegard Knef, hierher kommen. Doch die Bad Gasteiner setzen zu Recht auf die Anziehungskraft ihrer Pisten.

Es könnte paradiesisch sein, auch dort, wo es den Glanz der Prominenz nicht gibt. Zum Beispiel in der so genannten Siedlung nahe beim Bahnhof, wo hastig hochgezogene Häuser aus den letzten Jahren neben engen, billig gebauten Mietshäusern älteren Datums verloren zwischen Durchgangsstraße und Bahndamm stehen. Für Kinder jedenfalls könnte es paradiesisch sein, obwohl die Gegend als Glasscherbenviertel gilt, in dem die Ellenbogen mehr trainiert werden als die Manieren und keiner sich scheut, direkt nach der Sonntagspredigt jemanden zu verdreschen. Denn auch dort ist die Luft gut, es gibt einen Bolzplatz und genügend Arbeit für die Eltern. Und der Weg zum nächsten Skilift ist nirgendwo weit.

»Meine Eltern haben wie die vom Eckart zu denen gehört, die sehr wenig Geld hatten. Aber sehr viel Gaudi haben wir trotzdem gehabt.«
Walter Olschützer,
Cousin und Freund
Eckart Witzigmanns

Dass es zu Hause eng ist, stört die wenigsten. Und auch Eckart, das einzige Kind von Alois und Maria Witzigmann, stört es nicht, dass der Vater eines der zwei Zimmer in der Wohnung als Werkstatt braucht, dass in der Küche gegessen wird, weil es kein Wohn- oder gar Esszimmer gibt, und dass sein Bett neben dem von Mutter und Vater steht. Für Alois Witzigmann ist das bereits Komfort. Denn als sein Sohn 1941 in Hohenems, im Vorarlberg, geboren wurde,, stand er an der Ostfront in Murmansk und wusste nicht, ob das Leben noch eine Sekunde oder einen Tag dauert. Und die vier Jahre danach, bis zum Kriegsende, waren so schlimm, dass er nicht darüber reden will.

Alois Witzigmann kam die Siedlung paradiesisch vor, als er 1945 heimkehrte und froh darüber war, dass er nicht in Gefangenschaft geraten war. Da spielten Kinder auf der Straße. Es roch nach Frieden. Dass er an seinem eigenen Sohn vorbeispaziert war, konnte er nicht wissen.

Die knapp bemessene Welt zu Hause ist in Ordnung. Keiner von Eckarts Sinnen wird behelligt. Im Gegenteil. Der Vater wie die Mutter achten auf ihre Figur und ihre Kleidung übermäßig. Er ist Vorturner im Turnverein bei den Damen, sie, eine Frau, nach der sich die Männer noch immer umdrehen, trägt auch im Hochsommer makellose Strümpfe, polierte Pumps und ein gestärktes Kleid oder ein Kostüm. Vom frühen Morgen an riecht es gut in der Wohnung, nicht nur nach Appretur und gedämpften Stoffen und dem Öl heißgelaufener Nähmaschinen, sondern nach dem, was die Mutter bereits um sechs auf den Herd setzt. Eine Rindssuppe zum Beispiel, die so lange köchelt, bis sie gegen Mittag glasklar ist. Von beiden Eltern lernt er das zu schätzen, was in den üblichen Gaststätten nur Beilage, nur Nebensache ist neben dem großen Stück Fleisch, denn in den schmalen Beeten hinterm Haus ziehen sie Radieschen, Tomaten, Salat und Kräuter, jäten Unkraut, gießen mit Regenwasser. Und wenn etwas geerntet wird, dann wird jedes Blatt zweimal gedreht, bevor es ausgesondert werden muss.

»Es ist eine Schande, dass viele Leute den schönsten Salat nur für Garnierung halten.« Eckart Witzigmann 1979 zu einem Gast in der *Aubergine*, München

Von der Mutter lernt er zudem, dass die so genannte einfache Küche wenig Geld, aber sehr viel Zeit und Aufmerksamkeit kostet. Weil nur neben dem Herd ein Tisch steht, an dem er auch seine Hausaufgaben machen kann, sieht er ihr zu, wie sie aus altem Brot, Petersilie, Schnittlauch und der abfällig Baraber-Salami genannten Dauerwurst Knödel macht, wie sie den Nudelteig für die Schinkenfleckerl ausrollt oder den Strudelteig. Alles, was die Mutter ihm vorsetzt, ist preiswert und gut, das Szegediner Gulasch wie das Bayrisch Kraut, die Tiroler Gröstl wie der Apfelstrudel, der sonntägliche Kalbshirnbraten wie der Nierenbraten oder die Ochsenbrust. Sie ist als Vollwaise, eine von vier Schwestern, ganz in der Nähe, in der Pension der Brandtners, groß geworden und hat dort alles gemacht, jeden Handlangerdienst verrichtet, Bügeln, Nähen, Putzen, Stopfen, und eben auch Kochen gelernt. Sie weiß aus den billigsten Gemüsen etwas zuzubereiten, weiß, dass der Karfiol, der Blumenkohl, mit Semmelbröseln besonders gut schmeckt, was in die Füllung von Paprikaschoten gehört, wie viel Kümmel dem Wirsing bekommt, wie man einen Schweinsbraten richtig begießt, wie man Sellerie zu einer Köstlichkeit bäckt. Sie kredenzt am Freitag eine »ein'brennte Kartoffelsuppe mit Steinpilz-

Strenges Glück: Eckart mit Mutter Maria und Stoffhund, 1944. Der Vater ist im Krieg.

nudeln« und am Montag das, was vom Sonntagsbraten übrig blieb, angereichert mit Gröstl und Spiegelei. Eckart entdeckt durch seine Mutter die Lust an der Resteverwertung, hackt sich am Sonntagabend Zwiebeln und Knoblauchzehen, mischt sie unters Bratenfett, salzt und pfeffert das Ganze und streicht es aufs Brot. Er bemerkt, dass es ihm nicht behagt, wenn ein Gericht unübersichtlich ist, wenn es das ist, was er »einen süßen Baatz« nennt, weil sein Gaumen die Geschmäcker, die Aromen auseinander halten will. Und er beobachtet, wie die Mutter stumm leidet, wenn ihre Arbeit nicht gewürdigt wird, sei es, dass der Vater, der einen besonders feinen Gaumen hat, herummäkelt, sei es, weil der Sohn nicht pünktlich zum Essen kommt oder wieder einmal den Scheiterhaufen, den Reisauflauf, den »süßen Baatz« eben, stehen lässt. Eckart stellt fest, dass es den Gästen in seinem Elternhaus besonders gut schmeckt, auch solchen, die sehr viel mehr Geld haben als Alois und Maria Witzigmann, vielleicht sogar ein Haus oder ein Auto, dass also offenkundig gute Küche keine Sache der Reichen ist. Schwammerl, Pilze jeder Art, die in den Wäldern hier prächtig gedeihen, sind für kundige Sammler ohnehin gratis, vom Frauentäubling, Semmelpilz, einer Krausen Glucke, Totentrompeten und einem Reizker bis zu den Steinpilzen und Pfifferlingen, auf die Maria Witzigmann, genannt Mitzi, wartet. Und Eckart ist, murrend, aber zwangsläufig, zum Kenner geworden, belohnt durch die gebratenen Steinpilzschnitten, die seine Mutter daraus zubereitet und mit Kartoffel-Gurken-Salat serviert.

»Esskultur lernt man im Elternhaus. Es darf in der Küche kein Zwei-Klassen-System geben.«
Eckart Witzigmann auf einem Notizzettel mit der Überschrift »Themen für 2010«

Es könnte paradiesisch sein, gäbe es im Bad Gastein dieser Jahre nicht jene Sorte kleinstädtischer Anteilnahme, hinter der sich Neid und Eifersucht verbergen. Der sozialen Kontrolle ist in Bad Gastein nicht zu entkommen. Denn hier, wo Prominente aus aller Welt verkehren, wo für Hotelzimmer so viel bezahlt wird wie in Paris oder Zürich, zählen der Ruf, der Auftritt, das Ansehen mehr als in anderen Orten dieser Einwohnerstärke, so als wolle man es den Großkopferten zeigen. Wenn Maria Witzigmann das Rindfleisch für ihre Suppe einkauft und dabei von einer Nachbarin angesprochen wird, ob sie nicht entsetzt darüber sei, dass der Eckart eine schlechte Note in Englisch geschrieben habe, dann ist das keine Nebensache, es ist eine Schande. Denn wo wenig Geld ist, zählt der Erfolg umso mehr.

Adrettes Glück: Familie Witzigmann in mustergültiger Sommerkleidung, 1955 auf dem Markusplatz in Venedig, mit Tauben posierend.

Mitzi und ihre älteste Schwester Margarethe haben zwei Söhne, die gleich alt sind, sich wie Zwillinge ähneln und als die Kleinsten der Schulklasse nebeneinander in der ersten Reihe sitzen. Bringt Eckart, an Mathematik desinteressiert, eine Vier heim, kann er zwar behaupten, Walter habe auch eine Vier gekriegt, obwohl der mathematisch begabt ist, doch die Mütter wissen das aufzuklären. Allerdings bringt Mitzis Ehrgeiz, der sich auf das einzige Kind konzentriert, das sie gebären durfte, ziemlich

»Mit den Kindern aus der Siedlung hätten wir nie einen Umgang haben dürfen. Ob wir wollten oder nicht.«
Monica Blumschein, Hotelierstochter und Besitzerin des Hoteldorfs *Grüner Baum*, Bad Gastein

wenig; nur auf der Piste will Eckart der Erste sein und auf dem Fußballplatz zumindest anerkannt. An Lobbildchen oder goldenen Kreuzen zum Aufkleben ist er so wenig interessiert wie an der Geologie der Oberrheinischen Tiefebene. Und Zitherspielen zu lernen verursacht bei ihm nur wunde Finger. Dass es nicht paradiesisch ist in Bad Gastein, liegt an dem Riss, der durch die Gesellschaft läuft, durch eine Gemeinde, die eigentlich zu klein ist, um nicht eins zu sein. Schon früh bekommt es jeder hier zu spüren: Es gibt die Besseren und die Übrigen. Und es gibt die besseren und die übrigen Kinder. Diejenigen, die im vornehmen Bad Gasteiner Tennisclub beim Mozartplatz spielen, deren Eltern einen Mercedes mit Vase oder wenigstens einen Ford besitzen, die nach Italien in Urlaub fahren, meistens Kinder von Hoteliers, auch von Badeärzten oder Apothekern, und diejenigen, deren Familien zu den Zulieferern gehören, zu den Handlangern des Wirtschaftswunders, deren Kinder den anderen für fünf Schilling in der Stunde die Bälle auflesen. In Bad Gastein spürt jeder, dass es auch im Salzkammergut Kasten gibt. So wenig wie die Hunde Zugang zu den Metzgerläden haben, haben die Kinder aus den einfachen Familien Zutritt zu den Spielzeugparadiesen mit Märklin-Modelleisenbahnen und sprechenden Schildkröt-Puppen der vermeintlich besseren.

Manche nehmen das achselzuckend hin, bei vielen aber stachelt das die Begierde an aufzusteigen, wenigstens mit Hilfe ihres Nachwuchses. Der kann, der soll, der muss es schaffen, die Eltern zu rächen für die freundlich lächelnde Geringschätzung. Die Ortsteile Bad Gastein, Hofgastein und Dorfgastein haben zusammen bei weitem nicht die Einwohnerzahl einer Kleinstadt, aber oben, bei den Grandhotels, gibt es Geschäfte, die Meißner Porzellan, Brillantringe und teure Schweizer Uhren in den Auslagen haben, dort gibt es ein Spielcasino und Delikatessenläden, die Bad Gasteiner Kur-Salami verkaufen. Und je mehr die Kinder mitbekommen von jener Welt, die für ihre Mütter und Väter unbezahlbar und unerreichbar scheint, desto leichter fällt es, sie zu impfen: Du schaffst es, dort reinzukommen, wenn du willst.

Eckart Witzigmann betritt schon als Kind fast täglich jene Welt. Und das ist seinem Vater recht. Alois Witzigmann ist klein, kleiner als seine Frau. Und wie viele kurz gewachsene

Männer ist er ehrgeizig. Dass er gehänselt wird, er sei nur deshalb nicht in Kriegsgefangenschaft geraten, weil sie ihn übersehen hätten, überhört er. Er ist schon vor dem Krieg aus dem Vorarlberg in diesen Kurort gezogen, weil er in Bad Gastein ein ganz anderes Publikum vorfindet, er hat aber auch rasch erkannt, dass er sich hier spezialisieren muss, um sich durchzusetzen. Genau schaut sich der Schneider die Prominenten an, die vorführen, was Mode ist. Auf der Piste zum Beispiel tragen sie zu Norweger- oder Rippenpullovern Keilhosen, die knapp sitzen und eine gute Figur machen, denn die keilförmigen Hosenbeine werden stramm nach unten gezogen durch den Riegel unter der Fußsohle, wodurch sie füllige Oberschenkel verbergen und das Bein optisch verlängern. Das wirkt dynamisch, und das wird gewünscht. »Kein Hang ist zu steil für den Witzigmann-Keil«, wirbt er ganz im Stil der Zeit. Und er richtet seine Pläne nach seiner privaten Bibel aus, einem dicken hellblauen Halbleinenband, golden beschriftet – Oscar Schellbach: »Mein Erfolgs-System. Das Wissen zur Erfüllung der Voraussetzungen des persönlichen Erfolgs«, 1930 erschienen.

Sosehr sein Sohn es hasst, die Eltern zu Geschäftsessen zu begleiten, wo es dann Forelle blau mit Mandeln gibt, so gern spielt er den Kurier für seinen Vater und liefert die Hosen ab in einem der teuren Etablissements, im *Hotel Elisabethpark*, dem *Grand Hotel de l'Europe* oder dem *Hotel Schillerhof*, dem *Grand Hotel Gasteiner Hof* oder noch lieber im *Straubinger Hof*, denn dessen Besitzer sind die ungekrönten Windsors. Seit 1602 gehört das Haus an dieser Stelle ein und derselben Familie, früh schon war der *Gasthof Straubinger* einer der Zentren des Badebetriebs gewesen. Als dann Kaiser, Könige und andere Hoheiten das Bad entdeckten, wurde angemessene Pracht unverzichtbar. Und dort, wo einmal die *Taferne am Mittereck* und dann der *Gasthof Straubinger* gestanden hatten, wurde 1840 ein mächtiger Bau hingesetzt, mit Aussichtsterrasse und unverbaubarem Alpenblick.

»Den Perfektionismus hat der Eckart von seinem Vater.«
Heidi Köstinger, Jugendfreundin und mit Ehemann Gernot Inhaberin des Gasthofs *Kirchenwirt*, Dorfgastein

Eckart übernimmt gern die Botendienste. Nicht nur, weil er gutes Trinkgeld einheimst, oft sogar mal einen ganzen Dollar, wenn er dasteht in seiner Lederhose und ein paar Worte auf Englisch herausbringt. Auch, weil er der Magie dieser Welt verfällt, die es heute längst nicht mehr gibt.

Eingang in die Zukunft: Entrée des Hotel Straubinger *in Bad Gastein.*

Dort, wo ein seit den achtziger Jahren verwaistes Gebäude mit blätterndem Putz und vernagelten Fenstern steht, in dem zerbrochene Toilettenschüsseln liegen, alte Matratzen und heruntergebrochene Stuckbordüren, für das der Käufer verzweifelt Sponsoren sucht, bestaunte Eckart den Kosmos eines Grandhotels im alten Stil, mit hauseigener Konditorei, die sogar Baumkuchen herstellte, und hauseigener Metzgerei, in der Würste, Geselchtes und Sülzen gemacht wurden.

Er weiß schon mit zwölf, dass der Luxus auf der Bühne nur durch eine Maschinerie hinter den Kulissen funktioniert, die dauernd geölt und überwacht wird, denn die Windsors namens Herr und Frau Straubinger stehen tagtäglich am Pass und kontrollieren jedes Gericht, das die Küche verlässt. Ohne es artikulieren zu können, spürt er, dass hier eine strenge Ordnung herrscht, dass dieses Haus Hort einer Klassengesellschaft ist, die sogar Restaurantklassen kennt – es gibt die Schwemme, das Stüberl und den Speisesaal. Doch er sieht, dass diese Hierarchie eine stabile Leiter ist, dass die Köche mit den weißen Mützen langsam, aber sicher nach oben steigen können, vom einfachen Lehrling zum Commis, der einem Commis de saucier, Commis entremetier oder Garde-manger beigesellt wird, dann zum Demi-Chef de partie zum Chef de partie, vielleicht sogar zum Chef de cuisine, wie es der Herr Scheibenpflug ist, Oberstudienrat Ludwig Scheibenpflug, der auch an der Hotelfachschule unterrichtet. Er ist einer der Honoratioren, doch auch die weniger geschliffenen Angestellten in den Hotelbetrieben haben in Bad Gastein etwas zu sagen, und wer das nicht annimmt, bekommt es zu spüren. Hoteltiger nennen die Teenager diese Zunft, die sie fürchten und bewundern.

Dass Eckart beim Sport vor Ehrgeiz brennt, dass er leidet, wenn er beim Skirennen nicht gewinnt, dass er den Schläger hinwirft, wenn er auf dem oberen Tennisplatz fürs Volk das Match verliert, und sich im Fußballverein der Siedlung, wo sie den für sein Alter zu kleinen Schneidersohn anfangs gar nicht haben wollten, derart ins Zeug legt, dass er oft kurz vor dem Umfallen ist, gefällt dem Vater.

Auch dass er Lust am Aufstieg zeigt, ist ganz im Sinne des Vaters, denn der hat seinem Jungen früh beigebracht, dass es eine Ehre ist, zu diesem Kosmos der Mercedes-Fahrer, der Hollywoodschaukler, der Rehrückenliebhaber, Pudelbesitzer und Capri-Touristen etwas beizutragen, und dass kein Neid angesagt ist, vielmehr der unbedingte Wille, das Beste zu liefern. Doch in den fünfziger Jahren ist in Österreich ebenso wie in Deutschland die Freude an der Selbständigkeit erwacht; der Unternehmergeist blüht. Und Alois Witzigmann beschäftigt, als sein Sohn die Schule abschließt, schon sechs Angestellte. Wenn Eckart das ausbauen würde, dann könnte er in Bad Gastein bereits zu einer anderen Klasse gehören. Die Mutter hat noch eine ganz andere Idee: Sie hätte gern, dass der Sohn Architekt wird oder Arzt. »Koch wirst du mir nicht«, bekommt er sowohl von ihr wie auch von seinem Vater zu hören.

»In Bad Gastein haben alle Eltern mit ihren Kindern geprotzt. Oder wollten zumindest gern protzen.«
Eckart Witzigmann
im Gespräch, 2006

Auf der Handelsschule in Feldkirch, weg von daheim, soll er zur Besinnung kommen. Widerwillig lernt er Stenographie, Buchhaltung, Schreibmaschineschreiben. Dass die gestreiften Schlafanzüge wie Sträflingskleidung aussehen, ist für ihn kein Zufall, und sein einziger Trost ist die väterliche Familie im nahen Hohenems, wo der Großvater und der Vetter mehr Brotsorten in ihrer Bäckerei anbieten, als er sich merken kann, wo er mit Obstkuchen verwöhnt wird, wo die Natur sich üppig verschenkt, wo ihm alles behagt, bis auf die Ziegenmilch des Nachbarn, denn er schmeckt das Strenge, Käsige auch noch

»Willensfreiheit ist Kraftfreiheit, Willensschwäche ist Krafthemmung.«
Oscar Schellbach,
Begründer des Mentalpositivismus, in: »Mein Erfolgs-System«, 1930

»Tief im Innern habe ich, der viel Gelobte und viel Gescholtene, mein Ziel nie aus den Augen verloren. Ich könnte nie ein Aktenhengst sein.«
Eckart Witzigmann auf einem Spiralblock nach der Schließung seiner *Aubergine* in München

heraus, wenn die Tante Kakao einrührt. Doch in dieser Zeit bereits zeigt sich, dass hinter dem liebenswürdigen Gesicht des Eckart Witzigmann Widerspruchsgeist und Durchsetzungsvermögen wohnen. Und dass die Leitsätze des Oscar Schellbach, die der Vater an ihn weitergegeben hat, durchaus angekommen sind und nur andere Wirkungen zeitigen als erwartet.

Seit Eckart damals auf der Siedlungsmauer mit einem Kameraden, dem Egger Heinz, geredet hatte, der sich als Konditorlehrling angemeldet hatte und sagte, im selben Haus sei noch eine Lehrstelle frei für einen Koch, war er entschlossen, genau diesen Beruf zu erlernen.

Zurück in Bad Gastein, hört er, dass sein Freund Gernot Köstinger auch Koch werden will. Das bestärkt ihn, denn die Köstingers sind für ihn Vorbilder, nicht in der Küche, sondern auf den Skiern: Der Vater, gelernter Heizungsfachmann, war schon 1936 bei der Olympiade dabei, sein zweiter Sohn Willi, der mit Eckart in dieselbe Klasse geht, ist einer der besten Skispringer und -abfahrtsläufer weit und breit, er kassiert schon in jungen Jahren Titel, und auch Gernot, eineinhalb Jahre jünger als Eckart, läuft fast professionell.

»Ich war immer der Schnellere, er war immer der Elegantere. Der Eckart war in allem ein Stilist.«
Gernot Köstinger, Inhaber des Gasthofs *Kirchenwirt* in Dorfgastein

Alois Witzigmann hat mehr Gründe denn je, den Sohn zu seiner Nachfolge zu ermuntern oder auch zu nötigen. Privat wohnen sie jetzt in der Hauptschulstraße, drei Zimmer, Küche und Bad, fast 80 Quadratmeter alles zusammen, die Werkstatt betreibt er in der Nähe des Bahnhofs, zu der die Gasteiner Zwergerlgasse sagen, weil drei der Männer, die dort ihren Betrieb führen, der Juwelier, der Schuster und der Schneider, auffallend kurz gewachsen sind. Alois Witzigmann bleibt nichts anderes übrig, als diese Kränkung zu ertragen, aber sein Sohn, der könnte für Revanche sorgen, indem er die Spötter einmal alle überflügelt, die Modeschule in Wien besucht und dann der beste, teuerste, feinste Schneidermeister vor Ort wird, mit einem Laden irgendwo zwischen den Grandhotels.

Die letzte Maßnahme von Alois Witzigmann ist der Versuch, es dem renitenten Sohn schwer zu machen, gegen den elterlichen Willen Koch zu werden; bei der Suche nach einer Lehrstelle werde er ihm nicht helfen. Schließlich tut er es doch und spricht mit dem Hoteldirektor vom *Straubinger*. Weil der mit den Maßanzügen von Alois Witzigmann zufrieden ist, gibt er dem Sohn

Williger Zögling: Lehrling Eckart Witzigann hinter dem strengen Sous-Chef im Hotel Straubinger.

eine Lehrstelle, ohne den Küchenchef Herrn Scheibenflug zu fragen, was den dem Anfänger gegenüber nicht milde stimmt.

Am 1. Mai 1957, zwei Monate vor seinem 16. Geburtstag, tritt Eckart im Grandhotel *Straubinger Hof* an, sein Freund Gernot Köstinger, erst vierzehneinhalb, im *Gasteiner Hof*. Das ersehnte Leben, das nun für Eckart Witzigmann beginnt, müssen aufgeklärte Pädagogen entsetzlich finden. Für ihn aber ist es der Start in eine Zukunft, der er alles opfert.

III.
Kapitel

Er sieht aus, als sei er in eine Schlägerei geraten. Als Gernot seinen Freund Eckart anrücken sieht, unten am Sessellift, wo sie sich wie gewöhnlich verabredet haben zum Skifahren nach der Arbeit, fällt ihm sofort die geplatzte Lippe auf. Nur dünn verkrustet, so als habe sie noch vor kurzem geblutet. Er habe eine Ohrfeige vom Gidschthaler Otmar, dem Sous-Chef, bekommen, gesteht Eckart. Maulschelle wäre wohl eher der passende Ausdruck. Unüblich ist das nicht in solchen Betrieben, es gehört zu dem, was die Bad Gasteiner strenge alte Schule nennen, was bedeutet, dass jeder Widerspruch, jede Aufsässigkeit, vor allem aber mangelnde Sparsamkeit geahndet wird. Einen Saucentopf, an dessen Boden noch ein Rest zurückgeblieben ist, nicht mit dem Gummispatel, Gummimax genannt, so gründlich auszuwischen, bis er glänzt, als wäre er bereits gespült, gilt als verschwenderisch. Eckart jedoch hat eine gefangen, weil er, der Anfänger, etwas besser wissen wollte, besser als der erfahrene Sous-Chef. Aber er denkt nicht daran, dagegen zu protestieren.

Eckart nimmt es ja auch klaglos hin, dass er, kleiner als fast alle anderen in der Brigade, die größten Töpfe wuchten muss, weil er eben der Jüngste ist. Und er jammert nicht darüber, dass er Rückenschmerzen davon bekommt. Gernot ist befremdet von seinem Freund. Warum lässt der sich das alles nicht nur gefallen, sondern bietet auch noch an, an seinem freien Tag in der Küche zu stehen, Gemüse zu schälen, zu putzen, zu schnippeln, ausgerechnet das also, was er am wenigsten leiden kann? Warum ist er stolz darauf, dass er am Abend eine Zusatzschicht schieben und für die Besucher des Kinos gegenüber um 22 Uhr 30 noch eine Zwiebelsuppe kochen darf? Als er damals in Feldkirch auf dem Internat war, hat er in den Ferien daheim geschimpft auf diese Kaserne, auf den Drill dort, auf die faden Schulbücher. Jetzt verabschiedet er sich früher als nötig von der Piste, nur um Rezepte abzuschreiben, in einer langsamen Schönschrift,

»Nicht in der Ablehnung, sondern in der Bejahung liegt das Geheimnis größter geistiger Machtentfaltung.«
Oscar Schellbach, Nummer 13 seiner 16 Denkgesetze in »Mein Erfolgs-System«, 1930

und um für die Berufsschule zu büffeln. In jedem ihrer drei Lehrjahre müssen Gernot und Eckart für zwei Monate im Jahr dorthin fahren, nach Wals-Siezenheim bei Salzburg. Und Eckart scheint das Spaß zu machen. Was ist mit ihm los?

»Er war von der ersten Stunde an unglaublich ehrgeizig. Wir haben alle Rezepte ausgetauscht, untereinander, aber wir waren viel laxer als er. Der Ecki hat die Materie in sich reingefressen.«
Gernot Köstinger

Für Gernot ist sein Freund zu einem Streber mutiert, und die anderen finden das auch. Dem Lehrherrn Ludwig Scheibenpflug macht der übereifrige Lehrling, der nie auf die Uhr schaut, Freude. So einer könnte mal sein Nachfolger werden im *Straubinger*. »Du machst die Prüfung mit 1,1«, sagt er. Warum nicht mit 1,0, denkt sich Eckart Witzigmann.

Aber er lässt einen Risikofaktor außer Acht, der sich Gefühle nennt. Er ist ein hübscher Kerl, der den Mädchen gefällt. Und ihm gefallen die Mädchen. Ida vor allem, die ebenfalls eine Kochlehre macht.

Kurz vor der Prüfung durchleidet er den ersten Liebeskummer. Und als er in der Küche des Salzburger Bahnhofsrestaurants, wo die Prüfung stattfindet, Eier pochiert und eine Currysauce rührt, kreisen seine Gedanken nicht um pochierte Eier und Currysauce, sondern um Ida. Die Prüfer schmecken das heraus, auch beim Pilav, den er verwürzt. Und als er dann beim Spicken des Rehrückens patzig wird und die Aufforderung des Prüfers, mit der Spicknadel tiefer ins Fleisch zu gehen, mit der Bemerkung quittiert, er könne doch nicht den Knochen spicken, ist es so weit: Eckart Witzigmann wird mit »nicht bestanden« nach Hause geschickt. Dass Ida ebenfalls durchgefallen ist, kann ihn nicht trösten. Die kurze Zugfahrt nach Hause ist Folter, erschwert durch die Feierlaune der anderen. Was wird Herr Scheibenpflug sagen? Vor allem aber, wie soll er das seinen Eltern beibringen? Wie werden sie reagieren? Dass sein Vater übermäßig streng ist, weiß in der Siedlung jeder. Und dass Eckart, wenn er zu spät heimkommt, schlau abwartet, bis ein Zug vorbeidonnert, bevor er aufschließt, vom Vater dennoch abgepasst, erwischt und mit einer nächtlichen Ohrfeige bedacht wird, ist für Eckart normal. Schlimmer ist für ihn, dass er in die enttäuschten Gesichter sehen muss.

»Ich war in Bad Gastein der König im Hausarrest. Und mein Vater hat es ignoriert, dass sein Sohn erwachsen wurde. Mit einundzwanzig hab ich die letzte Ohrfeige gekriegt.«
Eckart Witzigmann im Gespräch, 2006

Sein Vater zetert und entlädt seinen Zorn handgreiflich, die Mutter leidet stumm. Scheibenpflug aber gibt seinen Glauben an den Lieblingsschüler nicht auf. Eigentlich hat Eckart zwar keine Lust, Bad Gastein zu verlassen, denn er fühlt sich wohl

in der Siedlung, wo es fast mediterran zugeht, wo Weihnachten ein Tag der offenen Tür ist und alle Familien im Block miteinander feiern, Karten spielen, reden, lachen, Glühwein trinken. Besonders gut gefällt es ihm bei den Maschindas einen Stock tiefer mit ihren vierzehn Kindern, wo man die Limonade aus gezuckertem Essigwasser herstellt. Aber jetzt will er weg, nichts wie weg, auch weil er sich vor allen, die ihn und seine Eltern kennen, schämt. Scheibenpflug will ihn zu Alfred Walterspiel ins *Hotel Vier Jahreszeiten* nach München vermitteln, aber die lebende Legende leidet schlagartig unter gesundheitlichen Problemen; ein halbes Jahr später wird Walterspiel bereits sterben. In Bad Reichenhall beim *Grand Hotel Axelmannstein* beschafft Scheibenpflug dem neunzehnjährigen Eckart Witzigmann dann eine Stelle als Jungkoch. Wie gewohnt arbeitet er mehr, schneller und länger, als er müsste. In den Nächten allerdings lebt er sich aus. Geht mit seinem neuen Freund Norbert Becker, einem Kollegen aus der Nähe von Trier, in eines der Tanzlokale im Ort, am liebsten ins *Deutsche Haus*, und tanzt Twist, bis kurz

Die hohe Schule des kalten Buffets: Pâtissier Witzigmann (2. von rechts) präsentiert mit der Brigade und Direktor Hofacker, was das Hotel Axelmannstein *in Bad Reichenhall zu bieten hat.*

vor dem Kollaps. Keiner biegt sich so weit nach hinten wie der junge Commis aus dem *Axelmannstein.* Trainiert ist er, trotz der nicht eben gesundheitsfördernden Knochenarbeit in der Küche, denn er fährt in jeder freien Minute Rad. Rennrad. Nicht irgendeines, sondern das beste, das er in Reichenhall bekommen konnte, ein Rabeneick-Rad, das 450 Mark gekostet hat, zwei Monatslöhne. Norbert begnügt sich mit einem normalen Sportrad, aber er versteht, dass er anders gestrickt ist, dass sein neuer Freund in allem nur das Beste haben möchte und der Beste sein will. In der Küche wie im privaten Dasein.

»The readiness is all.«
»Bereit sein ist alles.«
William Shakespeare, »Hamlet«

Außerdem hat er das schlagende Argument zur Hand, dass sich diese Anschaffung schnell amortisiere, denn jeden Samstag nach Dienstschluss strampelt er los nach Bad Gastein, einfache Strecke über hundert Kilometer, und am Sonntagnachmittag um fünf radelt er dieselbe Strecke wieder zurück. Eine Fahrkarte könne er sich nicht leisten, erklärt er seine Gewalttouren. Selbst wenn nur ein Tag in der Woche frei ist, nutzt er auch den, um heimzufahren. Dann aber übertreibt er es. Er muss für eine Nacht zu seiner Ida, mit der es zunehmend schwieriger wird. Dort will er übernachten und am nächsten Tag dann zurückradeln. Doch noch bevor sie richtig begonnen hat, endet die Nacht damit, dass Ida ihn mit einer Ohrfeige verabschiedet. Geld für ein Hotelzimmer hat er nicht, zu den Eltern traut er sich nicht, denn die wissen nichts von seinem erotischen Kurztrip. Also strampelt er zurück, eine Taschenlampe an den Lenker seines dynamofreien Rennrads gebunden. Als er am nächsten Morgen in der Gemüseküche sitzt, beobachtet Norbert ihn, wie er sich dauernd aus einer Colaflasche kaltes Wasser in den Nacken schüttet. Sein Gesicht ist blass und feucht. Aber er denkt nicht daran, um eine Pause zu bitten. Und kippt auf einmal vom Hocker. Da bekommt es Norbert mit der Angst zu tun: Er erbittet vom Küchenchef eine Pause für den Freund. Er ist sich nicht sicher, ob das dem recht ist. Der Eckart will seine Leistung erbringen und keine Gnade. Mit neunzehneinhalb ist er hier wegen eines Engpasses in die Pâtisserie eingestiegen und innerhalb von wenigen Monaten zum stellvertretenden Chef-Pâtissier befördert worden. Auf der einen Seite hasst er, wie fast alle seine ausschließlich männlichen Kollegen, diesen Posten, weil diese Bastelarbeit in ihren Augen etwas Weibisches hat und als Frauensache geschmäht wird. Auf der anderen Seite fordert es ihn heraus, in dieser Abteilung, die als Stiefkind behandelt wird, zu zeigen, was möglich ist, und seine manuelle Geschicklichkeit unter Beweis zu stellen.

»Köche, die was werden, waren fast immer Sauciers oder Pâtissiers. Weil das am härtesten ist, was die Präzision angeht.«
Eckart Witzigmann

Doch so sehr sich der junge Witzigmann tagsüber an Regeln, Vorschriften, Ordnungen hält, so wenig kümmert ihn das, wenn er die Küche verlässt. Nachts splitternackt mit Norbert in den Teich im Hotelpark zu springen, weil das nach der Tanzerei erfrischt, bereitet ihm keinerlei Gewissensbisse, obwohl es streng verboten ist. Auch die verschiedenen Techniken, um in der späten Nacht oder am frühen Morgen noch in die Unterkunft beim Hotel einzudringen, die bereits ab 22 Uhr versperrt ist, sind nicht das, was man einem braven Streber zutrauen würde.

Eckart ist ein guter Kumpel, das wird Norbert schnell bewusst. Und die unvermeidbare Trennung in Bad Reichenhall im Oktober tut beiden weh. Norbert muss zur Bundeswehr und wird in Bonn stationiert. Eckart vermacht ihm sein Rabeneick-Rad, nicht nur aus Freundschaft, auch weil es bereits bessere Rennräder gibt. Denn wenn die beiden zusammen unterwegs sind, das hat Norbert gelernt, muss Eckart ein paar Längen voraus sein, sonst ist ihm die Stimmung verhagelt. Der Ehrgeiz lässt sich in der Freizeit nicht abstellen wie ein Wasserhahn, damit müssen seine Freunde leben.

Eckart, der sich auch im *Axelmannstein* bewährt und nebenbei die Prüfung nachgeholt hat, wird vom Hoteldirektor Hofacker in die Schweiz, ins *Schlosshotel* in Pontresina, vermittelt, das im Besitz der Familie Linsenmeyer ist, der auch der *Breidenbacher Hof* in Düsseldorf gehört, eines der renommiertesten deutschen Luxushotels. Damit betritt Eckart eine neue Welt, wie von jetzt an bei jedem seiner Wechsel. Früh lernt er, dass Abschiednehmen wehtut, aber notwendig ist. Dass es zum Erfolg dazugehört, immer wieder von neuem aufzubrechen, unten anzufangen, Lehrling zu werden. Und falls es bei ihm Anzeichen gibt, dass er der mentalen Schwerkraft nachgeben könnte, reagiert der Vater sofort. Oscar Schellbachs Erfolgssystem ist auch das von Alois Witzigmann und muss das seines Sohnes werden. Doch der ist noch nicht so weit. Kommt Eckart heim, schnürt es ihm dann beim Abschied den Hals zu; hat er sogar feuchte Augen, entgeht das Vater Witzigmann nicht. Er, der noch mit

»Im Kampf mit dem Gefühl siegt der Wille durch Kraftwirkung und Anstrengung in den Nerven, daher schwacher Wille bei geringer Nervenkraft.«
Oscar Schellbach, Nummer 11 seiner 16 Denkgesetze in »Mein Erfolgs-System«, 1930

siebzig den Himalaya-Track hinter sich bringen wird, sagt dann nur: »Du musst raus, Bub, raus, raus, raus. Wenn du an einem Ort bleibst, dann hast du dort eine Liebschaft, dann wird ein Kind in die Welt gesetzt, und dann ist alles für dich gelaufen. Wenn du einmal hängen bleibst, kommst du nie mehr weg.« Auch Pontresina wird also nur eine Station sein.

Vom Besitzer des *Schlosshotel*, Dr. Georg Linsenmeyer, ist wenig zu sehen, der muss sich um seine Freunde kümmern, um Gunter Sachs, den Kaufhauskönig Helmut Horten oder um Prominenz wie Juliette Gréco, die mit dem Privatjet in Samedan landen. Die Chefs der einzelnen Posten, ob es der Chef-Saucier oder Chef-Pâtissier ist, sind hier, wie damals überall in der Schweiz, Männer im reifen Alter, unter vierzig ist kaum einer, viele sind bereits fünfzig oder darüber. Der Chef-Rôtisseur, ein Schweizer namens Paul Simon, nur neun Jahre älter als Eckart Witzigmann, weiht ihn ein in die Gesetze des Hauses. »Wo der Teppich anfängt, ist für uns Schluss«, sagt er. Und wo, andersherum gesehen, der Teppich aufhört und die Küchenfliesen anfangen, endet auch das Lächeln der Frau Linsenmeyer; sie führt ein strenges Regiment. »Die holt«, warnt Simon den Neuen, »am liebsten eiserne Besen vor.« Sie kontrolliert, dass mit Butter und Rahm so sparsam wie möglich umgegangen wird, dass keiner der Köche sich ein Bier genehmigt und keiner das Haus mit Skiern verlässt; es gilt ein strenges Skifahrverbot, denn ein Beinbruch bedeutet in der kurzen Saison hier, die Mitte März bereits vorbei ist, eine zu große Einbuße. Schon als Eckart Witzigmann zum ersten Mal morgens in seinem fürstlich hohen Zimmer aufwacht und die Sonne auf die schneebedeckten Gipfel des Engadin strahlt, weiß er, dass er sich daran nicht halten wird. Er schleicht sich mit seinen Skiern geschickt zum Seiteneingang hinaus, aber er wird gesehen. Zum Direktor beordert wird jedoch Paul Simon. Der Dr. Linsenmeyer stellt seinen Rôtisseur, bereits diplomierter Küchenmeister, zur Rede, warum er so dreist sei, gegen die Regeln des Hauses zu verstoßen. »Ich bin Flachländer«, sagt Paul Simon. »Ich kann gar nicht Ski fahren.«

Es gibt nur einen, der ihm ähnlich sieht: der junge Österreicher. Der gibt sich reuig, bringt seine Skier zu einem Sportladen in Pistennähe, aber nicht, um sie zu verkaufen: Er deponiert sie dort und holt sie jeden Tag ab. Und obwohl die Pisten in Pon-

Im Maschinenraum des Luxus: die Brigade des Schlosshotel *in Pontresina, in den sechziger Jahren eine erste Adresse. Witzigmann (3. von links, sitzend) fehlt nichts, nur die Herausforderung.*

tresina traumhaft sind, die Bedingungen komfortabel und die Unterkünfte fürs Personal prächtig, ist Eckart nicht glücklich, denn er ist unterfordert.

»Ich bin motiviert bis in die Haarspitzen. Und ich brauche neue Herausforderungen wie das täglich Brot.« Eckart Witzigmann auf einem Notizblock des *Hotel Jerome* in Aspen, Colorado, 1986

Als er eines Morgens um fünf am Saisonende in den Zug steigt, fühlt er sich erlöst, auch wenn seine Augen feucht sind, weil er wieder mal eine Saisonliebe zurücklässt, auch wenn seine Geldbörse leer ist, denn was er hatte, reichte gerade noch für die Bahnkarte nach Bonn. Dort ist sein Freund Norbert stationiert, der wird ihm so viel leihen, dass er weiterkommen kann bis ins nahe Königswinter, zum *Hotel Petersberg*, wo eine neue Stelle auf ihn wartet.

Das Restaurant im *Hotel Petersberg* ist die Kantine der Spitzenpolitiker aus aller Welt. Und als de Gaulle zum Staatsbesuch anreist, lässt ihn Adenauer selbstverständlich dort oben bewirten. Der junge Koch aus Österreich darf immerhin die kalten Vorspeisen zubereiten. Dass die weiße Brigade auch hier die Berühmtheiten bestenfalls zu Gesicht bekommt, wenn sie aus ihren schwarzen Limousinen steigen, stört Eckart nicht. Darüber, dass er hier keine Skipiste vor der Tür hat, tröstet ihn das tägliche Fußballspiel Weiß gegen Schwarz, Küchen- gegen Servicepersonal, und die Radlerei mit Norbert hinweg. Was ihn unruhig, sogar unglücklich macht: Auch hier dringt er nicht ein in die inneren Geheimnisse, er ist ein Dienstleister, der täglich geschickter wird, nicht aber klüger. Das nervt ihn, das ärgert ihn.

Eines aber wird ihm nun ganz klar: Das gelobte Land der Kochkunst ist Frankreich. Die Franzosen sind die kritischsten Gäste, die französischen Köche werden hofiert, den französischen Gastköchen hatte sogar Frau Linsenmeyer in Pontresina alles durchgehen lassen, die durften Rahm und Butter verwenden, so viel sie wollten, und sich zwischendrin ein Bier oder einen Rotwein genehmigen. Doch in den frühen Sechzigern ist es für einen namenlosen Commis so gut wie unmöglich, eine Aufenthaltsgenehmigung in Frankreich zu ergattern. So gesehen ist die französische Schweiz eine willkommene Notlösung.

Provokantes nur fern der Heimat: Witzigmann als Commis des Hotel Petersberg *mit modischer Glatze inmitten Gleichgesinnter.*

»Strenge ist gut, solange sie ein Ziel hat und Menschlichkeit.«
Eckart Witzigmann im Gespräch, 2005

Er wechselt zum Grandhotel *Villars Palace* in Villars-sur-Ollon, nahe bei Lausanne. Dort gerät er an den strengsten Küchenchef seines Lebens, einen Walliser. Nur einer dort ist noch schlimmer als der Chef: sein Stellvertreter. Gegen Strenge hat Eckart nichts, das kennt er von Herrn Scheibenpflug. Aber dieser Chef ist humorlos bis auf die Knochen, ein 150-Kilo-Koloss, der aber den jungen Witzigmann weniger beeindruckt als erschreckt. Es darf nicht gelacht, nicht geblödelt werden, keiner darf den anderen in den Hintern zwicken, keiner darf in der Küche ein privates Telefongespräch annehmen, und sei es noch so dringlich. Die Brigade ist aufgeteilt in zwei Truppen, deren Schichten verschoben sind, damit selbst in den kurzen Pausen die Küche voll besetzt ist. Dienstantritt ist um 7 Uhr 30, erstes Frühstück am L-förmigen Tisch um zehn vor acht, aber noch bevor alle ihre Bol mit Milchkaffee ausgetrunken haben, schleicht sich der Küchenchef an, schlägt mit der Faust auf den Tisch, dass die Tassen klirren, und schasst die Mannschaft an den Herd.

Mit hungrigen Augen sieht Eckart zu, welche Meisterwerke an Pasteten hier entstehen, hungrig nicht auf die Pastete, sondern aufs Rezept. Aber alle Rezepte werden gehütet wie Kronjuwelen. Jeder Chef de partie hat seine unter Verschluss. Eckart wird rangenommen, aber nicht rangelassen. Wie soll er dort lernen? Und wie soll er weiterkommen? Auch im *Straubinger* hat er nicht erfahren, was in Scheibenpflugs Gulaschgewürz drin war oder woraus die Würzmischung für das Beuschel bestand. Das Prinzip, dass Wissen Macht ist und jenes Herrschaftswissen der Rezepturen die Macht der Küche bedeutet, gilt nach wie vor, denn Kochbücher, wie sie in den Siebzigern Mode werden und seither alltäglich sind, gibt es nicht. Zu kaufen sind nur Bücher von Hausfrauen mit Hausmannskost, vielleicht ergänzt durch ein paar Häkelanleitungen oder Tipps fürs Tischdecken und Sockenstopfen.

»Wer nichts will, auf nichts hofft und vor nichts Angst hat, kann kein Künstler sein.«
Anton Tschechow
in einem Brief vom
25. November 1892

Man bietet ihm an, in Villars zu bleiben. Aber er denkt an seinen Vater. Außerdem hat er kapiert, dass in der Schweiz die interessanten Posten, ob Saucier oder Poissonnier, ausschließlich an Eidgenossen gehen; das, was die nicht mögen, den Gemüseposten vor allem, überlassen sie dann den Deutschen und den Österreichern. Wo liegt der Ausweg?

Die ungewollte Denkpause findet in Glasenbach bei Salzburg statt:

Er muss seine neun Monate Militärdienst ableisten. Dienen, funktionieren, Befehle annehmen und ausführen, das alles ist für Eckart Witzigmann kein Problem. Aber als er einrückt, ist er bereits über dreiundzwanzig, und er hat zu viel von der Welt gesehen, um ohne Widerspruch zu parieren, wenn der Befehl ihm sinnlos erscheint. »Ich liebe Sport, aber ich sehe nicht ein, warum ich morgens um fünf um die Kaserne laufen soll«, erklärt er seinem Vorgesetzten. Und er sehe noch weniger ein, wozu er im Keller Glühlampen abzählen solle. Zuerst einmal wird er in die Schreibstube gesteckt. Die Erinnerungen ans Internat in Feldkirch kommen hoch, seine Gereiztheit nimmt zu. Immerhin entdeckt er in der Kantine seiner Kaserne eine neue Sportart: Tischfußball. Als beim Appell einige nicht erscheinen und manuell kickend erwischt werden, ist auch Witzigmann bei den Sündern. Er wird strafversetzt in die Küche. Die Küche ist sein Platz, aber nicht eine, wo der Kartoffelsalat in Industriemayonnaise aus Plastikeimern geschaufelt wird. Während er gekörnte Brühe in verbeulte Töpfe schüttet, beschleicht ihn Angst: Wird er nicht alles verlernt haben nach diesen neun Monaten? Kann er noch bestehen in einer Küche mit Anspruch? Und als dann die Anfrage kommt aus Davos, vom *Hotel National*, ist er nervös.

»Alles ändert sich unentwegt und auch ein Koch muss sich permanent ändern.«
Eckart Witzigmann
auf einem Notizblock
des Hotels *Le Parc Victor Hugo*, Paris, 1994

Paul Simon, der Rôtisseur im *Schlosshotel* von Pontresina, ist dort Küchenchef geworden und erinnert sich an den jungen Österreicher. Auch daran, dass es nichts bringt, ihm das Skifahren zu verbieten, aber dieses Risiko geht er ein. Denn er hat erkannt, was in diesem Witzigmann steckt.

»Der ist ein Berufener wie Martin Luther. Deswegen ist er auch genauso besessen.«
Paul Simon, alias Paul I., Lehrmeister von Eckart Witzigmann

Die Klientel ist dem Sporthotel *National* in den dreieinhalb Monaten Wintersaison sicher, zumal dort der Ärztekongress für zusätzliche Kundschaft sorgt. Aber die Besetzung in der Küche ist dünn, denn für einen Saisonbetrieb werden generell so wenig Köche wie möglich engagiert. Fällt einer von Simons sieben Leuten aus, wird es heikel. Doch er weiß, dieser Witzigmann, der ihn immer mit einem gedehnten, leicht nasalen »Herr Chef« anredet, fährt gut, nicht draufgängerisch. Dass er auch unerfahrene Kollegen überredet, das Glück auf der Piste zu erleben, entgeht Paul Simon. Bis zu jenem Nachmittag, wo gegen 17 Uhr Eckart Witzigmann auftaucht, den Blick gesenkt. »Herr Chef, ich muss ihnen eine traurige Mitteilung machen: Der Werner Schneider hat sich den Fuß gebrochen.« Der Fuß ist das Bein und der Unfall wirklich ein Beinbruch.

Trotzdem denkt Simon nicht daran, dieses Talent aus den Augen zu lassen.

»Kochen ist Verwandeln. Das macht den Beruf so magisch.«
Eckart Witzigmann zur Autorin, 1997

Dass es mit Vertragsverhandlungen niemals Schwierigkeiten geben wird, weiß er, denn das Salair ist diesem jungen Mann völlig gleichgültig. Er ist wie ein Adept der Alchimie, der die Rezeptur fürs Goldmachen erkunden will und dafür alles zu opfern bereit ist. Liebe, Freizeit, Freiheit.

Auf Paul Simons Anregung, doch mal eine Fremdsprache zu lernen, Italienisch vielleicht, hört er nur ein leise entrüstetes: »Ich, Herr Chef, als Österreicher?« Eckart ist zu diesem Zeitpunkt zwar schon herumgekommen, aber dass die Italiener den Österreichern Südtirol weggenommen haben, ist nach wie vor eine patriotische Kränkung für ihn. Nach Frankreich sehnt er sich, das hat Simon längst bemerkt. Und er erfährt, dass sein Commis etwas unternimmt, um jene Sehnsucht zu befriedigen. Am Schlepplift unten, beim so genannten Pöstle, hat sich auf die andere Seite des Bügels ein kleiner, schlanker Mann gesetzt, den er als Gast des *Hotel National* kennt. Haeberlin heißt er, Jean-Pierre Haeberlin. Er spricht zwar Deutsch, stammt aber aus Frankreich, aus dem Elsass. Als er beim nächsten Treffen dem jungen Witzigmann verrät, dass er dort mit seinem Bruder Paul ein Restaurant betreibe, hat Witzigmann es gewagt. »Ich möchte so gern in Frankreich lernen. Nur ein Mal.«

»Dann versuche ich, bei meinem Bruder Paul ein gutes Wort

für Sie einzulegen. Eigentlich will er nämlich nur Franzosen in der Küche haben.«

Simon weiß auch, dass sein Commis umgehend an Paul Haeberlin geschrieben hat, aber noch immer auf eine Antwort wartet.

Als Paul Simon den Schüler fragt, ob er mit ihm ins *Grand Hotel Hof Ragaz* gehen wolle, wo er die Stelle des Küchenchefs antreten wird, kann er sich der Zusage sicher sein. Dass Witzigmann das Ja umso leichter fällt, als Bad Ragaz in der Nähe seines Kindheitsparadieses Hohenems liegt, ahnt der Lehrmeister nicht. Doch er merkt, worum es dem jungen Mann geht: reicher zu werden nicht etwa an materiellen Dingen, sondern an Ideen, Techniken, Erfahrungen, Fertigkeiten. Dafür verzichtet er gern auf alles, was jungen Männern in seinem Alter wichtig ist, ob es eine feste Freundin ist, ein Auto oder ausreichend Urlaub. In Bad Ragaz wird die Kultur der kalten Buffets gepflegt und Üppigkeit zelebriert wie an einem fürstlichen Hof. Als Chef garde-manger ist Eckart dafür zuständig, und er, der aus einem Glasscherbenviertel kommt, wo es niemals ein Buffet gab und in den meisten Familien nur Margarine aufs Brot, verbringt Stunden damit, die schönsten Skulpturen aus Butter zu basteln, und stellt Ansprüche wie kein anderer. Trockeneis brauche er, ganz dringend, damit aus der Schale eines Zwergs, den er modelliert hat, der Dampf aufsteigt. Es ist mühsam, diesen Wunsch zu erfüllen, aber Simon ist klar, dass Witzigmann nicht lockerlässt. Als der das Gemüse zu Gesicht bekommt, das einer seiner Commis für die bei jedem Buffet unverzichtbare Salade russe geschnitten hat, erregt er sich: »Das ist ja überhaupt nicht schön, das ist ja ganz schlampig in der Form.«

Der Chef beruhigt ihn. »Beim Russischen Salat sieht das nachher keiner mehr, es versinkt doch alles in der Mayonnaise.«

Eckart schüttelt den Kopf und zieht sich zurück. Die so genannten Zimmerstunden, zum Ausruhen gedacht, nutzt er, um für 180 Personen erneut das Gemüse zu schnipseln, akkurat wie eine Maschine.

Wo bleibt der Genuss im Leben des jungen Mannes? Norbert, der endlich wieder mit von der Partie ist, stellt fest, dass seinem Freund die tägliche Arbeit bereits genügend bietet. Wenn er die ordentlich nebeneinander aufgereihten Poulardenschenkel be-

»Er hat von sich die totale Selbstaufgabe verlangt, für eine bessere, ehrliche Kochkunst. Auf sein Panier hat er geschrieben: ›Alles für die Kunst, wenig für sich selbst.‹«
Paul Simon in handschriftlichen Notizen

Strahlend und besessen: Der junge Gardemanger Witzigmann (2. von links) leistet unter Küchenchef Paul Simon (2. von rechts) im Hotel Hof Ragaz *mehr als nötig.*

trachtet und sagt: »Schau nur, wie schön das ausschaut«, klingt das beglückt, verliebt beinahe. Mit Mädchen wird er selten gesehen, und den Tag über begnügt er sich mit Unmengen an Kaffee und englischem Kuchen. Woher er den Kaffee hat, weiß sein Chef nicht, denn wenn die Frühstücksration getrunken ist, muss jede weitere Tasse oder Kanne gebongt werden. Simon beobachtet allerdings, dass Rosita, eine Tochter aus gutem Hause in Davos, die hier volontiert und für den Kaffee zuständig ist, oft Eckarts Lächeln erntet. Ob es mehr ist, kann er nicht sagen. Und Eckart redet nicht über seine Herzensregungen, schon gar nicht über seine Begehrlichkeiten. Paul Simon bekommt zwar am Rande mit, dass sein Chef garde-manger einen Ring mit Brillantsplitter erwirbt, ob der aber für Rosita ist, verrät er nicht. Nur Norbert ist Zeuge, wie sein Freund jede, die zu sehr klammert, abhängt. Ballast kann keiner brauchen auf dem Weg zum Gipfel.

»Er hat so lieb gewirkt und war es auch, aber er konnte hart sein zu den Mädchen, das waren immer nur ganz kurze Geschichten.«
Norbert Becker über Eckart Witzigmann

Wer Witzigmann wachen Sinnes begegnet, erkennt in ihm den Extremisten, der zwar niemandem gefährlich wird, aber keine Kompromisse kennt. Auch in der Freizeit nicht. Halb amüsiert, halb besorgt beobachtet Simon, wie Eckart und sein Freund Norbert am freien Tag um fünf Uhr morgens ihre Räder aus dem Personalzimmer nach unten schleppen und losradeln, zuerst die fünfzig Kilometer nach Davos, dann den Flüela-Pass hinauf, bis auf 2300 Meter, schließlich über Landeck und Arlberg retour. 280 Kilometer sind das normale Pensum, nach dem die beiden nicht etwa ermattet ins Bett sinken, sondern nach einer Dusche in den Kursaal ziehen, um bis in die Morgenstunden hinein abzutanzen. »Kein Leistungsabfall. Voll da«, notiert Simon entgeistert.

Dass der junge Alchimist, der Verwandler, nach den verborgenen Rezepturen des Meisters lechzt, ist nicht zu übersehen. Was immer er ihm an handschriftlichen Notizen aushändigt, wird umgehend abgeschrieben. Verblüfft registriert Simon, dass sein Garde-manger sogar die Marginalien in Kurzschrift entziffern kann, und erfährt erst dann, dass Witzigmann auf derselben Handelsschule Stenographie gelernt hat wie er selbst. Beide sind sie auch unnachgiebig, andere nennen es stur, und verkehren oft tagelang nur brieflich miteinander – eine Angewohnheit, die Witzigmann als Lehrmeister später übernehmen wird. Simon spürt das leise Misstrauen seines Schülers, der offenbar glaubt, ihm würden jene Rezepte vorenthalten, die das wahre Arkanum enthalten. Gut, es gibt aktuelle Aufzeichnungen, die Simon in seiner Schreibtischschublade aufbewahrt, die er allabendlich abschließt, aber Witzigmann hat doch ohnehin schon bändeweise gesammelt. Und notiert längst seine eigenen Kreationen.

Soufflé Mozart

6 Eiweiß
3 Esslöffel Grieszucker
3 Eidotter
2 Esslöffel Maizena
Grand Marnier, Vanilleessenz, Zitronenschale, gerieben
Zusammenrühren und vermischen

Den mit Grieszucker festgeschlagenen Schnee mit der Eidottermasse leicht und rasch vermischen.
Einlage; grobe Schokoladenstücke, einige Himbeeren

Plat russe gut ausbuttern!
Sahne, Zucker, Vanillestange oder Essenz aufkochen lassen, in jene Flüssigkeit gibt man zwei große Nocken.

Rezept von Eckart Witzigmann, der Autorin zugestellt durch Paul Simon mit dem Kommentar: *»Dies ist die Kopie eines handgeschriebenen Rezeptes aus seiner Zeit bei mir. Man kann daraus im Mozartjahr 2006 ableiten, dass E. W. schon immer seiner Zeit meilenweit voraus war.«*

»Manchmal habe ich gedacht, er sei verrückt in seinem Perfektionswahn. Aber ich habe ihn gelassen. Aufhalten hätte ich ihn auch gar nicht können.«
Paul Simon, Lehrherr von Eckart Witzigmann in Davos und Bad Ragaz

Norbert versteht die nimmersatte Wissbegierde Eckarts nicht ganz, aber wie bei Arthur Conan Doyle Dr. Watson seinem Freund Sherlock Holmes geduldig zur Hand geht, zieht auch er voll kriminalistischer Aufmerksamkeit mit.

»Der Chef hat vergessen, die Schublade abzuschließen«, vermeldet Norbert.

Die beiden arbeiten, putzen, räumen auf bis Dienstschluss, entnehmen das Buch und schreiben ab, bis die Küche zugeschlossen wird. Sie sind bei weitem nicht fertig geworden. »Lassen wir das Fenster auf«, schlägt Norbert vor. Als es dunkel ist, steigen sie ein und schreiben weiter, bis sie Dellen an den Fingern haben und wunde Stellen.

Die Zeit in Bad Ragaz geht ihrem Ende entgegen. Wie wird es weitergehen?

Eckart scheint den französischen Traum ausgeträumt zu haben, auch wenn er nach wie vor mit Baskenmütze und Schal herumläuft, und hat sich in Südafrika beworben. Ein Kollege, der ebenfalls mal bei Simon im *Hof Ragaz* gearbeitet hatte, hat es ihm als verlockend geschildert, dort in einem der Hotels unweit von Kapstadt zu arbeiten.

Am Tag vor der Abreise kommt ein großer Brief aus Illhäusern. Darin steckt die Speisekarte und ein Brief von dem Mann, den dort alle nur Monsieur Paul nennen: »Sie können am 15. Februar anfangen.«

Wahrscheinlich sind Paul Simon und Norbert Becker die Einzigen, die ermessen können, was das für Eckart Witzigmann bedeutet. Gefeiert wird auf einer Hütte. Witzigmann nimmt seinen großen Tirolerhut aus Filz ab, füllt ihn mit Wein und lässt ihn kreisen. Ein halbes Jahr später hätte er ihn mit Champagner gefüllt. Doch zunächst gilt es die zeitliche Lücke zu stopfen bis zum nächsten Engagement.

Wer Eckart und Norbert auf diese Adresse in Arosa gebracht hat, wissen sie heute nicht mehr, vielleicht, weil sie es nicht mehr wissen wollen. Dort sei alles frisch restauriert, hat es jedenfalls geheißen.

Als die beiden ankommen, betreten sie kein Hotel, sondern eine Baustelle. Und die Küche, im Keller gelegen, ist nicht einmal das. Kein Kühlschrank, nur Kisten, die vor die Fenster gehängt sind. Der Boden verdreckt, Schneidebretter, Schaumlöffel,

Kasserollen fehlen. Jeder Handgriff erfordert eine Suchaktion in anderen Stockwerken.

Eckart nuschelt wie immer. Aber Norbert versteht ihn.

»Hier bleib ich nicht. Ich haue ab.«

»Das kannst du nicht machen«, stottert Norbert. »Wir haben einen Vertrag.«

»Nicht mit diesem Saustall«, erklärt Eckart.

Was die Flucht erleichtert: Sie sind mit Norberts Auto angereist, einem Ford 12 M, schwarz mit weißem Dach. Über den Hauptausgang mit dem Gepäck in der Hand zu verschwinden ist gefährlich. Also werfen sie ihre Koffer im Zimmer droben aus dem Fenster, verlassen das Haus mit leeren Händen, packen draußen die Habe in den Ford und fahren los.

Die erste Stunde über reden sie nichts. Beide wissen, dass sie nun in der Schweiz keinen Fuß mehr auf die Erde bekommen, denn die Hoteliers dort verständigen sich über ihre Buschtrommeln in Windeseile. Aber Norbert weiß, dass er das alles gar nicht mehr braucht. Und Eckart blickt nach Illhäusern, ins Land der Verheißung.

»Der Chef braucht einen Arbeitsplatz, der aussieht wie in der Klinik. Sonst fängt er gar nicht erst an.«
Roland Trettl

IV.
Kapitel

Das Elsass lächelt, sogar im Februar. Illhäusern ist idyllisch. Beängstigend idyllisch für einen jungen Mann von vierundzwanzig Jahren. Bauernhöfe, die ihren Misthaufen nicht verstecken, Gänsegeschnatter und Kuhstallgeräusche. Ein Dorf mit geduckten Häusern, Fachwerk, großen Dächern und Kaminen, aus denen jetzt im Winter der Rauch steigt und der Geruch von Holzfeuer. Mit Vorgärten, in denen im Sommer Eisenhut, Rittersporn, Zinnien, Astern und Sonnenblumen wachsen.

Der neue Arbeitsplatz von Eckart Witzigmann, die *Auberge de l'Ill*, liegt mitten im Ort, an der schönsten Stelle, doch sähe sie neben den Grandhotels, in denen er bis jetzt zugange war, armselig aus. Schon seit 1878 führen die Haeberlins hier direkt an der Chaussee ein Restaurant; als Fréderic, den alle Fritz nannten, es eröffnete, hieß es noch *Auberge de l'arbre vert*, *Zum grünen Baum*, und am Herd standen generell die Frauen der Familie. Mit den Hotelrestaurants, wie Eckart sie kennt, hat das Anwesen der Haeberlins nichts zu tun, dafür viel mit einem Gutshof. Hühner gackern auf der Wiese, die hinter dem Haus direkt an die Ill grenzt, über die sich Trauerweiden neigen. Die Forellen werden direkt aus dem Fluss geholt und die Butter von den Bauern im Ort. Bewohnt und betrieben wird das Ganze von einer Großfamilie. Paul in der Küche, Jean-Pierre im Service, die Tante werkt im Hintergrund und überwacht alles, Pauls Frau Marie kümmert sich um die Familie, im Hof spielt Marc mit den Katzen oder Mäusen, und wer gerade Zeit hat, füttert die kleine Danielle.

Eckart Witzigmann kann diese Harmlosigkeit nicht irritieren, dafür weiß er zu viel. Nicht nur, was Michelin-Sterne bedeuten, er weiß auch, dass sein neuer Chef in ebenjenem Jahr, in dem er selbst seine Lehrzeit im *Straubinger Hof* begann, bereits den zweiten Stern bekommen hat. Ebenso wenig kann es ihn aus dem Konzept bringen, dass dieser Paul Haeberlin, in der Witzig-

Eine zweite Familie: Marie und Paul Haeberlin mit ihren Kindern Marc und Danielle. Sie machen zusammen mit Pauls Bruder Jean-Pierre den neuen Arbeitsplatz in Illhäusern zur Heimat für Eckart Witzigmann.

»Als ich zu Haeberlin kam, war mir klar, dass ich von dem, was ich bis jetzt gelernt habe, das meiste vergessen konnte. Eine neue Lehrzeit begann.«
Notiz von Eckart Witzigmann in einem Spiralblock

mann-Genealogie Paul II., völlig anders ist als die Männer, bei denen er bisher gelernt hat. Sanft, verständnisvoll, väterlich. Und vor allem offenherzig. Sein Großvater hat hier mit Wildgerichten, Sauerkraut zu Schweinswürsten, Baeckeoffe und Froschschenkeln sein Geld gemacht. Paul Haeberlin macht es mit Saumon-Soufflé, mit gefüllten Bresse-Hühnern, mit Paté de foie gras und Bouillabaisse.

Alles, was Witzigmann sieht, riecht, schmeckt, ist für ihn erregend neu. Mit klopfendem Herzen steht er so nah wie möglich neben Monsieur Paul. Und dieser Mann mit dem milden Lächeln kennt keinerlei Geheimniskrämerei. Er legt jedes Rezept, jeden Kniff offen, was seinen Schüler prägen wird.

Paul stellt bald fest, wie geschickt dieser Eckart ist. Der hat ein Kilo Spargel geschält, wenn andere erst bei der vierten Stange sind, der filetiert die Forelle aus der Ill in weniger als einer Minute und höhlt eine rohe Ente komplett aus, als sei das ein Kinderspiel. Jeden Handgriff von Monsieur Paul observiert er, als müsse er ihn auswendig lernen. Und alles, was der Meister beherrscht, will er ebenso perfekt beherrschen, von der Stopfleberterrine bis zum Dessert Pêche Haeberlin, einer Komposition aus pochiertem Pfirsich, Pistazieneis und Champagnersorbet, nach der die Gäste süchtig sind.

Die Küche der *Auberge* ist bedrängend eng für vier Köche und drei Lehrlinge, der Herd genügte einer verwöhnten Hausfrau kaum. Aber zur Entfaltung von Begabung ist genügend Raum, denn Paul will keine Nachahmer großziehen, sondern kreative Talente. Was der neue junge Commis kreiert, vom Artischockensalat mit Gänseleber und schwarzer Trüffel bis zum Kartoffelsalat mit Kaviar, gibt Pauls Vertrauen Recht: Es war kein Fehler, diesen Ausländer reinzulassen.

»Ich durfte 2x im Tantris *u. 2x in der* Aubergine *reinschnuppern u. sehr bereitwillig gab er mir alle Rezepte u. verriet neue Trends.«*
Paul Simon, Lehrmeister Witzigmanns in Bad Ragaz, in einer handschriftlichen Notiz über den ehemaligen Schüler

Für Marc, Pauls elfjährigen Sohn, ist der Neue wie ein großer Bruder. Er bewundert ihn, klebt wie eine Klette an ihm, setzt sich neben Eckart in den Hof hinaus, wenn der Fische schuppt, auch wenn es nur vier, fünf Grad über null hat. Und Marc beobachtet gespannt, wie der Neue es schafft, zwei Leben nebeneinander zu führen.

Sein Privatleben ist in vielem so, wie es einem Mann in diesem Alter zusteht. Da das Angebot an jugendlichen weiblichen Reizen nicht überwältigend ist in Illhäusern, zieht er nach Dienstschluss mit seinem Freund François Wilhelm los, der in Straßburg Volkswirtschaft studiert und in der *Auberge* als Kellner jobbt. François kennt sich aus, er weiß, wo sich an der Landstraße die besten Bistros und Kneipen befinden, in denen man Elsässer Weine probieren kann. Und noch ein Getränk, das Eckart bisher nur von der Getränkekarte kannte, privat aber aus Kostengründen durch Asti Spumante ersetzte: Champagner.

Auch wenn Champagner hier entschieden preisgünstiger ist als in Deutschland oder in der Schweiz, für Eckarts Lieblings-

»Eckart hat sich sofort in Champagner verschmeckt und erklärt: ›Ich will es in meinem Leben so weit bringen, dass ich immer Champagner trinken kann, wenn ich Lust und Zeit habe.‹ Das wurde sein Leitmotiv.«
François Wilhelm, seit 34 Jahren Önologe auf Gut Trimbach

»Er war ein sehr sportlicher Typ und hat uns allen erklärt, er wolle entweder Weltspitze als Radler, Skifahrer oder als Koch werden und mit vierzig sterben, weil dann das Leben nichts mehr wert sei.«
Paul Haeberlin, alias Paul II.

getränk reicht das Geld meistens nur bis zur Monatsmitte, die letzten vierzehn Tage gibt es dann Limonade. Zum Asti Spumante begibt er sich jedoch nie mehr hinab.

Eckarts Spitznamen im neuen Freundeskreis: »der Jodler« oder »der Radler«. Sogar die Buletten, die er gern für das Personalessen brät, nennt er »Rennfahrer«. Und des Radlers Leidenschaft kann in Illhäusern niemandem entgehen. Auch nicht die für das Fahrzeug selbst. Am Morgen nach einem Tag, an dem Eckart von einem Kurzausflug ins deutsche Freiburg mit roten Wangen zurückgekehrt ist, stehen die Zöllner vor der Tür der *Auberge de l'Ill*. Hier wohne einer, der gestern mit einem Fahrrad älteren Datums nach Deutschland gefahren sei, die Grenze auf dem Rückweg jedoch mit einem brandneuen passiert habe.

Pauls Liebe zu seinem Schüler können solche Lappalien ebenso wenig beeinträchtigen wie dessen nächtliche Exkursionen. Die rügt nur Tata, die Schwester von Paul und Jean-Pierre, allgemein »le Gendarm« genannt. Sie wohnt wie Eckart und andere Jungmänner im Haus, über dem Restaurant, eine Etage unter Eckart. Und auch wenn dem sein heimisches Training aus Bad Gastein zugute kommt, sich als Spätheimkehrer geräuschlos zu verhalten, entgeht sein Schritt auf Socken der Tata nie, denn die hölzernen Böden des alten Gebäudes sind verräterisch.

Marc betet Vaters neuen Herzensschüler an, nicht zuletzt, weil er zu Gehör bekommt, warum François und die übrigen Kumpel »Jodler« zu ihm sagen: Wenn die anderen nach dem dritten Glas ihre elsässischen Lieder singen, bietet Eckart etwas aus der alten Heimat an, obwohl die neue Heimat zwischen Straßburg und Freiburg in jeder Hinsicht nach seinem Geschmack ist. Er liebt die Schönheiten der Landschaft und der Küche ebenso wie die einer brünetten Elsässerin namens Lucette. Er liebt die Picknicks auf den Bergwanderungen mit Studenten und jungen Winzern, die am Nachmittag beginnen und sich meist bis in den Abend hinziehen. Er liebt es, in der Kneipe *Bei Reibel* in Ribeauvillé zu versumpfen, ein Leben, das er sich zuvor nie gegönnt hat. Erst hier, im Elsass, beginnt der junge Koch sich mit Weinen zu beschäftigen, die ihn bisher nur als Saucier interessiert haben.

Monsieur Paul braucht sich um den weinseligen Angestellten keine Sorgen zu machen, den viele junge Frauen in der Gegend

Die Entdeckung des Genießens: Im Elsass lernt Eckart Witzigmann (1. von rechts) im Freundeskreis, was seine Devise werden wird. »Ein Koch muss ein Genussmensch sein.«

anhimmeln und der im *Le Zinnia*, einem Nachtlokal in Mittelwihr, der Star ist, auch wenn er kleiner ist als die meisten anderen. Eckart erscheint pünktlich zum Familienfrühstück um acht und steht nicht nur hellwach, er steht überwach am Herd.

Sein zweites Leben, sein zentrales, ist das Berufsleben, in dem er ernst, konzentriert und reizbar ist, sobald jemand nicht funktioniert.

»Richtigmachen = Erfolg! Falschmachen = Misserfolg!« Die Quintessenz der Maximen von Oscar Schellbach, Lebenslehrer und Guru von Alois Witzigmann

Auch das kann Marc, der dauernd zwischen Küche und Restaurant unterwegs ist, nicht übersehen oder überhören. Eckart ringt um Perfektion bis zur völligen Erschöpfung. Wenn jemand nicht in seinem Rhythmus und auf seinem Niveau mitzieht, wird er wütend und unduldsam. Als einer seiner Commis sich ungeschickt anstellt, fährt er ihn an: »Werd doch Totengräber. Etwas anderes kannst du nicht mit deinen Händen.« Steht ein Teller bereit, der vom Service nicht umgehend abgeholt und eingesetzt wird, verliert Eckart Witzigmann, sonst Fleisch gewordene Höflichkeit, die Fassung. Die älteren Damen, Hausfrauen oder ledigen Tanten aus dem Dorf, die im Restaurant servieren, wagt er nicht anzupfeifen, aus Gründen des Stils, der Erziehung, des Respekts, vielleicht auch, weil er befürchtet, sich die Sympathien im Haus und im Ort zu verscherzen. Also bekommt François Wilhelm seinen Unmut ab. Der gewöhnt sich rasch daran, dass dieser Eckart nicht wiederzuerkennen ist im Beruf.

»In der Arbeit war er mein ärgster Feind. Aber kaum sind wir raus, war er mein bester Freund.«
François Wilhelm, Önologe vom Gut Trimbach

Während Marc aushilft, Kartoffeln schält, Spinat putzt, Karotten schabt, registriert er verblüfft: In der Küche ist von der Heiterkeit seines großen Wahlbruders nicht das Geringste zu bemerken. Und auch Paul ist verwundert, mit welch mönchischem Ernst und welch militärischer Disziplin der umtriebige neue Koch arbeitet. Hier, wo man ihm bereitwillig die Pforten ins Innerste der Kochkunst öffnet, will er alles mitnehmen. Innerhalb kürzester Zeit hat er Französisch gelernt, wohl auch gemäß der Erkenntnis, dass die erfolgreichsten Fremdsprachen-Lektionen von einer Geliebten erteilt werden. Doch wie üblich hält Eckart seine Amouren, so gut es geht, verborgen, keiner kann genau sagen, wie weit es gegangen ist mit Lucette. Diskretion oder eine Vorsichtsmaßnahme, um das Verhältnis unauffällig beenden zu können? Die Kumpel erfahren es nicht, Paul interessiert es nicht. Er entdeckt in seinem neuen Commis den Saucen-Künstler, der so vollendet abschmeckt, dass nie etwas nachzuwürzen ist. Die manuelle Präzision, die Behutsamkeit des Monsieur Paul im Umgang mit jedem Rosmarinzweig, jedem Flusskrebs, sein ästhetisches Feingefühl beim Anrichten, das eignet Eckart sich mit großem Eifer an, weil es ihm entspricht.

»Goldschmied wäre für mich eine berufliche Alternative gewesen.«
Eckart Witzigmann zur Autorin, 1998

Eine Zeit ungeahnter Sorglosigkeit erlebt er hier, er fühlt sich geborgen und geliebt. Er, das Einzelkind, das sich bei den Maschindas mit ihren vierzehn Kindern so wohl gefühlt hat, suhlt sich nun im warmen Dunstkreis der Großfamilie. Jeden Abend sitzt er mit den Haeberlins am Tisch, schaut mit ihnen gemeinsam Fußball-Übertragungen im Fernsehen, an Weihnachten feiern sie ebenfalls zusammen. Als er zum ersten Mal mit den Haeberlins unten im Restaurant vor dem Christbaum sitzt, nachdem die Gäste gegangen sind, mit ihnen Räucherlachs, Kapaun und Bûche de noel verspeist, den Christbaumstamm aus Schokolade und Maronen, überfällt ihn endlich an diesem Tag fern von Bad Gastein kein Heimweh. Erstaunt entdeckt Eckart in Illhäusern, dass ein Leben als Koch nicht nur hart ist, sondern genussvoll sein kann. Mehr noch: dass ein großer Koch auch ein großer Genießer sein sollte. Und mit der ihm eigenen Gründlichkeit trainiert er das in seiner Freizeit.

Für einen Radler wie ihn ist es nicht weit zum *Schwarzen Adler* in Oberbergen, im Herzen des Kaiserstuhls gelegen, der gerade einen der in Deutschland noch raren Michelin-Sterne bekommen hat. Der Besitzer Franz Keller, Gastwirt, Metzgermeister und Winzer, kommt regelmäßig mit seiner Frau Irma, die den Stern erkocht hat, und seinen Söhnen Franz und Fritz zum Essen in die *Auberge de l'Ill*, denn er ist der Ansicht, das gute Essen gehöre zur Erziehung zukünftiger Gastronomen, als die er seine Sprösslinge betrachtet. Oft reist er mit seiner Sippe bis nach Lyon zu Paul Bocuse, nur für ein einziges Mittags- oder Abendmahl.

Das imponiert Eckart Witzigmann ebenso an Franz Keller wie dessen intimes Verhältnis zum Fußball. Dass die deutsche Elf sich nach dem Wunder von Bern in den Kaiserstuhl zurückzog und sich ausgerechnet im *Schwarzen Adler* vor allzu radikaler Ernüchterung schützte, gehört für ihn zu den großen historischen Ereignissen auf dem Planeten. Nicht oft genug kann er die Berichte darüber hören, wie die Oberbergener, weil der Gasthof keine Zimmer hatte, ihre Wohnzimmereinrichtung in eine Ecke schoben und Matratzen auslegten, auf denen die Helden der Nation Irmas Kalbshaxen und Rehrücken verdauten. Er wird andächtig, als er hört, dass der Keller Fritz seinen Namen vom Patenonkel Fritz Walter hat. All diese Heiligengeschichten, fotografisch dokumentiert, machen für Eckart Witzigmann das Ausflugsziel zu einem Wallfahrtsort, einem mit geweihter Erde.

»Gut zu essen ist Ausbildung von innen. Das ist wie bei der musikalischen Ausbildung: Wer bewusst gute Musik hört, bevor er ans Klavier gesetzt wird, hat viel größere Lust, ein Instrument zu lernen.«
Fritz Keller, Gastronom und Önologe im *Schwarzen Adler*, Oberbergen

Genia Gut, Kellnerin im *Schwarzen Adler*, gewöhnt sich bald an den schmalen jungen Mann, der fast jede Woche einmal in Trainingshosen oder Shorts und durchgeschwitztem Trikot hereinkommt, in der Toilette verschwindet und wieder auftaucht in frischem Hemd und gebügelter Trevirahose. Er sitzt immer ganz allein am Tisch neun, einem Zweiertisch in der Mitte des Restaurants, bestellt sich eine Ochsenschwanzsuppe, einen Lammnavarin, eine Kalbshaxe oder einen Kalbskopf mit Vinaigrette, im Frühjahr oft Spargel aus der Region, zu dem es hier Kratzete gibt, kleine goldgelbe, mit der Gabel zerrissene Pfannkuchen. Fritz bekommt beim Aushelfen mit, wie Haeberlins Koch nach dem Essen noch lange sitzen bleibt, oft den ganzen Nachmittag über, und jedes Ereignis um sich herum beobachtet. Welche Leute hier regelmäßig auftauchen, wer was bestellt, was da in kupfernen Kasserollen oder in weißen Terrinen serviert wird, wie es zu ihm herüberduftet. Hat der Hausherr Zeit, redet er mit dem Adepten über Weine, über seine Vorstel-

Lehrmeister vieler großer Köche: Franz Keller vom Schwarzen Adler *in Oberbergen. Der Winzer und Gastronom brachte auch Eckart Witzigmann bei, wie Wein und Essen harmonieren; hier wird Keller umringt von Harald Wohlfahrt, Hans-Peter Wodarz, Josef Viehhauser, Otto Koch, Eckart Witzigmann und Peter Wehlauer.*

lung davon, wie Wein und Küche zusammenwirken sollen. »Ein gutes Gericht verträgt keine Hitparaden-Weine«, bringt er dem jungen Koch bei, »die übertönen alles. Der Wein soll nur das heben und zur Geltung bringen, was auf dem Teller liegt.« Die Flaschen, auf denen die Lagebezeichnung Oberbergener Baßgeige steht, enthalten einen ein für deutsche, eierlikörgewohnte Gaumen dieser Zeit revolutionär trockenen und frischen Wein, ob Riesling oder Müller-Thurgau, Weiß- oder Grauburgunder, roter Spätburgunder oder Spätburgunder Weißherbst.

Jeder Besuch im *Schwarzen Adler* ist für den Koch ein Besuch im Abendgymnasium, obwohl er Haeberlins Reifeprüfung bereits bestanden hat. Große Küche zu genießen lernt Eckart Witzigmann auf dem zweiten Bildungsweg.

Überall hat er bis jetzt mit Passion gelernt, aber dabei klang die zweite Bedeutung dieses Wortes immer mit, das eben nicht nur Leidenschaft, sondern auch Leiden meint. In Illhäusern, mit allem, was dazugehört, von den Exkursionen mit dem weinkundigen François bis zu denen nach Oberbergen, ist das Lernen Lust. Eckart, vom Vater noch immer kurz gehalten, was Bestätigung angeht, wird hier gelobt, gewürdigt und gefördert.

Eine kluge Mutter weiß, dass die zweite Abnabelung von ihren Kindern heikler ist als die erste. Und Paul Haeberlin weiß, dass er den hoch begabten Schüler wegschicken muss. Er hat seine Beziehungen spielen lassen und Eckart eine Stelle in Schweden verschafft, im Stockholmer *Operakällaren*. Sein Schüler weiß, was das bedeutet. Ungefähr jedenfalls, so ungefähr, wie die Vorstellung von Legenden zu sein pflegt.

»Der Monsieur Paul ist ja fast zu gut für die Menschheit.«
Eckart Witzigmann zur Autorin im Gespräch, 2006

Trotzdem verschlägt ihm der Anblick seines neuen Arbeitsplatzes die Sprache. Er hatte des Namens wegen ein Kellerlokal erwartet, dessen Prachtentfaltung der Räumlichkeiten wegen begrenzt ist. Was ihn empfängt, ist ein Palast der Kulinarik, zu Ruhm gelangt durch den Koch Tore Wretman. Jeder in Schweden weiß, dass es Wretman war, der in den fünfziger Jahren die einheimische Hausmannskost davor bewahrte, im Mainstream des Fastfood unterzugehen. Der *Operakällaren* war schon bei der Eröffnung 1787 ein Kulturdenkmal gewesen, doch Wretmann erst, 1916 geboren, hatte zu der Zeit, als Eckart Witzigmann seine Lehre begann, daraus ein Monument der Esskultur gemacht. Mit ebenso viel Ernsthaftigkeit, Energie und Selbstbewusstsein wie die Intendanten des Opernhauses hatte er Traditionen vor dem Vergessen bewahrt, sie modernisiert und so neue Klassiker geschaffen. Der König des Smörgåsbord, wie sie ihn hier nennen, hatte sich privat eine Bibliothek an Kochbüchern aufgebaut, einzigartig im Land. Als Witzigmann davon hört, spürt er, dass in ihm eine ähnliche Begierde steckt, auch er will alles erkunden, kennen und erkennen, träumt von einem Fundus an Rezepten aus allen Regionen, Zeiten, gesellschaftlichen Schichten als einer nie versiegenden Inspirationsquelle. Auch er hat die Vision, moderne Klassiker auf dem Teller zu schaffen und sich ein Haus aus kulinarischem Wissen zu errichten, eine Heimat, aus der ihn keiner mehr vertreiben kann.

»Der Operakällaren, *das war nicht ein Restaurant in Schweden. Es war* das *Restaurant in Europa.«*
Eckart Witzigmann zur Autorin im Gespräch, 2005

Und doch fühlt er sich hier, wo mit den Küchendüften Wretmans Geist durch die Räume weht, fehl am Platze. Der Glanz des Hauses erdrückt den neuen Commis, erst recht jetzt, wo er aus der elsässischen und südbadischen Gemütlichkeit kommt. Das Etablissement selbst ist ein ästhetisches Smörgåsbord der Luxusklasse, ein Buffet, das alles bietet. Auf drei Etagen sind im *Operakällaren* Speisesäle und Bankettträume verteilt, auf jeder steht eine Küche zur Verfügung. Alles ist perfekt. Zentner-

»Ich habe mir das Paradies immer als eine Bibliothek vorgestellt.«
Jorge Louis Borges

schwere Kristalllüster, kunstreich geschnitzte hohe Holzdecken, übergroße, marmorumrandete offene Kamine, goldgerahmte Spiegel, Tafelsilber, weiß lackierte Sprossenfenster wie in einem Rokokoschloss. Küchen mit modernster Technik bis hin zur Mikrowelle. Der Schweizer Küchenchef Werner Vögeli ist perfekt, und die Arbeitsbedingungen sind es auch. Der Lachs ist so makellos wie die Hummer und die Garnelen. Was immer benötigt wird, ist in Hülle und Fülle vorhanden. Es gibt keinen Engpass, weder materiell noch personell, denn siebzig Köche agieren hier. Alles ist perfekt organisiert, strukturiert, dekoriert. Druck und Stress sind Fremdwörter. Und das Frühstücksbuffet fürs Personal entspricht dem eines Grandhotels. Sogar die Arbeitsbedingungen sind perfekt. Eckart Witzigmann landet zu seiner Freude am Fischposten; als kurz nach seinem Dienstantritt für die Jungfernfahrt der »Kungsholm« Köche angeheuert werden, grasen die Manager natürlich die Küche des *Operakällaren* ab. Eckart Witzigmanns Chef de partie wird abgeworben, er rückt nach als Chef-Poissonnier und hat nun sechs Leute unter sich. Er könnte zufrieden sein. Nie war sein Dasein verwöhnter, nie war es leichter. Mit Jakob Strickner, einem Südtiroler Koch, und einem Salzburger Bühnenbildner teilt er sich eine Wohnung in guter Lage und die Freizeit, üppig bemessene Freizeit. Zusammen lernen sie Skilanglauf, die nächste Loipe liegt ein paar Straßenbahnstationen entfernt in einem Park mitten in der Stadt. Was ihn an seinem Leben stört: Es ist zu perfekt. Eckart Witzigmann fehlt der Widerstand, der Stachel im Fleisch.

»Der Ecki ist ein Mann mit ungeheur viel Biss. Und er mag alles nur, wenn es Biss hat. Das Gemüse wie das Leben.« Alfons Schuhbeck, Witzigmann-Schüler, heute Chef der *Südtiroler Stuben*, München

Hamlet ist in eine Gesellschaftskomödie mit Happy End geraten, und dort gehört er nicht hin, denn jeder fragt sich: Was gibt es hier zu grübeln? Er versucht, auf seiner selbst gebauten Galeere Ruderer und Antreiber zu sein, nötigt sich abends, wenn die anderen ausgehen, noch stundenlang Rezepte abzuschreiben. Und erklärt sein mangelndes Interesse an der schwedischen Weiblichkeit damit, dass er seiner so genannten Verlobten in der Schweiz treu zu bleiben gedenke. Aber es hilft nichts, diese Maßnahmen der Selbstkasteiung bescheren ihm keine Glücksgefühle. Er träumt von der Strenge und Sturheit des Paul Simon, von dem nimmermüden Vollendungsdrang des Paul Haeberlin und davon, gefordert zu werden bis an die Grenzen.

Haeberlin ist es, der den Wunsch erahnt und erfüllt. Ohne

offizielle Aufenthaltsgenehmigung verschafft er seinem Ziehsohn, der im *Operakällaren* bereits Chef de partie am wichtigsten Posten ist, eine Stelle als einfacher Commis, Monatslohn 300 Francs, in einem Dorf namens Collonges-au-Mont-d'Or. Es liegt in der Nähe von Lyon, und der Chef heißt Paul Bocuse.

»Ein guter Küchenchef muss seine Mitarbeiter peitschen, nach vorne treiben, fordern.«
Handschriftliche Notiz von Eckart Witzigmann auf einem Spiralblock

Ende September 1965 steigt Eckart Witzigmann in den Opel Rekord ein, der seinem Freund Jakob Strickner gehört. Jakob will nach Hause, nach Südtirol. Eckart zieht aus, um das Fürchten wieder zu lernen. Und zeigt bereits auf dem langen Weg, auf der Fähre, auf den Straßen heim gen Süden wachsende Nervosität. Sein Französisch ist tauglich, aber perfekt ist es nicht. Und es ist bekannt, dass Nachsicht eine Eigenschaft ist, die Bocuse so fern liegt wie der Genuss von Coca-Cola.

Erst allmählich versteht der Südtiroler, dass sein Freund aus dieser Reise eine Grand Tour machen will, eine Bildungs- und Forschungsreise eigener Art. Wo immer er Kontakte hat zu einem großen Meister, sei es ein ehemaliger Lehrherr wie Paul Simon in Bad Ragaz, der gestrenge Chef in Villars oder Paul Haeberlin, sei es einer der anderen Großen, zu dem ihm diese Lehrer Türen geöffnet haben, verschwindet er mit dem Meister für ein, zwei Stunden auf ein Gespräch unter vier Augen. Was er dabei treibt, hat er Jakob verraten: Eckart will den großen Köchen ihre besten Rezepte entlocken, will als einziges Kapital seiner langen Lehrzeit mitnehmen, was die an Spezialitäten beherrschen. »Es ist mühsam, die richtig anzustechen«, gesteht er seinem Chauffeur. Aber der sieht, wie Eckarts Mappe täglich dicker wird. Trägt es zu seiner Beruhigung bei, solchermaßen gewappnet zu sein für den Dienstantritt beim großen Bocuse? Jedenfalls bricht für ihn eine neue Ära an, denn nicht zufällig hat er auf dieser Tour auch die Beziehung zu der schönen Schweizerin offiziell aufgelöst.

Dass er nur ein fahrender Geselle ist, irgendeiner, der trotz Empfehlung des Hauses Haeberlin keinerlei Ansprüche zu stellen hat am Hof von König Paul, bekommt er sofort zu spüren. Niemand kommt ihm mit offenen Armen entgegen, niemand begrüßt ihn. Für Witzigmann ist das kein Problem, er erwartet nicht, dass es überall zugeht wie bei den Haeberlins, die ihn vom Zug abgeholt und auf den Daunen elsässischer Gänse gebettet hatten. Weil im Personalhaus kein Bett frei ist, geschweige denn gerichtet, weist man ihm einen Schlafplatz zu in einem Gebäude, das nach einem Bombentreffer im Zweiten Weltkrieg als Ruine dasteht, nur Teile des ersten Stocks sind bewohnbar. Aber Eckart Witzigmann, der in Stockholm mehr als komfortabel gewohnt hatte, betritt die Notunterkunft, als wäre es die Suite eines Luxushotels. Und Jakob Strickner sieht ihm an, dass er glücklich ist.

»Ich habe gern gekocht, aber ich habe gekocht, um zu leben. Der Eckart hat schon immer gelebt, um zu kochen.«
Jakob Strickner, Freund und Inhaber des Gasthofs *Waldheim* in Gries am Brenner

Anders hielte Witzigmann das, was nun auf ihn wartet, auch nicht durch.

Dass Meister Bocuse 1965 den dritten Michelin-Stern bekommen hat, macht ihn keineswegs duldsamer, im Gegenteil. Bocuse ist kein Küchenchef, er ist Patron im eigentlichen Sinne und regiert absolutistisch, Widerspruch gibt es nicht. Seine Erscheinung bereits ist sonnenköniglich, stark und siegessicher, er leuchtet in der Gloriole seines Selbstbewusstseins. Verblüfft beobachtet Witzigmann, dass ein Koch so souverän ein Herr sein kann, ein Lebemann, der seinen Gästen nicht dient, sondern sie mit fürstlicher Geste mit dem Besten beschenkt, auch wenn sie dafür zahlen. Mehr zahlen, als der neue Commis es jemals erlebt hat. Das Reich am Mont d'Or steht völlig unter der Kontrolle des Regenten. Wenn er zu einem seiner Köche sagt: »Du solltest zum Friseur gehen«, dann ist das kein Ratschlag, sondern eine Order. Wenn er morgens in sein weiß gefliestes Reich einzieht, tritt er nicht an, sondern auf. »Le patron est arrivé«, geht es durch die Reihen. Und wenn dann die Lieferwagen vorfahren, zieht die Brigade hinter ihrem Chef hierarchisch geordnet im Gänsemarsch ins Freie, um in Rekordzeit auszuladen, dabei jedoch akribisch die Qualität der Ware zu prüfen, zu beäugen, zu riechen, zu drücken.

Paul III. in Witzigmanns Dasein hat nicht nur eine Adlernase, er hat Adleraugen für Fehler und Verschwendung jeder Art. Niemals entgeht ihm, wenn ein größeres Stück Aluminiumfolie abgerissen wird als benötigt, wenn in einer Kiste drei Tomaten vor sich hin dümpeln, die zu den anderen geräumt werden müssten, wenn eine Ente zu großzügig tranchiert wird. Das Gewitter seines Zorns bricht dann vehement über den Sünder herein, der deshalb nie vergisst, was es ausgelöst hat.

Da entdeckt Bocuse an der Spüle drei Töpfe, in denen sich offenbar Hummersauce befunden hat. Der Casserolier genießt

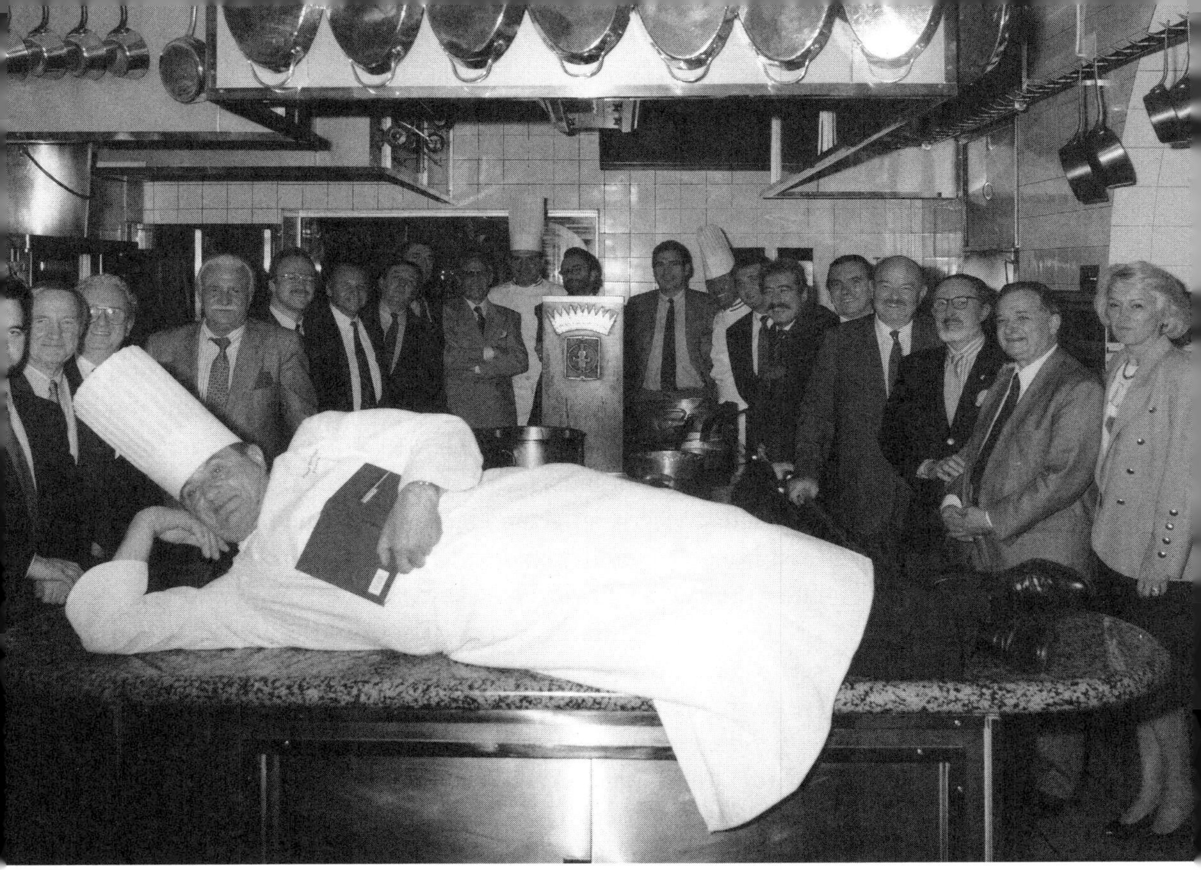

seinen besonderen Schutz, den hat er so perfekt erzogen, dass er unersetzlich ist. Und ein Spüler dieser Güteklasse muss verschont werden von jedem überflüssigen Abwasch. Wer hat rücksichtslos gehaust mit Kasserollen? Eckart meldet sich. Der erste Topf, in den er die Sauce umschütten wollte, war zu klein, der zweite immer noch, erst der dritte passte.

König Paul: Dass Patron nicht allein Chef und Arbeitgeber bedeutet, sondern auch Schirmherr, Schutzheiliger und Gönner, lernt Witzigmann bei Paul Bocuse; hier in späteren Jahren in seinem eigenen Reich in fotogener Herrscherpose.

Von dieser Sekunde an trainiert er sein Augenmaß. Doch davor, den Unwillen des Sonnenkönigs zu erregen, ist er durch redliches Bemühen nicht gefeit, wenngleich er sich als simpler Commis am Fischposten nach seiner Erfahrung als Chef-Poissonnier in Stockholm ziemlich sicher fühlt.

Es gilt Rotbarben zu präparieren, die Lieblingsfische von Bocuse. Mit seiner oft gelobten Geschicklichkeit schuppt Eckart sie, nimmt sie aus und schneidet ihnen ganz akkurat die Schwanzflossen ab. Er hat schnell gearbeitet wie immer, was hier Grundvoraussetzung ist. Denn der Schrei »Vite, vite« tönt dauernd durch die Küche. Da erschallt das Organ des Meisters. »Du hast meinen Fisch verstümmelt. Es ist eine Schande.« Was

»Misserfolge führen durch konsequentes Üben letzten Endes zum Erfolg.«
Eckart Witzigmann auf einem Notizblock des Hotels *Breidenbacher Hof*, 1994

den Poissonnier dazu gebracht hat, seine Rougets einen Schwanz kürzer zu machen, ist nicht von Interesse.

Doch all das erlebt Eckart Witzigmann als beruhigend, weil es ihm das Gefühl gibt weiterzukommen. Belehrt, berichtigt, auch mit Recht beschimpft zu werden bereichert ihn. Bocuse muss es wissen, denn er hat 1961, mit fünfunddreißig, seinen ersten Stern bekommen, ein Jahr danach den zweiten, und nun mit seinen vierzig Jahren ist er kein Küchenchef mehr, sondern der Patron einer Institution. Dass er von seinen Gästen nie als überheblich empfunden wird, versteht Eckart bald: Bocuse hält sich selbst eisern an seine eigenen Maximen. »Kein Gast verlässt hungrig mein Haus«, heißt eine davon. Gleichgültig, ob es einen Engpass gibt in der Küche, was die Materialien angeht, ob der Gast sich durch eigenes Verschulden verspätet hat oder weil irgendein Flieger erst zwei Stunden nach der planmäßigen Ankunft gelandet ist.

Verglichen mit seinem Dasein bei den Haeberlins oder auch in Stockholm, hat Eckart Witzigmann hier weniger Freiheiten, künstlerische Freiheiten hat er schon gar nicht. Die Rezepte werden diktiert und müssen exakt befolgt werden, denn viele Gerichte, die auf der Karte des Paul Bocuse stehen, sind bereits Klassiker, derentwegen die Verehrer von weit her anreisen. Und an Klassikern darf nichts geändert werden, das grenzte an Denkmalsschändung. Streng wird geahndet, wenn ein Koch etwas verwürzt, vor allem wenn er versalzt. Hat einer für den Kartoffelsalat zu tief ins Salzfass gegriffen, muss er die gesamte Ration aufessen. Keine Gnade kennt der Roi Soleil auch in Fragen der Reinlichkeit. Ständig wird die Küche mit Sägespäne ausgekehrt, jeden Montag wird die gesamte Küche ausgeräumt, sämtliche Kasserollen, Messer, Schüsseln, Terrinen, Auflaufformen, Bleche, Backformen, Schöpf- oder Schaumlöffel, dann werden die Fächer ausgewischt bis in die hinterste Ecke.

Bocuse ist omnipräsent.

Kontrollbesuch des Gebieters im Personalhaus, in das auch Eckart umgezogen ist. Auf dem Boden Brösel, Papier, alte Zeitungen, die Waschbecken sind blind, die Abgüsse teilweise verstopft. Umgehend wird in der freien Zeit ein Großputz anberaumt, bis die Zimmer und Bäder klinischen Ansprüchen standhalten.

»Er war sehr streng, aber das ist kein Fehler, weil die, zu denen er streng war, das Gefühl hatten: Es lohnt sich.«
Eckart Witzigmann zur Autorin, 2006

Die Kleidung jedes Kochs muss auch um 22 Uhr noch aussehen, als käme sie gerade aus der Wäscherei.

»Was Eckart ausmacht, ist dieses unbedingte und bedingungslose Wollen.«
Horst Bork, Freund und Manager von Eckart Witzigmann

Was den Commis Witzigmann erstaunt, ist, wie amüsierbereit Bocuse bei aller Strenge ist. Er und seine Kollegen, vor allem die ganz großen, halten zwar zusammen wie Pech und Schwefel, machen gemeinsam Front, wenn ein Kritiker versucht, sie gegeneinander aufzuwiegeln, indem er ihnen Rangplätze zuweist, zugleich aber spielen sie sich gegenseitig Streiche wie Schulbuben. Bestellt Jean-Paul Lacombe unter falschem Namen bei Bocuse eine Ladung Canapés, kleine Meisterwerke der Dekoration, die dann keiner bestellt haben will und braucht, lässt Bocuse zum Dank vor Lacombes Tür eine Ladung Kohlen hinschütten. Bocuse lebt seinen Schülern vor, dass ein Koch kein Sklave seiner Arbeit sein muss, sondern Spaß am Leben haben kann. Er ist imposant, er ist imponierend, und er weiß das.

Es beeindruckt und prägt den scheuen Commis aus Bad Gastein, dass Bocuse die Courage hatte, mit einem Kredit, den ihm Freunde gaben und in Zeitungspapier gewickelt bar überreichten, das Anwesen hier zurückzukaufen, das einst seinem Großvater gehört hatte. Bocuse denkt groß und plant groß. Wer bei ihm mehr sein möchte als eine ausführende Instanz, der muss auffallen. Durch Originalität kann das hier keiner, also muss er von sich aus mehr leisten.

Sich seiner Verletzlichkeit bewusst, ist Witzigmann härter geworden und selbstbewusster. Mit der Einsamkeit des fahrenden Gesellen hat er sich abgefunden, auch damit, dass ein Schüler des großen Paul keine Zeit für Amouren hat. Sein wichtigster Gesprächspartner ist er selbst, und er ist auch sein eigener Coach. Nachdem er ein halbes Jahr bei Bocuse gelernt hat, sagt Witzigmann zu Witzigmann: »Ich fühl mich allmählich reif für eine führende Position.«

Das Gefühl haben andere auch.

V.
Kapitel

Viele beneiden ihn. Vor allem zu Hause, in Bad Gastein. 1968 in London zu leben, das bedeutet auch für Monika, der er seit dem letzten Weihnachtsurlaub daheim, seit dem ersten Kuss auf der Piste, lange Briefe schreibt, den Herzschlag der Zeit zu spüren. Einen erregten Herzschlag mit Rhythmusstörungen. Jeder hört, dass in London die Rolling Stones den Mädchen Orgasmen bescheren, ohne sie zu berühren, dass dort Prüderie und die Regeln des Establishments außer Kraft gesetzt sind. Als Mick Jagger verurteilt wird, weil er im Besitz von Amphetaminen war, die er in Italien illegal gekauft hatte, steht in der *Times*, das sei exakt das Gleiche, als wenn der Erzbischof von Canterbury auf dem römischen Flughafen frei erhältliche Tabletten gegen Luftkrankheit erworben hätte. Respektlosigkeit gehört zum Ton, und als ein Lord die Queen als »eingebildetes Schulmädchen« verspottet, wird darüber gelacht. Schließlich dürfen auf den Londoner Bühnen sogar Shakespeares Dramen zu Satiren verzerrt werden. Ungeniert leben die Londoner ihre Lust am Skandal aus, wie dem, den Heeresminister John Profumo durch sein Verhältnis mit dem Callgirl Christine Keeler entfacht hat. Die Beatlemania tobt unvermindert, aber aus vielen Pubs, in zahllosen Discos dröhnt auch die Musik von Jimi Hendrix oder die von The Who. Mary Quant propagiert einen Rock, der nur knapp den Schamhügel bedeckt. Damit ist sie die Königin der King's Road von Chelsea, wo aber auch die Prinzen und Prinzessinnen der Branche in ihren Boutiquen mit bunten Minikleidern und Schlaghosen Geschäfte machen. Es sieht so aus, als sei London die Stadt für ungewöhnliche Karrieren, der richtige Platz für Aufsteiger. Ein Mädchen namens Leslie Hornbey, ein unterernährtes Wesen mit knochigen Knien, großen, stark überschminkten Augen und kurzen blonden Haaren, ist in London zur Ikone geworden und verdient unter dem Namen Twiggy mehr als hohe Regierungsbeamte, und ihr Manager

»Für uns war die Londoner Zeit nicht schön. Ich habe mich verloren gefühlt. Und er unterfordert. Wir haben da nicht hingepasst.«
Jakob Strickner, Witzigmanns Leidensgenosse im swingenden London

Der Koch als Gentleman: In Blazer und Flanellhose, wie es dem Vater gefiele, geht Witzigmann mit einer Londoner Freundin und deren Yorkshire-Terrier aus. »Privat war's dort lebhaft, aber leider nur privat.«

zeigt, dass der Weg nach oben nicht über die Eliteschulen führt; er war früher Rummelplatzboxer, dann Pornofilmverkäufer, zuletzt Rausschmeißer in Soho in einem Striplokal. Sex ist das zentrale Thema. Der Fotograf David Bailey wird auch deswegen angebetet, weil es heißt: »He makes love daily.« Doch die Frauen in London sind keine Betthasen, sie sind heiß und stark und frei, wie Sandie Shaw, die sich mit nackten Füßen in die Hitparaden singt, wie Julie Christie, der Darling des Swinging London, oder Bridget Riley, die führende Op-Art-Künstlerin, der es nur um eines geht: um Bewegung und Verwirrung.

»In London müsste man sein«, seufzen die Mädchen in Bad Gastein, gerade schöne, blonde, mit scharfen Kurven, die auf dem Tennisplatz ein Star sind wie die Sperl Monika. So eine hätte in London Chancen, als was auch immer.

Monika kann nicht wissen, wie wenig ihr Freund Eckart erlebt von jenem London, das sie aus der *Bravo* kennt, aus Zeitungen, Illustrierten, Fernsehberichten und Erzählungen. Er wohnt zwar ganz in der Nähe des Wembley-Stadions, aber außer einem Fußball-Endspiel Leeds gegen Arsenal hat er dort nichts gesehen, keine Rock-, keine Popkonzerte, keine Stars mit kreisenden Hüften, keine kreischenden Groupies. Für so etwas hat er kein Geld. Das reicht nur fürs Radio. Er arbeitet im *Café Royal*, direkt am Piccadilly, einem großen Komplex, in dem auch Boxkämpfe stattfinden. Das hört sich aufregender an, als es ist. Das *Café Royal* ist plüschig und konservativ, denn die Chefs, ein paar Franzosen fortgeschrittenen Alters, wollen hier nur eines bedienen: die englische Vorstellung von dem, was original french sei. Eckart Witzigmann leidet an Langeweile inmitten des brummenden London. Die Küche ist banal, die ihm unterstellten Köche sind schläfrig, und die Gäste sind kulinarische Analphabeten. Eckart Witzigmann fühlt sich leer. Und in ihm kämpfen zwei widersprüchliche Begierden: die Sehnsucht nach Heimat und zugleich nach Fremde, nach Rückkehr und nach Aufbruch, nach Geborgensein und Herausforderung. Der Gedanke, sich eine mobile Heimat zu basteln, liegt nahe. Zuerst zieht er Jakob Strickner, den Freund aus Südtirol, zu sich nach London und teilt mit ihm wie in Stockholm die Wohnung, eine hässliche Klitsche in Kilburn, doch der fühlt sich nicht wohl hier. Was andere vital finden, empfindet er als aggressiv, was als anregend gefeiert wird, als verstörend. Dann schreibt Eckart an Monika in einem seiner wöchentlichen Briefe, drei Seiten Schönschrift in dunkelblauer Tinte, ob sie ihn nicht besuchen wolle.

»Alles, was er macht, macht er schön wie eine Zeremonie. Schlipsbinden, Büchersignieren und sogar Nägelschneiden.«
Roland Trettl, heute Küchenchef des *Ikarus*, über seinen ehemaligen Lehrer

Auch sie ist in Bad Gastein geboren und aufgewachsen, auch sie kennt die Kontrollsucht der Gasteiner und ihre Angst, aus der Rolle zu fallen. Ihre Mutter, ausgebildete Fotografin, in Wien künstlerisch verfeinert, ist zwar in vielen Dingen freier als andere Mütter dort. Trotzdem musste Monika als Kind immer Kleider und Strumpfhosen tragen, die beim Kartenspiel auf den Bäumen regelmäßig litten. Jeans wurden ihr nicht erlaubt. Sie durfte zwar auf dem Tennisplatz der oberen Zweihundert in Bad Gastein Tennis spielen, jedoch nur, weil ihrer Großmutter das Haus gehörte, in dessen Parterre sich der Tennisclub befand, und weil die unternehmerische Oma auch das Café am Tennisplatz betrieb. Als jedoch Monikas Englischlehrerin dort ein Jahr lang Stunden nahm, bekam Monika Platzverbot. Sie kennt Bad Gastein, die Bad Gasteiner und auch die Welt, aus

»Dass er die kleine Wohnung von seinen Eltern hier gekauft hat, das zeigt doch, wie er an Bad Gastein bis heute hängt.«
Heidi Köstinger, Jugendfreundin, Inhaberin des Gasthofs *Kirchenwirt* in Dorfgastein

der ihr Freund kommt, die Eltern, die kleine Küche, in der er Sechs-Gänge-Menues kochte, während sich Töpfe und Teller auf dem Fußboden stapelten. Er ist zwar acht Jahre älter als sie, das Baby der Clique, zu der eben auch die Auer Heidi gehört, Tochter des Bahnhofs-Gastwirts, Monikas engste Jugendfreundin. Zu Monika sagte nur keiner wie Alois Witzigmann: »Du musst raus hier, raus, raus, raus.« Seit ihr Vater, erst 46 Jahre alt, gestorben ist, lässt die Mutter sie nicht mehr los, hat sich verbeten, dass Monika medizinisch-technische Assistentin wird, weil sie zur Ausbildung Bad Gastein hätte verlassen müssen. Sie hat also vor Ort den Beruf der Zahntechnikerin gelernt, nur bleiben will sie deshalb nicht. Sie kämpft. Und nach wochenlangen Debatten darf sie nach London reisen, für eine Woche. Händchen haltend absolviert sie mit Eckart das komplette Programm von Wachwechsel am Buckingham Palace bis Portobello Market. Von Eckarts Unzufriedenheit ist in diesen Tagen nur wenig zu spüren, aber kaum ist Monika abgereist, bricht sie sich wieder Bahn. Wozu hat er wie ein Besessener gelernt, wenn das, was von ihm hier erwartet wird, jeder beliebige Commis leisten könnte? Es lohnt sich nicht, sich für das *Café Royal* ins Zeug zu legen wie noch auf seiner letzten Station, dem *Erbprinz* in Ettlingen bei Karlsruhe. Dort, wo der schweigsame Küchenchef Günther Wanka und Hausherr Helmuth Gietz, unbestritten die Nr. 1 unter den deutschen Gastronomen, täglich eine neue Speisekarte erarbeiteten, hatte er es riskiert, dem Chef zu widersprechen, hatte den Lammnavarin so gekocht, wie er es bei Haeberlin und Bocuse gelernt hatte, mediterran, leicht und durchsichtig anstatt mit einer tiefdunklen, bis zum Salzigen hin reduzierten Sauce. Und als Herr Gietz beim Verkosten die Neuerung monierte, erklärte ihm der junge Chef-Rôtisseur: »So gehört ein Lammnavarin. Nicht meiner ist falsch, sondern Ihrer.« Dass dort solches Aufbegehren gewürdigt wurde und positive Folgen zeitigte, das war ein Qualitätsnachweis. Doch hier in London gibt es gar niemanden, dem er widersprechen könnte, die schlucken, was kommt.

»Ich hab immer gern gedient. Aber ein Duckmäuser war ich nie. Dafür sind die guten Sachen zu schade, dass man sie gegen die eigene Überzeugung behandelt.«
Eckart Witzigmann zur Autorin, 1998

Er braucht Verbündete, Fluchthelfer, um seiner Situation zu entkommen, lockt Gernot Köstinger, den Bad Gasteiner Jugendfreund, her, mit dem er ein paar Monate das ambitionierte Lokal *Paprica* betreibt, dessen Besitzer aber mehr Ambitionen als Ahnung hat und mehr Lust besitzt, sich in der Szene wichtig zu machen, als Durchhaltevermögen. Rasch gibt er auf. Und Eckart schmeißt mit Gernot, dem Getreuen, von Mai bis November mit nur zwei Helfern in der Küche ein Restaurant in St. John's Wood. Doch zu diesem Zeitpunkt ist Eckart Witzigmann im Kopf bereits emigriert. Die Haeberlins haben wieder einmal für ihn als unbezahltes PR-Büro gearbeitet und einem Konsortium von vermögenden Amerikanern, die in Washington, D. C., ein Gourmet-Restaurant auf Präsidentenniveau eröffnen wollen, nur einen Einzigen als geeigneten Küchenchef genannt.

Der Mann, den die amerikanischen Feinschmecker wie einen Diplomaten entsenden, ist filmreif in seiner Rolle: Er ist Professor an der University of Georgetown, sieht aus, als sei er im Nadelstreifenanzug geboren, und hat Manieren wie ein aristokratischer Engländer. Die Pläne, die er Witzigmann zeigt, sehen für den jungen Koch aus wie der Grundriss zu einem Paradies, nur für ihn erdacht. *Uncommon Market* solle das Restaurant heißen und zwei Etagen belegen. Unten sollen verschiedene europäische Küchen vorgeführt werden, die italienische, die französische, die deutsche und österreichische, vielleicht noch die griechische, im ersten Stock dann das, was sich auch in den USA als Nouvelle Cuisine herumgesprochen hat. Geld sei kein Problem, die besten Architekten und Interior-Designer seien am Werk, die Küchen würden mit modernster Technik ausgestattet. »Es wird *das* Restaurant in Washington, was sage ich: in den USA.« Das Bauvorhaben sei straff organisiert, es gelte nur noch ein Jahr zu überbrücken. Witzigmann unterschreibt, der zeitliche Ablauf wird festgelegt, das Visum beantragt.

Wen soll er mitnehmen in die neue, für ihn wirklich völlig neue Welt? Er spricht wie gewohnt mit niemandem darüber, außer mit sich selbst. Und entscheidet sich zum Schluss für Gernot und Monika. Denen muss er nichts erklären, auch nicht seinen Ehrgeiz, weil sie den Ort, in dem der wurzelt, so gut kennen wie er selbst. Beide sind einverstanden und wollen nachkommen, sobald er von drüben aus das Signal gibt, dass alles in Ordnung sei.

»Mit Größenwahn entlarven sich gefährliche Gastro-Irre.«
Eckart Witzigmann auf einem Notizblock des *Hotel Jerome* in Aspen, Colorado

Eckart blüht auf, zumal es ihm mühelos gelingt, die Wartezeit so prall auszufüllen, dass andere bei der Lektüre seines Arbeitsplans der Schlag träfe. Auf ihn jedoch wirkt diese kreative Rastlosigkeit wie eine Droge, eine Glücksdroge, die ihn in Hochstimmung versetzt. Im Dezember reist er mit Gernot nach Oslo, wo sie im Restaurant *Najaden* von sechs Uhr morgens bis Mitternacht in der Küche stehen. Es gibt Tage, da müssen sie hundert Lobster kochen und zubereiten, ein Dutzend Enten und Gänse. Der Chef des Hauses merkt schnell, dass er einen Glücksgriff getan hat. »Sie sind ein Künstler«, lobt er den Mann, mit dem er vor dem König Eindruck geschunden hat. Einen Mann, der mit knapp achtundzwanzig ein Meister ist, aber beschlossen hat, das Leben sei zu kurz dafür, eines Meistertitels wegen den Herd zu verlassen und sich mit Verwaltung zu befassen. In Oslo ist er ausgeglichen, denn er weiß, dass es nach Ende der Festsaison ohne Pause weitergeht. In Illhäusern steht die Tür, vor allem die Küchentür, immer offen für ihn, und als er ein zweites Mal dort einzieht für ein halbes Jahr, ist ihm, als komme er heim. Um den 1. August herum, wenn die Schweizer ihren Nationalfeiertag essend und trinkend feiern, ist Paul Simon dankbar für ein Gastspiel des Buffet-Artisten, und die *Villa Lorraine* in Brüssel, dereinst erstes Drei-Sterne-Lokal außerhalb Frankreichs, hat auch Interesse daran, dass der Mann, der bei Bocuse und Haeberlin gelernt hat, sechs Monate lang zeigt, was er kann.

Die Wartezeit schmilzt dahin, Eckarts Habe ist gepackt, Skier, Fahrrad, die Londoner Hosen mit Schlag, die seine Mutter so grässlich findet, und der dicke Marinemantel aus Skandinavien für die Markteinkäufe im Morgengrauen sind versandfertig, auch die Kronjuwelen, seine gesammelten Rezepte.

»Wenn man will, kann man überall etwas lernen. Und ich habe immer wollen. In der Villa Lorraine, dem ersten Drei-Sterne-Haus außerhalb Frankreichs, habe ich gelernt, wie großartig Fritten schmecken können – wenn man sich genügend Arbeit damit macht.«
Eckart Witzigmann zur Autorin, 2006

Ein drittes Mal heimgekehrt zu den Haeberlins, wo Monsieur Paul, nachdem der Journalisten- und Fotografen-Überfall ausgestanden war, mit drei Sternen so gelassen weiterkocht wie bisher, stöbert dort Vater Witzigmann seinen Sohn telefonisch auf. Da sei ein Brief an Eckart gekommen, aus Washington.

»Mach ihn auf und sag mir, was drinsteht.«

Alois Witzigmann kann kein Englisch, aber was er vorliest, versteht sein Sohn trotzdem: »Postpone your flight.«

Eckart Witzigmann denkt nicht daran. Das Visum ist angekommen, der Flug ist gebucht, das Hotel ebenfalls.

Vielleicht hätte es ihn warnen sollen, dass auf dem Weg zum Münchner Flughafen, zu dem Gernot ihn unbedingt rausbringen wollte, der Reifen geplatzt war. Sonst reagiert er als bekennender Abergläubischer auf solche Zeichen.

Als er in Washington landet, erwartet ihn der Professor von der Georgetown-Universität. Er ist freundlich und redet lebhaft. Zu freundlich, zu lebhaft, findet Eckart Witzigmann.

»Wir haben heute Abend eine Welcome-Party für Sie organisiert.«

Witzigmann nickt.

»Es kommen sehr wichtige und gute Leute.« Er redet weiter, bis Witzigmann ihn unterbricht; er wolle zuerst das Restaurant sehen.

»Wollen Sie nicht zuerst ins Hotel, um sich auszuruhen?«

»Nein.«

»Es liegt im Grunde auf dem Weg, und dann sind Sie heute Abend frisch.«

»Nein, ich will zuerst das Restaurant sehen.«

» … und dann könnten wir eine Kleinigkeit essen gehen.«

»Ich will zuerst das Restaurant sehen.«

Aufseufzend fährt der Gastgeber die Straße entlang, die parallel zum Kanal verläuft. Es ist eine schöne Straße. Schließlich hält er vor einem von Efeu überwucherten Bau. Vor dem Haus sprießt das Unkraut, garniert mit Müll. Witzigmann betritt das Erdgeschoss. Ein Raum mit ein paar nackten Glühbirnen, vergammelten Spieltischen, leeren Cola- und Whiskyflaschen, umgestürzten Stühlen. Es sieht aus wie in einem Saloon, nachdem John Wayne eine Schlägerei beendet hat.

Auf eine Besichtigung des ersten Stocks verzichtet Witzigmann. Und will dann mit seiner Fassungslosigkeit allein sein. Er ist schuld daran, dass Gernot und Monika nun daheim ihre Zelte abbrechen und in diesem Chaos landen. Kann er das verhindern?

Kann er nicht. So wenig wie alles andere, was nun geschieht. Es beginnt ein halbes Jahr, das er später am liebsten aus seiner Erinnerung streichen würde. Nur spielt die Erinnerung dabei leider nicht mit.

»Something is rotten in the State of Denmark.«
»Etwas ist faul im Staate Dänemark.«
William Shakespeare, »Hamlet«

VI.
Kapitel

Der Buhmann ist er. Eckart Witzigmann telefoniert, telegrafiert, schreibt. Er muss all den Köchen die Wahrheit sagen, die er für das Projekt angeheuert hat, viele davon sind ehemalige Kollegen aus Frankreich, Kumpel, sogar Freunde: Ihre Verträge sind wie der seine nur Fetzen wertlosen Papiers. Dafür haben sie irgendwo einen sicheren Posten aufgekündigt, Visa beantragt, die Auswanderung organisiert. Dass er selbst an dem Fiasko keine Schuld trägt, ist ihm bewusst. Verantwortlich fühlt er sich trotzdem, und er leidet darunter. Doch obwohl ihm nicht danach zumute ist, lächelt er. Auf den Fotos jedenfalls.

Verzweiflung lässt sich ein Witzigmann nicht anmerken. Lange haben die Auftraggeber des *Uncommon Market* versucht, ihn hinzuhalten, haben ihm Pläne gezeigt, dann wieder neue Pläne, haben ihn beschwichtigt, es seien nur ein paar Unstimmigkeiten der Partner untereinander, die das Projekt verzögerten. Während er sich mit Absagen unbeliebt machen muss, versucht er nebenbei, selbst eine Stelle zu finden, was im Land der großen Entfernungen schwierig ist für einen, der keinen Führerschein besitzt.

»Mein Vater wollte immer unbedingt männlich sein. Seine weibliche Seite lebt er nur beim Kochen aus. Sonst traut er sich das nicht, das anzugehen.«
Max Witzigmann, Sohn und Freund, zur Autorin, 2006

Dass er seine Hoffnungen, hier in den USA endlich Küchenchef zu werden, begraben muss, ist klar. Doch bevor Gernot und Monika nachkommen, will er zumindest so weit gediehen sein, dass seine Existenz hier halbwegs verlässlich wirkt. Er, der Wanderkoch, spürt in sich das Bedürfnis nach stabilen Werten, als er auf einem fremden Kontinent vor dem Nichts steht. Ein Haus kaufen, heiraten, Familie gründen. Ohne eine Anstellung zu haben, unterzeichnet er einen Kaufvertrag für ein Eigenheim in McLean, Virginia, zwanzig Kilometer von Washington entfernt, eines dieser amerikanischen Einfamilienhäuser, adrett wie eine gestärkte weiße Bluse, umgeben von Gartenwettbewerbs-Grün. Wie er das abzahlen soll, wenn die Reserven verbraucht sind, verdrängt er. Eckart Witzigmann ist dazu erzogen worden,

»Als wir zusammen eine Silvester-Gala im Kongresshaus von Bad Gastein bestreiten sollten, bei der die Liza Minelli auftrat, sind wir am Vortag Skifahren gegangen. Ob es der Jagertee war oder zu viel Arbeit in der Aubergine, *jedenfalls hat es den Eckart auf der Hütte zerbröselt. Er hat dann lieber mit der Gondel runterwollen als mit den Skiern. Sein Vater war auch dabei und hat gesagt: ›Was bist denn du für einer? Du bist ja ganz ein Schwacher, du bist ja gar kein Witzigmann.‹«*
Hans Haas, Witzigmann-Schüler und Küchenchef des *Tantris*

immer als der starke Mann aufzutreten. Sein Vater müsste sich ja schämen, erführe er, dass sein Sohn aufgibt. Und vor Monika will er schon gar nicht als Versager dastehen.

Wie geplant kommen Gernot Köstinger und Monika Sperl nach McLean, Gernot zieht ins Parterre von Eckarts Haus ein, Monika zu Eckart in die Etage darüber. Sie ist erst zwanzig. Und was nun hier auf sie einstürzt, wäre für eine gestandene Frau von vierzig zu viel. Die Gegend ist schön und vertraut, Landschaft und Vegetation erinnern stark an die Heimat, ans österreichische Voralpenland, mit sanften Hügeln, Mischwäldern, Apfel- und Kirschbäumen, ist aber in allem üppiger. Die Vögel, die Früchte, sogar die Bienen sind größer. Monika jedenfalls erlebt das so. Sie überredet ihren Freund zu ausgedehnten Spaziergängen, auf denen sie versucht, ihn aus seinen Depressionen herauszuholen, die unverkennbar sind, nur er bestreitet, daran zu leiden. Dass er sich ihret- und Gernots wegen mit Selbstvorwürfen quält, bemerkt sie, aber auch, dass sie nicht an ihn herankommt. »Ich glaube an dich, ich bin sicher, dass du mal ein ganz Großer wirst«, versichert sie ihm, doch das scheint er gar nicht zu hören. Sein Obst- und Gemüsegarten hinter dem Haus, in dem er Karotten, Bohnen, Tomaten und Kumquats anbaut, soll ihn ablenken, aber der Natur gelingt das ebenso wenig wie Monika. Immerhin kann sie eine finanzielle Bauchlandung verhindern und die Raten abzahlen, denn sie bekommt eine Stelle als Zahntechnikerin bei einem Zahnarzt, der ihnen dann auch die Green Card beschafft.

Am 12. Januar 1970 stehen Monika Sperl und Eckart Witzigmann in Rockville, Maryland, vor dem Standesbeamten, er im dunkelblauen Anzug, sie im dunkelblauen Hosenanzug aus Strick, darüber trägt sie einen roten Lackmantel. Zwei strebsame, gut aussehende junge Menschen, wie sie hier angeblich gesucht und gebraucht werden, Vorzeigeamerikaner.

Eckart aber ringt nach wie vor um eine angemessene Stelle. Aushilfsjobs sind für einen wie ihn erniedrigend, was er jedoch nicht eingestehen will; eisern sagt er sich vor, Dienen gehöre zu seinem Beruf.

Dass Gernot einen alten Volvo fährt, bringt wenig Erleichterung, da er und Eckart nicht am selben Ort eine Stelle finden. Mühsam überredet Gernot den Freund, den Führerschein zu machen, er selbst muss auch noch den amerikanischen beantragen. Dramatisch ist das hier nicht. Die Fahrstunden kosten nichts, weil Gernot sie Eckart und Monika erteilt, dann müssen sie ein Formular ausfüllen für den theoretischen Führerschein und dreimal um den Block fahren. Das Einzige, was zu Eckarts Erstaunen nicht akzeptiert wird, ist, dass er das Formular mitnimmt, draußen ausfüllt und dann den Prüfern aushändigt. »Once again, please«, heißt es.

»Die gefährlichste Klippe im Leben eines Künstlers ist die Heirat, besonders eine so genannte glückliche Heirat.«
Anselm Feuerbach, Maler

Der rote VW Käfer, den die Witzigmanns sich kaufen, ein Cabrio mit schwarzem Verdeck, heitert Eckart nur kurzfristig auf. Er will gebraucht und gefordert werden. Da liest er, dass Köche gesucht werden. »Der Beste ist uns nicht gut genug«, steht in der Anzeige. Das ermuntert den Meisterschüler, der selbst längst ein Meister ist, sich dort zu bewerben, beim *Mariott Hotel* in Arlington, mit dem Auto gut zu erreichen. Als er jedoch ankommt mit seinen glänzenden Zeugnissen und Zertifikaten, heißt es, die europäischen Zeugnisse genügten den amerikanischen Ansprüchen nicht. Der junge Star muss mit Ende zwanzig jeden Handlangerdienst verrichten, vom Schnitzelpanieren bis zum Hamburgerbraten. Er ist in einen Betrieb geraten, in dem es nicht um Qualität geht, sondern um Massenabfertigung: 500 Essen müssen mittags und abends raus. In der Küche steht er neben einem Polizisten, einem Maurer, einem Installateur, die umgeschult werden. Lustlos steigt er jeden Tag um vier Uhr aus dem Bett, weil er um fünf Uhr anfangen muss, aber er hält durch. Schließlich liegt in Arlington der Heldenfriedhof. Und allmählich gelingt es ihm, sich einzureden, auch hier lerne er etwas: in großen Dimensionen zu denken, präzise zu bleiben, wenn schon nicht an den Feinheiten, so doch an der Rationalisierung zu feilen und darin besser zu werden. Denn dieses Gefühl ist für ihn überlebensnotwendig: besser zu werden.

»Lasse Dich von niemandem vereinnahmen. Sterne fallen nicht vom Himmel, aber es lohnt sich, nach ihnen zu greifen. Gib Dein Ziel niemals auf, denn nur der Beharrliche wird es erreichen. Viel Glück für Deinen weiteren Weg.«
Entwurf Eckart Witzigmanns für einen Geburtstagsbrief an einen Schüler auf einem Notizblock des Hotels *Nassauer Hof*, Wiesbaden

Monika weiß allerdings genauso gut wie Gernot, dass er sehnlichst auf ein Angebot wartet, das ihn aus dem Korsett der banalen Verrichtungen befreit.

Und es sieht aus, als würde ein Wunder geschehen.

Ethel Kennedy wohnt in McLean und hat vernommen, ein hochtalentierter österreichischer Koch vor Ort sei auf Stellensuche. Keiner weiß hier genau, wie groß das Vermögen von Robert Kennedys Witwe ist, sonst aber ist jedes Detail ihres privaten Lebens bekannt. Verlässt sie die Drogerie, wird umgehend verbreitet, welche Creme sich Mrs. Kennedy gegönnt hat. Ethel gilt als die US-Version einer Medici-Fürstin, mächtig, stolz, mäzenatisch. Die Vorstellung, als Privatkoch zu arbeiten, findet Eckart Witzigmann durchaus verlockend, viele der großen französischen Köche, legendäre Meister von Vatel bis Carême, hatten ja auch in privaten Diensten gestanden.

Ortsbegehung der Kennedy-Latifundien. Witzigmann schaut sich das Ganze genau an, die Kinder, den Haushalt, und er hört sich an, wie Mrs. Kennedy sich das so vorstellt. Geregelt scheint da wenig zu sein. Und in ihm steigt die Vision auf, wie dieser Job aussehen wird. Es ist eine Schreckensvision. Morgens um sechs einem der Sprösslinge Kakao kochen, Müsli rühren oder eine Cola hinstellen und zwischendurch für einen Charity-Tea Kuchen backen. Und dann für eine Gästeschar, die er nur aus Hochglanzmagazinen und Klatschkolumnen kennt, ein Galamenue kochen, mit dem er sich vermutlich vor Paul Haeberlin genieren würde. Denn dass Geld zu haben keineswegs bedeutet, Geschmack zu haben, hat er gelernt.

»Es gibt Leute, die halten sich eine aussterbende Elefantensorte als Haustier, und die wollen dann auch noch den Witzigmann als Koch. Aber ein Koch zum Streicheln will ich nicht sein.«
Eckart Witzigmann zur Autorin auf Mallorca, 1998

Nein, dann lieber weiterhin Mann für alles im *Mariott* bleiben und abwarten. Eckart Witzigmann weigert sich, es als Zufall zu bezeichnen, dass er Robert Gréault kennen lernt, einen Franzosen, zehn, zwölf Jahre älter als er selbst, Küchenchef im *Jockey Club*, einem der besten und teuersten Restaurants von Washington. Dort sind Leute wie Wernher von Braun Stammgäste, dort lassen sich hohe Politiker der Kapitale besonders gern die Spesen schmecken. Ist es die gemeinsame Liebe zu Frankreich, die Gréault dem jungen Witzigmann ansieht, weil der noch immer mit Baskenmütze statt Baseballkappe herumläuft? Ist es, weil er ihm seine Energie anmerkt? Gréault macht den Österreicher zu seinem Sous-Chef.

Der kulinarische Anspruch des *Jockey Club* ist groß, für amerikanische Verhältnisse dieser Zeit jedenfalls, aber das Pensum ist es auch. Mit Gourmandise im Format einer *Auberge de l'Ill*, eines *Hotel Erbprinz* oder eines Bocuse hat das nichts zu tun. Bedient werden muss nicht nur das Feinschmecker-Restaurant, sondern zudem ein Fischlokal im Haus; insgesamt verlassen 450 Essen täglich die Küche. Als Eckart seiner Frau erklärt, so gesehen sei es ein Himmelsgeschenk, dass er im *Mariott* Logistik

Beste Vorsätze: Der neunundzwanzigjährige Witzigmann will seiner Véronique ein perfekter Vater sein. Doch noch wichtiger ist ihm, als Sous-Chef im Jockey Club *perfekt zu sein.*

gelernt habe, weiß sie, er hat es geschafft. Auch wenn ihm die Phantasielosigkeit der Gäste, die stereotyp »Sole Véronique« bestellen, ein Seezungenfilet mit Wermutsauce und Weintrauben, deutlich macht, dass der Weg zum Kennertum à la française hierzulande noch weit ist, hängt er sich mit Wollust rein. Monika ist hochschwanger, aber Eckart hat wenig Zeit, außerdem hat er nun französische Kollegen, mit denen er gern auch nach Dienstschluss am Strand oder auf dem Tennisplatz redet, um das Fernweh nach Frankreich zu stillen. Rex soll Monika in einsamen Stunden trösten.

Rex ist mutig, intelligent und in jeder Hinsicht etwas Besonderes, ein weißer Schäferhund, wie sie ihn ihm Drogendezernat zur Fahndung einsetzen. Sie liebt ihn, beide lieben ihn, als Beschäftigungstherapie bräuchte sie den haarenden Hausgenossen allerdings nicht, denn wenn sie von der Arbeit kommt, muss sie den ausgedehnten Gemüsegarten wässern, den Haushalt in Ordnung bringen, Schwangerschaftsgymnastik machen. Es ist Gernot, der die Frau des Freundes an einem heißen Julitag mit

»Der Eckart ist kein Mensch für feste Bindungen, der war im Grunde immer ein Einzelgänger.«
Gernot Köstinger, Trauzeuge 1970, zur Autorin, 2005

»Bei der Hochzeit von Véronique hat der Eckart gesagt: ›Ohne den Gernot gäb's die Véronique gar nicht.‹ Das war für manche arg doppeldeutig.«
Gernot Köstinger, Taufpate von Véronique

quietschenden Reifen ins Krankenhaus fährt. Und es ist Gernot, der das Neugeborene zuerst sieht. Danielle nennen Monika und Eckart die Tochter zuerst, vielleicht wegen Danielle Darieux, einem der größten französischen Film- und Chansonstars, vielleicht auch wegen der kleinen Tochter der Haeberlins. Kaum steht der Name jedoch in der Geburtsurkunde, findet Eckart ihn unpassend, übermalt ihn mit Tipp-Ex flüssig. Er hat eine bessere, sehr nahe liegende Idee für den Namen: Véronique. Monika protestiert nicht dagegen, dass ihr Kind wie ein Fischgericht heißen soll, sie hat sich bereits in die Rolle hineingefunden, ihrem Mann den Rücken freizuhalten und nichts abzuschlagen, was ihn freut. Proteste spart sie sich für Härtefälle auf.

Monika richtet sich darauf ein, noch für ein paar Jahre hier zu bleiben. Noch weiß sie nicht, dass sie sich mit diesem Mann an ihrer Seite besser auf gar nichts einrichten sollte. »Der Chef ist unglaublich spontan«, umschreiben das später seine Schüler. Dass er nicht nur ein offenes Ohr, sondern zwei große Ohren haben wird, wenn hier Leute aus München anreisen, die sich auf Paul Haeberlin und Paul Bocuse berufen, ist noch zu erwarten. Auch dass er sie mit Baskenmütze am Flughafen abholt, nicht aber, was dann geschieht. Eichbauer heißt das Ehepaar, Fritz und Muschy, »Muschy mit Ypsilon«. Er ist Bauunternehmer und sie so schön, dass lineare Denker ihn schon deswegen für erfolgreich halten. Die beiden sind auf dem Weg nach Mexiko, wo sie seine Geschäfte mit Urlaubsgefühlen garnieren wollen. Was die Eichbauers zum Zwischenstopp in Washington verleitet? Der Plan, in München ein Restaurant zu eröffnen, wie es die Stadt noch nicht kennt, und zwar rechtzeitig zur Olympiade 1972. Auf der Suche nach einem Küchenchef, deutschsprachig, wenn möglich, der neben Können und Erfahrung auch Sportsgeist besitzt, wie er der Olympiastadt entspricht, das heißt, der durchstarten und durchhalten kann, haben die Eichbauers bei den Haeberlins wie bei Bocuse nur einen Namen kredenzt bekommen: Eckart Witzigmann, derzeit wohnhaft in Washington, D.C.

Fritz Eichbauer tritt so siegessicher an wie zehn Jahre zuvor Eckart Witzigmann bei seiner Gesellenprüfung in Salzburg. Er ist bestens vorbereitet. Jahre haben er und Muschy alles durchdacht: dass ihr Restaurant dort liegen soll, wo es ausreichend

Parkplätze gibt, also nicht in der Innenstadt, dass es schnörkelfrei und zinntellerbereinigt sein soll, ästhetisch unkonventionell und kulinarisch sensationell. Eichbauer, der seit 1953 viel verdient mit schlüsselfertigen Häusern, ist das, was in Klaus Bessers gleichnamiger Serie »Der gelernte Gast« heißen wird. Muschy und er kennen die besten Restaurants in Frankreich, Deutschland und der Schweiz, er ist ein Hobbykoch, dem die flambierten Kalbsnieren gelingen, und als Diplomingenieur ein Mann, der sich über schlampige Abläufe ärgert, nicht nur im Bauwesen, auch in der Gastronomie. Die Pläne, die er mitbringt, stammen von Professor Justus Dahinden, Schweizer Architekt am Zürichsee, wo er in Rot, Schwarz und Sichtbeton wohnt. Und Dahinden hat nicht nur die Restaurants für Mövenpick und das Swisscenter in London gebaut, sondern auch viele Kirchen. Sein Hang zum Höheren ist also belegt.

Der Koch wirft jedoch nur einen Blick auf den Plan für die Küche, angelegt nach dem Mövenpick-System, alles an der Wand lang.

»Das ist ja der reine Blödsinn«, erklärt Witzigmann. Diplomat wollte er ja niemals werden. »Der Herd gehört in die Mitte. Wenn der nicht in die Mitte kommt, können Sie sich einen anderen Küchenchef suchen.«

Auf dem Weiterflug macht sich Eichbauer umgehend ans Werk, zeichnet um, wie der Koch es befahl, händigt das Ganze bei der Zwischenlandung einer Stewardess aus, die es via Air-Mail zu Mr. Witzigmann, McLean, expedieren soll.

Kein halbes Jahr später, am Pfingstsamstag 1971, checkt Eckart Witzigmann mit Frau, Tochter und Schäferhund am Washington Dulles International Airport ein. Wieder geht er das Risiko ein, auf einer Baustelle zu landen. Wieder wagt er den Flug ins Ungewisse. Aber München liegt wenigstens näher bei Bad Gastein und Illhäusern.

Fritz Eichbauer: »Ob wir ihn mit Geld gekriegt haben? Nein, mit Überzeugung. Weil wir ihm jede Freiheit gelassen haben.« Muschy Eichbauer: »Mussten wir auch, weil wir ja noch nicht recht wussten, wo wir hinwollten.«
Das Ehepaar Eichbauer im Gespräch mit der Autorin, 1997

VII.
Kapitel

Wer ihn kennt, weiß, wie dünnhäutig er ist; Künstlern wächst nun einmal keine Hornhaut auf der Seele. Die Eichbauers wissen das noch nicht. Sie wissen auch nicht, dass er an Vorzeichen glaubt, sogar daran, dass schwarze Katzen von links Unheil bringen.

Hier geht es um einen weißen Hund. Gut gelandet bei Münchner Regenwetter, erfahren die Witzigmanns, dass Rex nicht angekommen ist. Rex ist nicht irgendein Haustier, er ist ein Talisman. Witzigmann vibriert. Kann das, was er in München vorhat, gut gehen, wenn es schon so anfängt? Er schickt Monika mit Véronique, gerade neun Monate alt, nach Bad Gastein, stellt zu spät fest, dass er noch deren Pässe bei sich trägt, agiert fiebrig, um Frau und Kind dennoch eine Erlaubnis für den Grenzübertritt zu verschaffen, hat keinerlei Sinn für Essen und Trinken, hängt mehrere Stunden lang bei den Eichbauers am Telefon auf der Suche nach seinem Hund, hört endlich, dass Rex in seinem Käfig am Washington Airport stehen geblieben ist und mit dem nächsten Flieger nachgeschickt wird. Eichbauers Pfingstausflugspläne sind zwar ruiniert, dafür lernen sie ihren zukünftigen Küchenchef kennen als einen Mann, der bis in die Haarspitzen nervös sein kann, aber nicht lockerlässt. Einen, der alles um sich herum vergessen kann, auch Rücksicht und Konventionen, wenn er sein Ziel verfolgt.

»There are more things in heaven and earth, Horatio,
Than are dreamt of in your philosophy.«
»Es gibt mehr Ding' im Himmel und auf Erden, Horatio,
als Eure Schulweisheit sich träumen lässt.«
William Shakespeare, »Hamlet«

Für einen Koch, der zur Spitze drängt, ist das durchaus von Vorteil, auch wenn die Eichbauers keinerlei Trophäen-Ehrgeiz haben mit ihrem Restaurant.

Den aber hat Eckart Witzigmann.

Bei der ersten Ortsbegehung in der Johann-Fichte-Straße ist Eckart angespannt. Er hat seine Erfahrungen. Die Gegend im Norden Schwabings hat so viel Eleganz, wie ein Areal im weitgehend unbebauten Niemandsland eben haben kann, das sich hinter einer Großmarkthalle und einer Tankstelle befindet. Selbst

»Wir haben nicht von Sternen geträumt, sondern von einem vollen Haus.«
Fritz Eichbauer zur Autorin, 2006

der Kinderspielplatz erfreut sich nur mäßigen Interesses, und die ungemähten Wiesen sind trotz der Kaninchen nicht idyllisch. Das Hochhaus, das sich hinter dem Flachbau des Restaurants erhebt, nennen die Münchner »Schwabinger Spargel«. Dahinter erstreckt sich der Güterbahnhof. Auf den Rampen zum Be- und Entladen stehen verbeulte Lieferfahrzeuge, über die Gleise springen Mäuse und Ratten, zwei rußgeschwärzte Diesellocks verströmen einen beißenden Geruch. Kann ein Parkplatz vor dem Haus so viel Tristesse aufwiegen?

Wieder steht Witzigmann vor einem unfertigen Restaurant, aber alles wirkt organisiert. Seine private Wohnung liegt direkt beim Arbeitsplatz, denn der ganze Komplex gehört seinem neuen Patron. Im zehnten Stock des Hochhauses verfügen die Witzigmanns über drei Zimmer mit Küche, Bad und Fernsicht, eine Tiefgarage für das rote VW-Cabrio ist außerdem inbegriffen. Das Leben scheint sorgenfrei. Jeden Monat wird Witzigmann ein Salair von 3500 Mark brutto angewiesen, obwohl das Restaurant erst im Dezember eröffnet werden soll. Er wird in alle Entscheidungsprozesse einbezogen, wählt Töpfe, Pfannen, Messer und Küchengeräte aus bis hin zu den Schaumlöffeln; die Diskussionen sind konstruktiv und die Köpfe produktiv. Auch ein Name für das Restaurant ist endlich gefunden, den zwar keiner versteht, aber jeder gutheißt: *Tantris*. Darauf gebracht hatte die Eichbauers ein weltenbummelnder Aussteiger, der wohl in Indien seine erotischen Leibesübungen absolvierte, während Eichbauers bei Bocuse auf ihre Weise etwas fürs leibliche Wohl taten. Und Ingeborg Hartmann, Muschys Mutter, die von Anbeginn an die Verwaltung des *Tantris* in der Hand hat, befindet pragmatisch, das sei ein guter Name, weil den keiner falsch aussprechen könne. Küchenchef Witzigmann riskiert es nicht, zu fragen, was oder wer *Tantris* eigentlich sei. Zeit hat er dafür ohnehin nicht.

»Kurz nach der Eröffnung waren wir in einer Ausstellung in Zürich. Über Tantrismus. Da habe ich gedacht, wir hätten das Tantris *doch besser Pirol nennen sollen.«*
Muschy Eichbauer im Gespräch mit der Autorin, 1996

Ingeborg Hartmann hat Eckarts Wunschliste für die Besetzung der weißen Brigade abgearbeitet, auf sein Drängen hin Gerald Gratzer als Chef de restaurant gewonnen, die Verträge abgeschlossen und die Personalzimmer im Hochhaus zugeteilt. Fritz Eichbauer als erfahrener Bauunternehmer sorgt mit seinen Methoden dafür, dass alles fristgerecht fertig wird; zu diesen Methoden gehört, vor die offizielle Eröffnung am 2. Dezember

Einweihung einer Legende: der Küchenchef des Tantris *zwischen Franz Keller und dem Ehepaar Eichbauer.*

mit Journaille und Prominenz eine Vorpremiere zu schalten, zu der auch die Chefs der Betriebe geladen werden. In der Baubranche heißt es, Handwerker müsse man hinauswohnen. Anders seien sie nicht zum Fertigwerden zu nötigen. Wenn die leitenden Installateure, Elektriker, Boden- und Fliesenverleger wissen, dass sie am 1. Dezember den Blaumann ablegen und den Anzug anlegen müssen zur Eröffnungsfeier, dann machen sie Druck und stellen zur Not noch ein, zwei Leute mehr hin. Eckart kann sich auf seine Kunst konzentrieren, Monika auf Kind, Hund, Haushalt, neue Wohnung und Umgebung. Glücklich sind die Witzigmanns trotzdem nicht. Kein Hausbewohner grüßt im Lift oder vor dem Haus, und wenn Monika es tut, dann beschleicht sie das Gefühl, das werde als Anmache empfunden. Véronique atmet rasselnd, ächzt und spuckt hustend aus, was ihr gefüttert wird. Monika rennt von einem Kinderarzt zum nächsten. Die Diagnose ist schnell gestellt: Asthma. Die Ursache sei möglicherweise, dass das Kind mit neun Monaten von einem Kontinent auf den anderen verfrachtet wurde, in einem

Alter, das Immunologen zufolge hochsensibel ist. Ob und wenn ja, wie die Krankheit behandelt, vielleicht geheilt werden kann, weiß keiner genau. Eckart Witzigmann hat auch keinen Kopf dafür, so wenig wie für die Weltereignisse. Ihn interessiert nicht, dass in der DDR nun Erich Honecker statt Walter Ulbricht regiert, dass der Friedensnobelpreis Willy Brandt zuerkannt wird, er hat nicht einmal Zeit, darüber zu trauern, dass die Beatles sich aufgelöst haben. Nur eines interessiert ihn: die Eröffnung des *Tantris*. Dass im zehnten Stock eine Frau von einundzwanzig Jahren mit einem Kleinkind sitzt, bei dessen Anblick andere dahinschmelzen, kann ihn nicht davon abhalten, die Premiere als zentrales Ereignis seines Daseins zu betrachten, zumal sein Beruf für ihn als sinnlichen Mann ausreichend Erotik besitzt.

»Ein ausgelöster Rehrücken kann mich genauso faszinieren wie andere Männer ein knackiger Frauenrücken.«
Eckart Witzigmann zur Autorin, 1998

Technisch gesehen ist alles perfekt. Die Klima-, Lüftungs- und Heizanlage für das Restaurant liegt im Keller und gleicht der Kommandozentrale eines Flugzeugträgers. Daneben befindet sich eine vollständig ausgestattete Wäscherei. Im Keller lagern 25 000 bis 30 000 Flaschen, darunter hundert Flaschen vom trockenen Rotwein »Richebour, Jahrgang 1949«, der im *Tantris* für 275 Mark zu haben sein wird. Fünf Kühlräume stehen dem Küchenchef für seine Ware zur Verfügung, jeder ist anders temperiert.

Dass die Presse sich nicht für so viel professionelles Equipment interessiert, sondern sich über die Innenausstattung erregen wird, ist zu erwarten. Die harmlosen Journalisten bezeichnen die Räumlichkeiten, die an eine Autobahnkirche erinnern, als Fresstempel, was von da an ein stehender Begriff wird, die harmvollen erklären, wenn die Behauptung zutreffe, dass das Auge mitisst, dann verstehe hier jeder, warum es auch heißt: »Das Auge bricht.« Manche mokieren sich über die orangefarbenen Badezimmerteppiche an den Wänden, andere über die Fabeltiere des Paul Weber vor der schwarzen Tür. Und Feinkosthändler Gerd Käfer, in München bekannt als Partykönig, gibt Fritz Eichbauer den wohlmeinenden Rat, auf halber Höhe in das plüschverkleidete Kirchenschiff schmiedeeiserne Balkone einzuziehen, auf denen sich Geranientöpfe platzieren ließen. Es gibt keine Butzenscheiben, keine gedrechselten Sesselbeine, keine springenden Hirsche, keinen roten Samt, kein Schmiedeeisen und keine Kupferkannen. Münchner Gourmets, die ihren Geschmack am Humpelmayr geschult haben, müssen frustriert

sein. Am meisten Anklang findet der große Holzkohlengrill im Restaurant, bereits die beiden Bassins daneben, eines mit Salzwasser, eines mit Süßwasser, befremden einige. Wozu müssen Hummer, Krebse, Forellen oder Saiblinge lebend in die Küche kommen? Den Einblick in die Küche halten viele für originell, aber überflüssig. So genau will das doch keiner wissen, was dort vor sich geht. Dass sich die Eichbauers alles, bis hin zu den exklusiv von de Sede entworfenen Stühlen und dem weißen Limoges-Porzellan, ein Vermögen haben kosten lassen, sieht keiner. Und den Spruch, der in goldenen Lettern auf rotem Kunststoff an der Seite zur Küche prangt, liest keiner. Vielleicht ist das auch besser so.

Der Meister der Präzision: In der Küche des Tantris *wird gelehrt, dass jeder Effekt sitzen muss. Und Effekthascherei sträflich ist.*

TANTRIS HUNGER LIEBESHUNGER BÄRENHUNGER BELLENDER MAGEN / LUKULLISCH BARBARISCH DIONYSISCH TANTRIS AFFENDURST WEINSELIG WHISKYSELIG / SCHLUMMERTRUNK TANTRIS SINGT TANTRIS FRÖHLICH FREUDIG FEURIG TANTRIS

Meister Paul und Meister Eckart: An fast jedem Geburtstag besucht Bocuse seinen Schüler. Das gemeinsame Essen läuft unter Fortbildung.

Die Kleidung des Personals kitzelt zu Eckart Witzigmanns Erstaunen keinen Spott wach. Er selbst findet es nicht nur ungewöhnlich, dass die schwarze Brigade hier alles außer Schwarz trägt, sondern auch unpraktisch, dass die Kellner seidene Hemden am Leib haben, in denen sie sofort ins Schwitzen geraten. Dem Publikum gefällt die Kluft der Kellner, entworfen von Modemacher Heinz Oestergard, mit braunen Hosen, braunen Schuhen, orangefarbenen Seidenhemden und Jacketts in Orange für die Chefs de rang, in Lindgrün für die Commis und in Dunkelbraun für die Oberkellner. Der Olympiadackel hat schließlich ganz ähnliche Farben.

Bocuse schreibt dezent ins Gästebuch: »Un peu beaucoup de folie.« Er aber findet zumindest die Küche seines ehemaligen Schülers nicht verrückt und wundert sich, auf der Umschlagseite der Speisekarte lesen zu müssen: »Für alle Gerichte verwenden wir ausschließlich frische Zutaten.« Ja, was denn sonst?

»Er war schon immer ein Qualitätsfanatiker. Dass er kein Betriebswirtschaftler war und nie sein wird, ist grandios, aber das wurde ihm zum Verhängnis.«
Karl Ederer, Schüler und Chef des Restaurants *Ederer* in München

Dass so etwas in Deutschland nicht selbstverständlich ist, bekommt Eckart Witzigmann tagtäglich zu spüren. Die Beschaffung der Ware, wie er sie braucht, ist ein Kraftakt. Stopfleber, für die anspruchsvollen Restaurants so wenig entbehrlich wie Schweinefleisch für den Schweinsbraten, muss er per Post von Haeberlin aus Frankreich kommen lassen, wo die Tierschützer offenbar Gourmets sind und nichts gegen die Zwangsernährung von Gänsen oder Enten unternehmen. Crème fraîche oder Crème double gibt es in ganz München nicht, und Loup de mer kann kaum einer schreiben.

»Alle haben gemeint, die Franzosen kochen generell besser, weil sie mehr Können und bessere Rezepte haben. Die hatten nur die besseren Produkte.«
Eckart Witzigmann im Gespräch, 1998

Als Witzigmann auf dem Viktualienmarkt mit nackten Händen in die Bohnen fasst, um festzustellen, ob sie knackig sind, wird er von der Standlfrau zur Schnecke gemacht. Am Kräuterstand, dessen Ware der frankreichverwöhnte Koch großenteils als »Zuchthauskräuter« verwirft, hat noch keiner etwas von Ruccola gehört, und dass man Sauerampfer oder Bärlauch essen kann, ist in Vergessenheit geraten. Beliefern will ihn ohnehin kaum einer, denn es hat sich herumgesprochen, was das für ein Lokal ist, in dem er arbeitet. »Dem G'spinnerten geben wir nichts«, beschließen alteingesessene Händler aus Furcht, damit ihren Ruf zu ruinieren.

Der renommierteste Gemüsehändler verweigert seine Dienste resolut, der vom Stand nebenan, Karl Sutor, zeigt sich überraschenderweise aufgeschlossen. Witzigmann legt hinter dem *Tantris* einen Kräutergarten an, sammelt den Sauerampfer und den Bärlauch im Englischen Garten und telefoniert mit seinen französischen Freunden, von welchem Lieferanten er am besten seinen Edelfisch beziehen und einfliegen lassen soll.

»Viele, vor allem die Wildlieferanten, waren skeptisch bis auf die Knochen. Die haben gesagt: Der macht's eh nicht lang.«
Monika Witzigmann im Gespräch mit der Autorin, 2006

Die Eichbauers beruhigt Eckart Witzigmanns Besessenheit, denn die braucht er auch. Mittags kocht er oft nur für zwei bis vier Gäste und abends oft für solche, die seine Küche nicht verstehen. Keniaböhnchen mit Biss sind für den deutschen Dosenbohnen-Gaumen roh, ein rosa gebratenes Lamm widert sie an, weil es für ihre Begriffe noch blutig ist, Geflügel im Schweinenetz zu braten, finden sie pervers. Und das Gerücht, im *Tantris* esse man sich arm und hungrig, macht die Runde. Die Gäste interessiert nicht, was die Seezunge gekostet hat, die dort mit 16 Mark auf der Karte steht, sie regen sich ja auch auf, wenn der Preis für ein Schnitzel im *Weißen Bräuhaus* von 7 Mark auf 7 Mark 50 steigt. Nicht, dass es denen, die sich entrüsten, an Geld fehlt, es fehlt ihnen an Interesse. Die Eichbauers haben sich gründlich verrechnet, als sie davon ausgingen, von den zwei Millionen Einwohnern in München und Umgebung müsste ein Prozent Gourmets sein, sie haben sich zudem getäuscht in ihren Freunden und Bekannten; obwohl die fast alle über ein beträchtliches

Vermögen verfügen, ist keiner von ihnen als Stammgast für das *Tantris* zu gewinnen. Und als einer ihrer Altvertrauten berichtet, nach einem Menue im *Tantris* sei er erst mal eine Pizza essen gegangen, verstehen sie, warum ihr Koch sagt: »Wenn ich einen von meinem Kochstil nicht überzeugen kann, dann soll er eben wegbleiben.«

Eckarts alte Freunde aus Bad Gastein sind offenbar weltoffener als die Bewohner der Weltstadt mit Herz, aber ohne Zunge. In Grüppen wallfahren diejenigen, die er früher in der elterlichen Sechs-Quadratmeter-Küche bekocht hat, nach München zu ihrem Freund und spenden den Beifall, den er so dringend braucht und so selten bekommt.

»Eine Woche nach der Eröffnung sind wir mit einem Acht-Sitze-Bus hingefahren. Ich habe zwar, weil ich die Ente noch nie in zwei Gängen gegessen hatte, nach dem ersten gedacht, das sei zu wenig. Aber dann war ich so satt wie begeistert. Im Bus ist uns noch auf dem Rückweg der Säuferling aus dem Mundwinkel gelaufen.«
Hannes Blumschein, Hoteldorf *Grüner Baum*, Bad Gastein

Eckart Witzigmann ist manchmal so enttäuscht von seinem Publikum, dass er seiner Brigade erklärt: »Mir reicht's, ich koch nicht mehr.« Jeder weiß aber, dass er am nächsten Morgen wieder um fünf in die Großmartkhalle fahren und um neun am Herd stehen wird. Manchmal bricht sich sein Unmut Bahn. Da wird an einem Abend, an dem er Steinbutt, Flusskrebse, Rougets und Tauben auf der Karte hat, das vierzigste Rinderfiletsteak vom Grill bestellt. Und obwohl er ungern rausgeht, denn er möchte weder dem Gast den Anblick eines verschwitzten Kochs zumuten noch die Küche aus den Augen lassen, stürmt er ins Restaurant und erklärt: »Heute gibt es nichts mehr vom Grill.« Das kommt so gut an, als wenn ein Dirigent dem Opernpublikum, das wegen »Zar und Zimmermann« gekommen ist, eröffnet, es werde heute stattdessen eine Oper von Hindemith aufgeführt.

Eckarts Anspannung ist unübersehbar. Will Monika ihn morgens wecken, gibt er zu, schon seit Stunden wachzuliegen und über Rezepte nachzudenken. In Ermangelung einer Piste hinter dem Haus läuft er sich den Stress im Grünen weg, joggt vier Mal die Woche bis zum *Aumeister* und zurück und spielt mit der Mannschaft in der Nachmittagspause Fußball, ob auf dem Parkplatz hinterm Restaurant oder irgendwo im Englischen Garten. Und daheim sitzt Monika, gibt Véronique Tropfen und wartet auf bessere Zeiten.

Eckart Witzigmann brennt. Und er leidet daran, dass der Großteil seiner Gäste selbst von Gerald Gratzer, der für seinen Charme berüchtigt ist, nicht zu überreden ist, eine der aufregenden Kreationen zu probieren, die Witzigmann mit seinem Team zaubert. Das bedeutet aber nicht, dass er im Geringsten erwägt, von seinem Stil abzuweichen. Der muss eben richtig und nimmermüde vermittelt werden, irgendwann müssen die Gäste es doch kapieren. »Wenn nur jeder zehnte Gast versteht, was er bei mir zu essen bekommt«, sagt Witzigmann zu einem Journalisten, »dann habe ich einen guten Tag erwischt.« Es gibt sie, die Kenner, die sich selbst nie als solche bezeichnen würden, aber als solche erweisen, die sich der Menue- und Weinempfehlung anschließen, nach dem Essen aufstehen, wenn der Chef sich am Tisch zeigt, und sich sogar vor ihm verneigen. Viele aber finden es dreist, dass sie auf das Soufflé Grand Marnier fast eine Stunde warten müssen, und nicht alle sind danach der Ansicht, das habe sich gelohnt. Es kostet Gerald Gratzer Kraft, Zeit und Nerven, eine Managerrunde davon zu überzeugen, dass Crêpes, gefüllt mit Meeresfrüchten an einer Hummersauce, interessanter sind als Pfeffersteak mit Pommes frites. Dennoch spricht es sich herum in der Stadt, dass im *Tantris* etwas im Gange sei, das Zukunft besitze, und dass dort jeder, der sich einbilde, perfekt zu sein, wieder zum Anfänger werde, ob Koch oder Kellner. Das hat auch Peter Kluge gehört, noch jung, aber bereits erfahren, der im April 1973 als Chef de rang seinen Dienst antritt. Er hat in teuren Häusern in der Schweiz gearbeitet, auf Luxuslinern, in den Münchner Traditionslokalen mit größtem Anspruch, beim Walterspiel und beim Humpelmayr. Aber was er hier im *Tantris* auf den runden roten Speisekarten liest, ist für ihn Kisuaheli. Was bitte ist eine Terrine de ris de veau aux pistaches, die als Vorspeise immerhin 11 Mark 50 kostet? Was kann sich hinter Fond d'artichaut farci verbergen, ebenfalls unter den Hors-d'oeuvre froids steht und 14 Mark 50 teuer ist? Was kredenzt der Koch, wenn einer die Délice du turbot soufflé Nantua bestellt, wofür zwei Personen 58 Mark 50 hinblättern müssen? Zum Bleiben ermuntert Peter Kluge in dem allgemein noch immer als Irrenhaus verschrienen Etablissement die erste Begegnung mit diesem Mann, der ihn aus schwarzen Kinderaugen verschmitzt anlächelt. Und dessen Begeisterungsfähigkeit wie ein Funke auf ihn überspringt.

Das also ist dieser Witzigmann, der angeblich derart unnachgiebig und streng ist mit allen. Schnell muss Kluge erkennen,

»Wir haben sie 1972 in München besucht. Da war die Wohnung noch ziemlich unfertig, denn die Monika durfte kein Geld für Möbel ausgeben. Was zählte war sein Zimmer mit der Kochbuchsammlung, da hat er nach Dienstschluss noch weitergemacht.«
Norbert Becker,
Freund und Kollege

»Er war knallhart, penibel und pedantisch bei der Arbeit, aber daneben gutmütig, viel zu gutmütig und lieb. Und er ist geschmolzen wie Butter in der Sonne, wenn sich jemand angestrengt und sich mit allen Kräften bemüht hat, ihn zu gewinnen.«
Peter Kluge, Kellner und dann jahrelang Chef de restaurant im *Tantris*

dass sein neuer Küchenchef alles mitbekommt, was im Restaurant passiert. Dass er an einer Karkasse oder den Gräten erkennt, wo schlampig tranchiert oder filetiert wurde, und ausrastet, wenn ein Gericht nicht absolut korrekt angesagt wird. Oder wenn die Kellner zu wenig psychologisches Feingefühl beweisen und ihren Spruch absondern ohne Rücksicht auf das Gespräch am Tisch. Für Witzigmann sind die Kellner diejenigen, die seine Arbeit richtig verkaufen müssen. Ihre Sache ist es, den misstrauischen Gast davon zu überzeugen, dass der Thunfisch nicht aus Versehen halb roh ist, sondern weil er nur so saftig und aromatisch bleibt.

»Er hat viele Gäste erst allmählich dorthin gebracht, wo er sie haben wollte. Oft hat er sie nach dem Essen noch an die Bar geholt und verzweifelt versucht, ihnen persönlich zu erklären, warum der Hummer glasig war und auch so sein sollte.«
Peter Kluge, Ex-Faktotum des *Tantris*

Ihre Sache ist es außerdem, bei jedem Teller, der nicht leer gegessen in die Küche zurückgebracht wird, zu referieren, was dem Gast nicht geschmeckt hat. Erst nach einigen Wochen weiß auch der Neue, dass die Wahrheit in vielen Fällen für ein solches Tief beim Chef sorgt, dass es besser ist, zu lügen. »Der Gast bedauert es sehr, aber er hatte heute ein großes Geschäftsessen am Mittag und ist schon satt.«

Es gibt Lichtblicke, doch jeder in der Küche wie im Service fragt sich, ob die ausreichen, um die oft düstere Stimmung des Chefs zu erhellen. Da kommt im Frühsommer 1973 ein unauffälliger Mann mit Schnurrbart und Brille aus Hamburg angereist, den keiner hier erkennt als Kolumnisten von *essen & trinken*, einem der ersten Genussmagazine in Deutschland, verlegt bei Gruner + Jahr. Nicht dort, sondern im *Stern*, dem Wochenmagazin desselben Hauses, steht im Juli unter der Zeile *Tantris*: »Dies ist fraglos eines der besten Restaurants in der Bundesrepublik. Man esse hier Tafelspitz, um zu erfahren, wie dieses gekochte Ochsenfleisch, das bei so vielen anderen verächtlich als ›Suppenfleisch‹ rangiert, angerichtet sein und schmecken kann. Man koste Hechtklöße, leicht und von zartem Geschmack in einer Sahnesauce, wie man sie nur noch bei den Meisterköchen in Lyon bekommt.«

»Kunst wird subventioniert, weil sie meist nicht kostendeckend sein kann.«
Eckart Witzigmann auf einem Notizblock des Hotels *Breidenbacher Hof*, Düsseldorf

Von den 1,5 Millionen Lesern des *Stern* raffen sich nun doch einige auf, dem Rat des Gert von Paczensky zu folgen und Hechtklöße zu verkosten, selbst wenn sie die hoffnungslos überzahlt finden. Wie wenige das sind, weiß Fritz Eichbauer. 1973 muss er registrieren, dass er, der kluge Rechner, sich damit verrechnet hat, nach zwei Jahren sei das *Tantris* wenn schon nicht Gewinn

bringend, so doch kein Zuschussbetrieb mehr. Die Zahlen sind so rot wie der Flor an den Wänden.

Der Kochkünstler: Witzigmann ist anzusehen, was er denkt und sich notiert. »Die Präzision muss noch präziser werden!«

Das verleitet Eichbauer nicht dazu, dem kreativen Genie Fesseln anzulegen, es führt ihn vielmehr zu der Einsicht, das Restaurant eben als ein mäzenatisches Projekt zu betrachten. Belohnt wird Eichbauers Großmut mit dem Eintrag in ein bordeauxfarbenes handliches Buch, herausgegeben von einem Reifenhersteller und ihm bisher nur vertraut von seinen Reisen als Gourmet. Nun steht sein *Tantris* mit einem Stern im Guide Michelin 1973. Und nun zieht die Prominenz ein, die Klatschkolumnisten mit sich bringt, jedoch nicht unbedingt Sachverstand. Mund-zu-Mund-Propaganda sagt noch nichts aus über die Sensibilität der darin befindlichen Geschmacksorgane.

Es erfüllt Eckart Witzigmann, den Fußballverrückten, mit Stolz, dass sogar eines seiner Idole, Gerd Müller, regelmäßig im *Tantris* verkehrt. Aber der spürt nicht, dass es für den Koch so lustig ist wie für ihn eine verschenkte Torchance, wenn er immer nur einen Tomatensalat bestellt, mal mit, mal ohne Haut,

Willi Harlander und Lolita, Franz Josef Strauß, James Mason, Kurt Böhme, Uschi Glas, Sacha Distel, Vera Tschechowa, Ruth Leuwerik, Peter Alexander, Ingeborg Hallstein, Henri François-Poncet, Chris Roberts, Adamo, Vico von Bülow, Hazy Osterwald, Gert Fröbe, Walter Scheel, Rex Gildo, Vicco Torriani, Margot Hielscher, Max Greger, Fritz Walter, Elie de Rothschild, Gerd Müller
Auszug aus dem Gästebuch des *Tantris*

mal mit, mal ohne Zwiebeln, und danach ein Filetsteak oder Zürcher G'schnetzeltes mit recht viel Rösti. Als einem Bewunderer der James-Bond-Filme schmeichelt es Witzigmann, dass der kongeniale Gegner von 007 bei ihm oft einen Tisch reserviert. Gert Fröbe, heißt es im Vorfeld, sei ein Fischliebhaber, das weckt frohe Erwartungen. Doch Goldfinger hat keinen goldenen Gaumen, er will Karpfen mit Blaukraut und bekommt ihn, obwohl Eckart ein Pörkölt vom Karpfen erfunden hat, das um Welten delikater wäre. Wenn Niki Lauda das *Tantris* als bestes Steakhaus der Welt lobt, dann ist das für Eckart Witzigmann wie ein Wein mit viel versprechendem Etikett, aber bitterem Nachgeschmack. Die so genannte Society hat ihn nie interessiert, nicht mehr als exotische Tiere im Zoo. Dankbar sein muss er dennoch für namhafte Stammgäste, speziell für solche, die ihre Geschäftsfreunde hier bewirten. Reserviert jemand mit französischem Namen, dann steigt Hoffnung in ihm auf, die Hoffnung auf verständnisinnige Genießer.

Henri François-Poncet, Statthalter von Moët & Chandon in München und zu Recht als Champagner-Botschafter tituliert, ist hocherfreut, dass es mit dem *Tantris* einen Ort gibt, wohin er seine französischen Gäste beruhigt ausführen kann. Er selbst allerdings findet die Küche des *Tantris* entschieden zu leicht, ein Erziehungserfolg seines Vaters. Der war zwar gebürtiger Franzose, in der Seele aber zum Deutschen geworden, zum Goethe-Verehrer und Schiller-Experten. Bis in die dreißiger Jahre hinein Botschafter in Berlin, sogar noch in Hitlers Berlin, und nach dem Krieg wieder in Deutschland eingesetzt als Hochkommissar der Alliierten in Bonn, war ihm alles Deutsche geläufig, auch die Küche. Und sein Sohn Henri ist von Kindheit an gewöhnt an Pfifferlinge in Rahmsauce, an Zürcher G'schnetzeltes, an Sämiges und Sahniges. »Es war wunderbar!«, lobt François-Poncet den frankophilen Küchenchef des *Tantris* jedes Mal strahlend. »Aber meinen Sie nicht, ein bisschen mehr Crème würde das Ganze verfeinern?«

»Bonne idée«, sagt Witzigmann dann. Und wartet auf Godot, auf den verständigen Gast.

Stattdessen kommt Friedrich Karl Flick. Flick ist bekannt, dass der Meister die Küche ungern verlässt. Doch er geht selbstverständlich davon aus, dass solche Animositäten nur für Normalsterbliche gelten können. Er lässt die Kellner jedes Mal wissen, was ihm nicht gemundet hat und dass er das gern dem Chef selbst erörtere.

Witzigmann will allerhöchsten Ansprüchen genügen, aber das sind nicht die des Herrn Flick, sondern seine eigenen. Das bekommen alle zu spüren, denn wenn Hamlet ringt, geht das bekanntlich nicht ohne größere Lateralschäden über die Bühne. Witzigmann ringt täglich um das Beste. Und wenn eine Stunde nachdem die Karte endlich geschrieben ist, ein besseres als das zuvor für optimal gehaltene Menue vor seinem inneren Auge entsteht, dann bekommt Frau Hartmann eine neue Liste ins Büro. Handgeschrieben und selbstverständlich auf Französisch, denn in der Küche wie auf dem Fußballplatz ist bei Witzigmann Deutsch nicht zugelassen. Computer gibt es noch keine, nicht einmal ein Fotokopierer steht Frau Hartmann zur Verfügung. Und die Zahl der Seiten, die man mit Kohlepapier dazwischen in die Schreibmaschine einspannen kann, ist limitiert. Weil Tipp-Ex-Korrekturen auf der Karte selbstverständlich verpönt sind, schlägt Frau Hartmann jedes unbekannte Wort in ihrem großen Wörterbuch nach. Sie wird darin rekordverdächtig schnell, weil die Zeit drängt, jeden Abend von neuem. Der Erfolg macht Witzigmann keineswegs gelassener, er macht ihn unduldsamer mit sich, mit anderen und der Ware.

»Der Flick war ein Wiederholungstäter und wollte unbedingt im Tantris *Fuß fassen. Aber er hat wieder und wieder reklamiert, was niemand verstand. Da ist der Chef an seinen Tisch gegangen und hat gesagt, es gebe in München genug Restaurants. Er solle sich doch bitte ein anderes aussuchen.«*
Harald Wohlfahrt, Chef der *Traube Tonbach*, drei Michelin-Sterne

Seine Ansprüche beginnen beim Produkt, das er kontrolliert, wie es ihm Bocuse vorgeführt hatte. Und die Schüler, die nun aus aller Welt zu ihm ins *Tantris* drängen, alles fertig ausgebildete, oft schon in französischen Sternelokalen geschulte Köche, beobachten gebannt, mit welcher Unbestechlichkeit der Chef die Ware prüft, die Maserung des Charolais-Rinds beäugt, von jedem Entrecôte ein Stück zur Probe braten lässt, um festzustellen, wie gut es abgehangen ist, wie er seine Nase in den Fisch steckt, die Kiemen prüfend aufbiegt, ins Maul schaut. Zufrieden ist er, wenn er den Fisch kaum anfassen kann, wenn er ihm beinahe aus der Hand flutscht, weil er schleimig ist, denn das ist ein Indiz für Frische. Stehen Schuppen hoch, weil der Fisch zu trocken ist, oder glänzen die Augen nicht mehr feucht, gibt er ihn angewidert zurück, gekränkt, dass man ihm so etwas überhaupt anzubieten wagt. Dass zwischen Rascasse, St. Pierre und Hummer auch noch ein zweites Kind ankommt in der Johann-

»Er hat sich immer über sich selber mehr aufgeregt als über andere. Wenn einem von uns was danebenging, war er nachsichtig, solange es nicht auf Schlamperei beruhte. Wenn ihm selber was danebenging, kannte er keine Gnade.«
Heiner Finkbeiner, Witzigmann-Schüler und Hausherr des Hotels *Traube Tonbach*, Baiersbronn

Ungetrübte Geschwisterliebe: Noch sind Max und Véronique ein Herz und eine Seele.

Fichte-Straße, nachdem Monika im Januar 1974 von einem Sohn entbunden worden ist, freut ihn zwar, verändert aber seinen Arbeitsplan in keiner Weise. Wie sehr er in anderen Welten lebt als seine Frau, verrät sein Vorschlag für den Namen des Kleinen: »Wie wär's mit Geronimo?«

»Unter der Woche war ich ganz allein. Und am Wochenende, das war ja eh nur der Sonntag, wollte er seine Ruhe. Wenn wir spazieren gegangen sind, dann in garantiert menschenleeren Gegenden.«
Monika Witzigmann zur Autorin, 2006

Monika denkt an die Bad Gasteiner und verstummt erschrocken. Immerhin weiß sie, wen er damit meint: keinen Onkel aus Italien, sondern einen Indianerhäuptling des 19. Jahrhunderts, der gegen die Weißen kämpfte, ein unermüdlicher Krieger, der sich niemals unterwarf. Witzigmann bewundert solche Heroen, und auch wenn der Sohn Maximilian getauft wird, hofft der Vater, dass aus ihm ein starker, unbeugsamer Kerl wird, wie es sich schon sein eigener Vater von ihm erhoffte. Für die Erziehung des jugendlichen Helden hat er jedoch ebenso wenig Zeit wie für die von Véronique. Er ist mit der Erziehung seiner Köche ausgelastet. Dabei kann er sie sich aussuchen, nimmt nur solche, die leicht erziehbar wirken und nicht rebellieren gegen seinen Führungsstil, den er mehr an Paul I. Simon und Paul III. Bocuse ausrichtet als an Paul II. Haeberlin. Mit dem zweiten Stern 1974 wird das noch verschärft.

Manche zucken zusammen, wenn sie zum ersten Mal antreten im *Tantris*. Wenn da über Lautsprecher die Annonce des

Chefs in die Küche dröhnt und fünfzehn, sechzehn Köche darauf unisono mit »Oui, chef« antworten. Wenn seine in natura gedämpfte Stimme zu beängstigender Lautstärke anschwillt, weil etwas beim zweiten Mal noch nicht funktioniert. Demut und Dienstbereitschaft, die er selbst von Jugend an bewiesen hat, erwartet er auch von seinen Mitarbeitern. Und er, der mit mäßigem Schulzeugnis aufmerksamen Lehrherren durch seinen Willen, seinen Einsatz und seine Beharrlichkeit auffiel, richtet seine Entscheidung, einen Kandidaten aufzunehmen, niemals nach dessen Noten. Wichtiger ist ihm, ob der in irgendeiner anderen Disziplin, möglichst einer sportlichen, etwas kann, Skifahren oder Fußballspielen.

»Ecki bevorzugte von uns Älteren übernommene autoritäre Strukturen zur Willensdurchsetzung.«
Paul Simon, Lehrer von Eckart Witzigmann

Er stellt ein ohne Ansehen der Person, das heißt, ob sie irgendeinen Ruf, Geld, Familie oder Beziehungen zu bieten hat, ist ihm völlig egal. Als Heiner Finkbeiner aus Baiersbronn antritt, ist er nicht nur fertiger Commis, er ist auch diplomierter Betriebswirt. Sein Onkel führt im Schwarzwald ein Luxushotel, zu 95 Prozent ausgebucht, das er einmal übernehmen soll. Und weil das Hotelrestaurant verrissen wurde, der Onkel aber außer Vermögen auch Ehrgeiz besitzt, arbeitet er nun daran, es in ein Gourmet-Lokal zu verwandeln. Zu dieser Strategie gehört es, dem Neffen den letzten Schliff verpassen zu lassen, und im *Tantris* wird brillant geschliffen. Auch das alles interessiert Witzigmann nicht. Er will wissen, wer belastbar ist, nervlich wie körperlich. Wer die Hitze nicht vertrage, erklärt er, habe am Herd nichts zu suchen. Und wer verzweifele, wenn ihm zum ersten Mal kommentarlos ein roher Lachs hingelegt werde, solle den Beruf wechseln. Instinktsicher findet er heraus, wer kreativ ist und wer nicht, wen er fordern kann und danach fördern. Jedem noch so kleinen Betrugsmanöver kommt er auf die Schliche. Hat einer versucht, mit vorgeschnittener Petersilie oder vorgeschnittener Zwiebel zu arbeiten, um den Zeitdruck zu lindern, dann schmeckt der Chef das sofort heraus.

»Es geht beim Kochen wie beim Fußball auch um die innere Einstellung. Und da passen manche eben nicht ins Team.«
Notiz von Eckart Witzigmann

Wer sich beim Witzigmann bewirbt, weiß, was auf ihn zukommt. So einer sucht die Herausforderung, der will wissen, wo seine Grenzen sind. Und Witzigmann sorgt dafür, dass er es erfährt.

»Es war eine Herausforderung, dort zu überleben. Jeder hatte Angst, einen Fehler zu machen, egal wie viel er schon konnte und wusste. Aber das war gut so. Wenn beim Fußball in einer Spitzenmannschaft einer öfters danebentritt, dann wird er auch ausgesondert.«
Harald Wohlfahrt, Witzigmann-Schüler, von vielen als dessen Nachfolger gefeiert

Karl Ederer, der seine Ausbildung im *Wetterstein* gemacht hat, einem Hotelrestaurant in der Nähe des 1860er-Stadions, wurde von seinem Chef gedrängt, bei Witzigmann weiterzulernen. Persönlich rief der dort für ihn an, zehn, zwanzig Mal. Als der Ederer Karl dann nach seiner Militärzeit bei den Gebirgsschützen einen Vorstellungstermin ergattert, begrüßt Witzigmann ihn mit hochgezogenen Brauen. »Ah so, Sie sind der mit dem nervigen Lehrherrn.« Und will dann nur über das Skifahren der Gebirgsschützen etwas hören, über das Bergsteigen, das Pässefahren mit dem Fahrrad, und kulinarischen Alpinismus diskutieren. Ist das ein Versuch, davon abzulenken, dass er keine Stelle frei hat oder den Ederer Karl nicht will? Der bringt schließlich nur mühsam die Frage heraus: »Ja, klappt das denn jetzt mit einer Stelle?«

»Ja freilich«, leuchtet Witzigmann, »das machen wir. Am 1. Oktober kannst du anfangen.«

Am 30. September rückt Karl an. Und stößt auf einen entgeisterten Witzigmann: Der hat seine Zusage völlig vergessen.

Ob er denn wenigstens unentgeltlich arbeiten könne, irgendwo mithelfen, am Gemüseposten vielleicht. Ein mattes Ja erlöst den Adepten. Er wird einquartiert im Souterrain des Hochhauses, die Personalzimmer werden nur durch einen Lichtschacht beleuchtet. Sein französischer Zimmergenosse will trotzdem die Rollläden ritzenfrei schließen, weil er sonst nicht schlafen könne. Beide stehen am nächsten Morgen eine Stunde zu spät in der Küche.

Der Chef ignoriert sie nicht einmal, die härteste Form der Strafe. Doch er bemerkt, dass der junge Ederer nicht nur beim mittäglichen Match auf dem Bolzplatz im Englischen Garten am Ball bleibt, sondern auch in der Küche. Und dass er zurechtkommt mit dem noch immer jungen Chef, der wenig redet, ungern erklärt, lieber etwas zeigt, den manche autoritär nennen, manche launisch. Bald gehört Karl zu den wenigen, die Witzigmann liebevoll Mandi nennt und die in Tuchfühlung mit ihm arbeiten dürfen.

»Ich bin nicht launisch, und ich war es nie. Man macht mir höchstens schlechte Laune durch schlechte Arbeit.«
Eckart Witzigmann zur Autorin, 1998

Die eigene Frau hat seltener Berührung mit ihm, denn wenn er nach Mitternacht ins Bett fällt, schläft sie bereits. Morgens bleibt nur Zeit für ein schnelles Frühstück, die Pause nach dem Mittagsservice gehört dem Sport mit dem Team. Und jede freie Minute der Überlegung, wo was zu verbessern sei. In diesem Punkt ist Witzigmann fanatisch und kennt keine Hemmungen.

Die rechte Hand: Karl Ederer (rechts neben Witzigmann), im Tantris *trainiert, wird für den Meister in der* Aubergine *später unersetzlich. Auf Prominenz wie Walter Sedlmayer könnte er bei aller Verehrung leichter verzichten.*

So trifft er sich neuerdings einmal pro Woche in einem Hinterhof auf der Theresienhöhe mit drei anderen Männern. Überzeugungstäter wie er, die ähnliche Leidensgeschichten erzählen können und nun zu allem entschlossen sind. Angeregt hat diese konspirativen Zusammenkünfte Otto Koch, der hier oberhalb der Wies'n sein *Le Gourmet* aufgemacht hat und sich fragt, wer eigentlich diese Bezeichnung verdient, nachdem sogar Gourmet-Tester bei ihm sieben Mal Filetsteak mit gemischtem Salat bestellt haben; sie hätten nichts Passendes gefunden. Kochs Originalität schmeckte ihnen nicht.

»Damals ist das Metier des Gastrokritikers ja erst richtig aufgeblüht. Viele wie der Siebeck haben vorher über Autos geschrieben. Und manche haben sich zu Hause nur eine Dose aufgemacht.«
Monika Witzigmann im Gespräch mit der Autorin, 2006

Der Dritte im Bunde, Hans-Peter Wodarz, der im Lehel seine *Ente* betreibt, kann ebenso sein Lied davon singen, denn über seine Kombination von Lamm und Hummer ergoss sich ähnliche Häme wie über Ottos Weißwurst aus Meeresfrüchten. Dieter Biesler vom Restaurant *Walterspiel* im *Hotel Vier Jahreszeiten* genießt zwar eine gewisse Schonung, weil unsichtbar der Walterspiel selig, legendärer Patron des Hauses, noch seine Hand über ihn hält, doch auch er träumt in schlaflosen Nächten offenen Auges wie die anderen drei von Milchlämmern aus der Provence und Poularden aus der Bresse, von fangfrischem Loup de mer aus dem Mittelmeer und Trüffeln aus dem Perigord, von Crème fraîche und Crème double, von Ruccola, von Kerbel, der auch nach Kerbel, und Estragon, der nach Süden schmeckt. Sie gehören zur Avantgarde, stehen in der ersten Reihe und wissen,

Manuelle Reifeprüfung: Witzigmann beim Einkauf auf dem Münchner Viktualienmarkt. Noch fehlt dort sein Standbild.

wie gefährlich das ist. Und gedenken, sich gegen Angriffe zu wappnen: mit besten Produkten, die für sie einmal in der Woche eingeflogen und im Hinterhof des *Le Gourmet* angefahren, ausgeladen, geprüft und aufgeteilt werden.

Offenbar gibt es zunehmend Menschen, die das zu schätzen wissen. Denn im Mai 1975 verleiht das Gourmet-Journal *Esprit* Witzigmann die »Goldene Pfeffermühle«, wofür höchste Produktqualität unerlässlich ist.

»Ausgangspunkt für die Beurteilung ist das Naturprodukt: Seine Reinheit und Frische werden bewertet. Das zählt in jedem Fall mehr als eine aufwendige Überfülle von Beilagen. Bewertet wird der Umgang mit Salz und frischen Gewürzen, die nicht dazu da sind, den Eigengeschmack des Produkts zu übertönen, sondern zu heben.«
Satzung der »Goldenen Pfeffermühle« von *Esprit*, Paragraph 3 und 4

Außer dem Club der Vier und namhaften Kollegen aus Deutschland erscheinen bei der Preisverleihung die Haeberlins, Franz Keller, der Freund Henry Levy, die Brüder Troisgros und Roger Vergé vom *Moulin de Mougins*, einer der ganz großen Vorbilder von Eckart Witzigmann. Monika Witzigmann genießt den Abend, steht strahlend mit blonder Mähne neben ihrem Mann und freut sich darauf, dass er sich im Sommer mit ihr und den Kindern eine größere Pause gönnen will, vielleicht irgendwo im Süden, am Meer. Jetzt, wo die ersehnte Anerkennung da ist und der Laden läuft. Da hört sie, wie ihr Mann den Meister aus Mougins anspricht. »Ich möchte so gern einmal bei Ihnen in der Küche stehen. Meinen Sie, ich dürfte in meinem nächsten Urlaub vier Wochen ein Stage machen?«

Monika weiß so gut wie er, dass dabei Frau und Kinder ein

Eheliche Reifeprüfung: Witzigmann lernt begierig. Als Koch, nicht als Gatte, wie Monika (rechts neben ihm) einsehen muss.

Klotz am Bein sind, den kann da keiner brauchen. Und sie weiß, dass sie ihren Mann nicht daran hindern kann, sich bedingungslos für seinen Beruf aufzuopfern, ungeachtet des materiellen Erfolges.

»Der Eckart ist der einzige Koch, den ich kenne, der mit dreißig noch nicht aufgehört hat zu lernen.«
François Wilhelm, intimer Witzigmann-Kenner

Er ist ein Überzeugungstäter. Wie weit das geht, weiß jeder in seiner Brigade. Da kommt ein Journalist an, der im *Tantris* hinter die Kulissen schauen will, der in der Küche den vermeintlichen Geheimnissen großer Kochkunst auf die Spur kommen möchte, die letztlich ganz geheimnislos auf der richtigen Mischung aus Präzision und Inspiration beruhen. Das Team schätzt den Eindringling nicht, die einen nennen ihn einen Schnüffler, die anderen einen Störenfried bei ihrer Arbeit, viele lästern darüber, dass der neunmalkluge Schreiber nicht einmal eine Rinderbordüre von einem Stück Kernseife unterscheiden könne. Witzigmann aber wünscht sich Kritiker, die von der Materie etwas verstehen, und er gestattet diesem wissbegierigen Wolfram Siebeck, wochenlang in seiner Küche den täglichen Ablauf zu observieren. Kann ja nicht schaden, wenn er mitbekommt, welchen Stress es bedeutet, jeden Tag von neuem die Sterne zu behaupten.

Als ein anderer ankommt, der fürs *Zeit*-Magazin arbeitet und mit dem Meister reden möchte, setzt er den an den Küchenausgang und serviert ihm wortlos ein Sechzehn-Gänge-Menue, das dem Redakteur, einem gewissen Manfred Kohnke, die Sprache verschlägt. Fassungslos gabelt und löffelt er, außerstande, alles einzuordnen. Seine Berichterstattung im Verlag löst Ungläubigkeit aus. Es kann doch nicht sein, dass es so viele essbare Dinge gibt, die ein belesener Journalist nicht mal vom Hörensagen kennt.

Witzigmann kann nicht ahnen, dass diese Menschen für ihn einmal wichtig werden. Er verschenkt sich an sie, wie er sich an jeden verschenkt, der an seiner Arbeit Interesse zeigt. Die Großzügigkeit des Eckart Witzigmann schlägt zu Buche und die des Herrn Eichbauer ebenfalls. Um die 200 Kilo Frischfisch werden für das *Tantris* jede Woche vom Mittelmeer oder von Irland eingeflogen. Insgesamt vierzig Angestellte arbeiten mittlerweile im *Tantris*, doch wenn es voll besetzt ist, also achtzig Gedecke serviert werden müssen, dann wird es in der Küche für die vierzehn Köche neben Witzigmann brenzlig. Selbst wenn Leute wie der Haas Hans oder der Ederer Karl in solchen Situationen dem Chef stolz zeigen, was sie aushalten.

Das *Tantris* ist auf dem besten Weg, seine Bezeichnung als Tempel zu rechtfertigen, denn die Zahl derer, die es anbetungswürdig finden, was Witzigmann und seine Ministranten auf den Tisch bringen, wächst.

»Wie fünfzehn Männer, die mit jeder Pfanne, die sie auf den Herd setzen, den gemeinsamen Ruf des Restaurants aufs Neue festigen müssen, wie sie in drei Stunden 80 erwartungsvolle Gäste bekochen, ohne nervös zu werden, ohne die geringste Hast oder Unruhe zu zeigen, das ist ein faszinierender Anblick, der wie jede handwerkliche Höchstleistung, wie jede künstlerische Perfektion zur Bewunderung herausfordert.«
Wolfram Siebeck in dem Essay »Keine Blumen für den Koch«, 1976

1975 ist das Jahr, in dem die Bundesrepublik Deutschland 94 Milliarden Mark Schulden hat, der höchste Stand seit 1949. Die Regierung beschließt ein Gesetz gegen Wirtschaftskriminalität. 15 Prozent des Einkommens werden gespart, der Diskont sinkt auf 5 Prozent, die Bundesbahn erwägt wegen einer Finanzkrise, das Streckennetz von 29000 auf 10000 bis 15000 Kilometer zu reduzieren, die Energiekrise und die Baukrise sorgen für eine unerwartete Rezession.

Da geschieht es. Ohne Angabe von Gründen werden alle ins Personalzimmer beordert, auch der Küchenchef selbst. Dort erwartet sie mit kreideblassem Gesicht Fritz Eichbauer, neben ihm steht ein großer, schwerer Mann, den keiner hier kennt und den er als Herrn Stegmann vorstellt. Was soll das?

Aufgrund seiner derzeitigen finanziellen Situation, erklärt Bauunternehmer Eichbauer, könne er das *Tantris* nicht mehr wie gehabt subventionieren. Grabesstille. »Vorübergehend, zumindest.« Grabesstille. Über die Hintergründe informiert er die

Tantris-Mannschaft nicht, wozu auch. Wen interessiert es hier, dass die unvorhergesehene Verzögerung einer Baugenehmigung bereits in einen verheerenden Engpass führen kann?

Die monatlichen Kosten des *Tantris* belaufen sich auf über 200 000 Mark, wie viel eingespielt wird, steht leider nicht in den Michelin-Sternen. Nach wie vor sind mittags oft nur sechs bis acht Tische mit zwei Personen besetzt.

Die gute Nachricht, die Eichbauer, um Fassung bemüht, übermittelt: Ein Gremium von sechs Leuten, allesamt *Tantris*-Gäste, übernehme die Finanzierung, sprich Rettung, er selbst bleibe Mitinhaber. Herr Stegmann werde hier im Hause das neue Regime vertreten und die Abläufe überwachen.

Witzigmann wird zunehmend unruhig. Für die Familie bleibt immer weniger Zeit. Später wird er das bereuen, jetzt aber hat er für Reue und Einsicht keinen Nerv. Und für Diskussionen mit seiner Ehefrau schon gar nicht.

»Wir haben gleich gespürt, dass der Stegmann einen ganz anderen Stil draufhat als wir alle. Das war ein Consulting-Mann, der in Amerika gelernt hatte, ein knallharter Typ, der sofort die Löhne neu diktierte. Aber oberstes Privileg blieb, dass Witzigmann alles bekam, was er brauchte.«
Peter Kluge, 2006

VIII.
Kapitel

Weihnachten ist das Fest der Wahrheit. Es bringt an den Tag, wie es in einer Familie wirklich aussieht. Und der Lichterglanz erhellt manches dunkle Kapitel.

Von außen betrachtet ähnelt das Weihnachten der Familie Witzigmann weniger einer Feier als einer Flucht. In aller Frühe werden hektisch Koffer gepackt und in das VW-Cabrio geworfen, die Skier schnallt Eckart in Rekordzeit auf den Buckel des Käfers. Zwischen die Kinder wird eine Kühlbox mit gebeiztem Lachs gestellt, dann geht es, so schnell es der Wagen erlaubt, über die Autobahn Richtung Salzburg, zu den Großeltern in Bad Gastein. Dort werden Véronique und Max im Schlafzimmer von Alois und Mitzi geparkt, während Monika vier provisorische Nachtlager herrichtet und Eckart mit seiner Mutter in der Küche werkelt. Der Großvater schmückt den Baum. Dann erst gibt es eine Fermate, ein kurzes Verharren in der Rastlosigkeit. Und Véronique sieht ihren Vater mit nassen Augen. »Bist du traurig?«, fragt sie. Und dann drückt er sie und sagt: »Nein.« Monika weiß, dass ihr Mann, den seine Schüler oft fürchten, nah am Wasser gebaut hat. Er hatte geweint, als zu Hause in der Wohnung im zehnten Stock einmal eine Maus in die Falle ging, die im Kinderstall von Max dessen *Tantris*-Kekse verzehrt und zum Ausgleich ihren Kot hinterlassen hatte, und dringend beseitigt werden musste. Dabei war es eine Falle, die das Tier lebend fing. Ihm tun abgeschnittene Blumen Leid, und jedes verendete Reh auf der Straße bedeutet für ihn einen Schock.

»Ich könnte nie ein Lamm töten oder einen Hasen, das Äußerste ist, dass ich eine Forelle mit gekonntem Schlag auf den Kopf ins Jenseits befördere. Ich weiß, das ist widersprüchlich, aber im Grunde bin ich eben ein sentimentaler Mensch.«
Eckart Witzigmann zur Autorin im Gespräch, 1998

Ganz kurz, auch den Großeltern zuliebe, spielen sie die heile Familie. Vielleicht sind sie es sogar in dieser ausgestanzten Zeit. Den Frieden beeinträchtigt allerdings, dass Monika und Eckart abgekanzelt werden, wenn sie zum Abendessen, von der Mutter wie gewohnt sorgfältig gekocht, mit Verspätung erscheinen, weil sie auf der Piste Freunde getroffen und sich den Genuss gegönnt haben zu versumpfen. Da spürt Monika, wie sehr ihr

Mann trotz aller Erfolge noch abhängt von der Meinung und dem Urteil der Eltern, wie wichtig es ihm ist, ihnen zu gefallen. Auch noch mit Mitte dreißig, hoch dekoriert und erfolgsgekrönt. Es rührt sie, und es erschreckt sie.

Véronique klebt an solchen Tagen an ihrem Vater, sie ist süchtig danach, ihn um sich zu haben, denn sie weiß als kleines Mädchen schon, wie selten sie dazu Gelegenheit hat. Er ist ihr Held, den sie genau beobachtet und nachahmt. Sie erinnert sich daran, dass er Tränen gelacht hat, damals draußen am Starnberger See im Haus der Siebecks, als sie ihren Saft wie Wein degustiert hat, das Glas geschwenkt, die Farbe begutachtet, die Nase darüber gesenkt hat, als sie dann bedächtig den ersten Schluck nahm, den Saft im Mund bewegt und durch die Milchzähne gedrückt hat. Das ganze Jahr über sehnt sie sich danach, mit ihm daheim zu kochen, aber er hat nur das Restaurant im Sinn, schließlich auch sein Kind. Als einmal Hans-Peter Wodarz mit seiner Frau zu Besuch kommt und zum Dessert eine Weißweinsabayon zubereitet, darf sie ihm zuschauen und probieren. Das ist es, das Glück, von dem sie träumt. Die Erwachsenen sitzen im Esszimer, während Véronique sich barfüßig in die Küche schleicht, wieder und wieder eine Puppentasse voll von diesem Weinschaum holt, der umso besser schmeckt, als sie Zeuge seiner Entstehung war. Warum nur hat ihr Vater nie Zeit für so etwas? Sie darf zwar in der Pâtisserie des *Tantris* vor Weihnachten Plätzchen backen, aber mit dem Vater in der Küche gemeinsame Sache zu machen bleibt ein unerfüllter Wunsch.

Und Weihnachten bleibt ein Ausnahmeereignis wie jede andere gemeinsame Unternehmung auch. Den Umzug in die Reventlowstraße, keine fünf Minuten Fußweg vom *Tantris* entfernt, schmeißt Monika weitgehend allein. Er signalisiert deutlich, wie sehr er seine Ruhe braucht. Monika spürt es, dass ihm die sonntäglichen Spaziergänge eine Last sind, wie unruhig er dabei ist. Auch Véronique merkt das. Seine Gedanken kreisen weiter um den Herd.

»Ich war nur ein einziges Mal, da war ich vielleicht fünf, mit dem Papa auf dem Viktualienmarkt. Und er hat nur einmal mit mir gekocht, das war auch in dem Alter: Schokomousse nach einem einfachen Rezept, weil das meine Leibspeise war.«
Véronique Witzigmann zur Autorin, 2006

Er betrachtet es nicht als seine Pflicht, die Finanzen des *Tantris* auf die Reihe zu bringen, aber fühlt sich verantwortlich dafür, das Restaurant voll zu bekommen. Die Sache mit Eichbauer geht ihm an die Nieren. Ständig brütet er Ideen aus, wie eine neue Klientel zu erobern sei. Dass Véronique eingeschult wird, kriegt er nur am Rande mit. Er ist, wenn sie heimkommt und vor Erzählfreude birst, gerade dabei, verwöhnte Gäste für zwölf Mark mit einer Spezialität des Tages zu bekochen. Montags gibt es Daube de boeuf, dienstags Lammnavarin, mittwochs Tafelspitz mit Rösti und Apfelkren, donnerstags Kaninchen mit Backpflaumen, freitags Gratin de poisson, samstags eine Überraschung. Es scheint, als habe er damit ins Schwarze getroffen, zumindest mit dem Tafelspitz. Die Münchner stürmen jeden Mittwoch das *Tantris*, Witzigmann steht haareraufend am Herd, weil ihm die Ochsenbrust ausgeht. Doch schlagartig bricht dieser Trend wieder ab, und Witzigmann serviert den verbliebenen Tafelspitz abends in feinen Scheiben mit einer Schnittlauchsauce auf Salatbett.

Dass ihm das richtige Publikum fehlt, vor allem ein treues, kundiges Stammpublikum, quält ihn. »Die Franzosen«, beklagt er sich oft, »die kochen auch nicht besser als wir, die haben bloß die besseren Gäste.« Dass die Kritiker ihn zunehmend als Ereignis feiern, ermuntert ihn jedoch. Nicht nur Siebeck, der meint, Witzigmann sei jetzt bereits einer der größten Küchenchefs, die je auf deutschem Boden gearbeitet hätten, sogar die *Herald Tribune* feiert ihn und schreibt vom »deutschen Küchenwunder«.

»Szenepublikum ist so berechenbar wie Wildwechsel.«
Eckart Witzigmann zur Autorin, 1998

Die Gäste zu erziehen bleibt jedoch weiterhin die mühsame Aufgabe des gepriesenen Kochs. Und es braucht mehr Zeit, als er erwartet hat. Im Sommer 1976 muss er sich immer noch an vielen Abenden damit abfinden, dass bei 120 Gedecken 40 Entrecôtes vom Grill bestellt werden, obwohl in der Küche ein Team von Artisten wartet, das eine Hummerbisque mit geschlossenen Augen kochen kann. Da feiern die Gourmet-Kritiker einstimmig sein Gespür für beste Qualität bei den Produkten, aber den Gästen ist der typische, reine Geschmack dann oft zuwider, so wie den Kindern mittlerweile frische Kuhmilch, weil sie sich an H-Milch gewöhnt haben. Trotzdem lässt er sich die autodidaktische Fortbildung, wie das jeweils Beste riechen, schmecken, sich anfassen muss, weiterhin Geld und Zeit kosten, manchmal auch Überwindung, denn er muss ja auch zum Vergleich ins Drittbeste beißen. Eine Leibspeise hat er nicht, denn er vertritt die Ansicht, ein Genießer müsse alles an sich heranlassen.

Er grantelt hinter den Kulissen, denn davor darf es keiner

»Verglichen mit ihm, waren wir alle zimperlich. Ich habe bei Senderens *schon ein Moorhuhn stehen lassen, wenn mir das zu modrig geschmeckt hat, oder Herzmuscheln, wenn sie extrem schmierig waren. Aber er hat in solchen Fällen immer gesagt, so müsse das sein, und hat alles andächtig vertilgt.«*
Heiner Finkbeiner, Schüler und Reisebegleiter Witzigmanns

»Die Möglichkeiten, einen Koch wie Witzigmann zu verletzen, sind zahlreich.«
Marie-Luise Scherer im *Spiegel*, Ausgabe 37/1976

hören. Wenn er sich mit seinem Schüler Karl Ederer austauscht, der in Paris weiterlernt und zu der Zeit im *Le Duc* arbeitet, dann packt ihn die Eifersucht. Das Restaurant, verrät ihm Karl, sei Wochen im Voraus ausgebucht, weil es dort seit neuestem Gerichte von rohen Fischen und Meeresfrüchten gebe, Tartar vom Thun, Saumon cru und rohe Jakobsmuscheln. Als Karl ihm die erbetene Speisekarte schickt, verspürt sein Lehrherr heftige Begehrlichkeit nicht nur auf das, was dort zubereitet wird, das könnte er selbst auch, sondern auf die Leute, die das begeistert bestellen. Und er versteht nicht, warum seine Verletzlichkeit bespöttelt wird. Es muss doch wehtun, wenn sogar die so genannten Connaisseure, Kolumnisten, deren Bauch den Grammpreis von Kaviar gekostet hat, eine Wachtel für einen Frosch halten und ein Basilikumblatt für Spinat, was ein Testbericht dokumentiert. Wie soll er da nicht mit Verzweiflungsattacken kämpfen?

Eckart Witzigmann hilft sich gern selbst, Arztpraxen meidet er so sorgsam wie Brühwürfel, und als Stresstherapeut in eigener Sache verordnet er sich einen Garten. Freunde vermitteln den Witzigmanns einen in Gauting, einen von vielen eng aneinander gedrängten Schrebergärten mit kleinem Holzhaus. Für andere weltläufige Menschen Inbegriff des Spießertums, für Eckart Witzigmann Inbegriff des Friedens. Freudig schleppt er die Gießkannen mit Wasser von der Würm dorthin, setzt Tomaten und Kopfsalat, steckt Bohnenkerne, sät Kräuter und auch ein paar Astern, Löwenmäulchen, Malven oder Rittersporn.

Die Woche über allerdings hat er keine Zeit, und auch an dem Wochenende genannten freien Sonntag nicht immer. Prompt sprießt und gedeiht besser als alles andere das, was die Leute hier Franzosenkraut nennen. Mit der Herkunftsunterstellung wurde in alten Feindeszeiten immer etwas höchst Unangenehmes gekennzeichnet, in diesem Fall ein wucherndes Unkraut, so ansteckend wie die so genannte französische Krankheit, die Syphilis. Wenn einer das im Garten hat, weiß Monika aus ihrer Kindheit, dann wird er von den Nachbarn gemieden wie ein Aussätziger. Der Vermieter erklärt Nachsicht heischend, diesen Garten bewirtschafte ein viel beschäftigter, berühmter Koch. Ja, welcher denn? Da schießt es ihm durchs Hirn, dass den Küchenchef des *Tantris* keiner kennt. »Der Fernsehkoch Inzinger.« Es gibt Witzigmann zu denken, als er das hört. Er ist nicht bekannt genug, um als Entschuldigung dienlich zu sein. Bekannt kann ihn nur ein eigenes Restaurant machen, kleiner als das *Tantris*, so dass er jeden Gast persönlich bekochen kann. Das ständig gewachsene Team in der Küche macht ihm ohnehin zu schaffen, weil er spürt, wie der Kampf um einen Platz in seiner Nähe auch unerwünschte Wirkungen zeitigt. Manche meinen, es genüge nicht, selbst eine gute Leistung zu erbringen, es sei darüber hinaus notwendig, die eines anderen zu schmälern. Und Hinterfotzigkeit widert ihn an.

Er beginnt, von einer kleineren Brigade und einer kleineren Karte zu träumen. In seinem Kopf wächst der Wunsch nach Selbständigkeit. Und er wird rasch so groß, dass für anderes kein Platz mehr darin ist.

»Es hat eine absolute Rivalität in der Küche geherrscht. Einer wollte bessser da stehen als der Nächste und dem großen Meister bedeuten, was er war. Wenn der Service losging, gab es keinen Teamgeist mehr, da gab es nur noch Einzelkämpfer.«
Harald Wohlfahrt, der aus Baiersbronn kam und nach Baiersbronn ging

Gute Leute zu gewinnen wird keinerlei Schwierigkeiten machen, auch wenn er nur bescheidenste Löhne zahlen kann, die Bewerber rennen ihm seit Jahren die Tür ein. Dass er streng ist, weiß in der Branche jeder. Aber auch, dass er mit der Küchentür jeden Streit abschließt. Viele seiner Schüler haben seinen Zorn zu spüren bekommen, jedoch immer erlebt, dass er sie nicht niedermacht, wenn sie sich auf ihre Arbeit konzentrieren sollen. Als einmal drei Viertel der Brigade nach einem feuchtfröhlichen Nachmittag auf dem Nockherberg erst direkt vor Beginn des Services am Herd aufgekreuzt war, wies er sie schweigend an die Arbeit. Die Abreibung mit derben Worten erfolgte erst am nächsten Morgen. Und auch die war beim nachmittäglichen Fußballspiel kein Thema mehr.

Leute kriegt er, und zwar die besten. Aber Mittel?

Er redet mit Freunden, die Chef im eigenen Hause sind, erbittet ihren Rat, erkundet ihre Erfahrungen. Henry Levy, sein Freund in Berlin, gesteht ihm aufrichtig, welche Leiden es ihm beschert, mit seinem Restaurant *Maître* unumstritten der beste Koch der Stadt zu sein. Er ahnt, wie viele ihn nach Paris verwünschen. Dass Levy ein Muster an Takt und Diskretion ist, legen ihm alteingesessene Berliner Gastronomen als Snobismus aus, und dass er gut aussieht und sich elegant anzieht, wird als Indiz mangelnder Seriosität interpretiert. Mit Neid, hört Witzigmann von seinem acht Jahre älteren Freund, müsse er umzugehen lernen, wenn er sich selbständig machen wolle. Und mit

Im Hintergrund des Vorbilds: Henry Levy mit seinem Berliner Restaurant Maître *ist für den Chef des* Tantris *der beste Koch auf deutschem Boden. Und er soll einer seiner besten Freunde bleiben.*

»Wer der Erste wird, der wird gejagt. Das ist nicht nur im Sport so.«
Fritz Keller, autodidaktischer Sportphilosoph

Geld auch, warnt ihn sein väterlicher Berater Franz Keller. Das hat bisher Herr Eichbauer für ihn erledigt.

»Willst du nicht lieber am Stadtrand etwas aufmachen, wo die Mieten niedrig sind?«, fragt Keller ihn. »So ein ganz einfaches Lokal à la française? Keine wertvollen Gläser, kein Silberbesteck, keine teuren Teller. So wie du kochst, brauchst du das nicht.«

Damit überzeugt er Witzigmann nicht. Das funktioniere vielleicht in Oberbergen, möglicherweise in Paris, in München aber nicht. »Wenn ich auf einfachen Tellern in einem einfachen Lokal serviere, dann merkt gar keiner, was ich mache und was ich kann.«

Witzigmann hat, Monikas Reserven inbegriffen, nur um die 70 000 Mark auf der hohen Kante, ist also auf Fremdfinanzierung angewiesen, aber die Banken sehen ihn nicht als besonders kreditwürdig an. Da fällt ihm Stegmann ein, der im *Tantris* nicht mehr mit von der Partie ist, denn Eichbauer hat wieder allein das Sagen. Dieser Managertyp scheint doch von Geld was zu verstehen, zudem hat er einen Auftritt, der Bankern imponiert. Und Stegmann erfüllt Witzigmanns Erwartungen, er verschafft ihm genügend Kredit, um im ehemaligen *Regina*-Hotel am Maximiliansplatz in bester Lage ein Restaurant mit Küche so zu bauen, wie es seinen Idealvorstellungen entspricht. Dass deren Umsetzung 1,3 Millionen Mark kostet, wird die Presse später genüsslich vermelden. Kompromisse waren noch nie Eckart Witzigmanns Stärke.

Monika muss es hinnehmen, dass er nun voll und ganz absorbiert ist von seinen Plänen. Und sie spürt, wie er vibriert vor Unternehmungsgeist. Das steckt an. Sie sieht ihre Zukunft nicht mehr in der Rolle der ausharrenden Hausfrau. Es reicht ihr nicht, in den Boulevardblättern zu lesen, dass Eckart für ihren Hühnereintopf mit Nudeln schwärmt. Sie ist jetzt neunundzwanzig, sie will sich beweisen und einsteigen in das neue Projekt. Rechnerische Beweggründe gibt es genug, seine Schulden sind auch ihre. Und da zwar sein Sekundant in der Küche, Bernard Thierry, mitemigriert, Gerald Gratzer jedoch, der Getreue im Saal, sich mit einer Lobby selbständig machen will, wäre im Windschatten des neuen Chef de restaurant, Gesumino Pireddu, durchaus Platz für jemanden, der Eckart Witzigmann vertraut ist, der seine Marotten kennt, seine Ausbrüche, seine Besessenheit. Insgeheim hofft Monika zudem, mehr Verständnis für Eckarts Stimmungsschwankungen zu entwickeln, wenn sie täglich in seiner Nähe arbeitet. Dass er noch immer sich selbst in Frage stellt, wenn ein Gast mäkelt, anstatt zuerst einmal am Urteilsvermögen des Gastes zu zweifeln, kann sie bisher nicht nachvollziehen. Er hat im Handstreich Walter Scheel erobert, als er für ihn kochte in Bonn, und wurde dann vom Bundespräsidenten gebeten, seine Künste an die Queen zu verschwenden bei ihrem Deutschland-Besuch. Doch das macht ihn nur vorübergehend stolz, nicht viel länger, als die Genießer zum Verdauen brauchen. Nicht einmal seine Ernennung zum »Koch des Jahres« im April kann ihn daran hindern, sich weiterhin oft nächtelang mit der Frage zu quälen, warum einer von sech-

»Dass ich dreihundert Sorten Pilze kenne, imponiert ihm. Für ihn zählt nicht, was einer ist, nur was er kann. Der Scheel hat ihn beeindruckt, weil der so viel verstanden hat vom Essen. Dass er Bundespräsident war, hat ihn im Grunde nicht interessiert.«
Günter Rochelt, weltberühmter Schnapsbrenner, alter Freund, Sternzeichen Krebs

zig Tischgästen bei einem Galadiner die Lammnüsschen nur zu zwei Dritteln verzehrt hat.

»Der Eckart ein Zweifler? Das ist aber sehr verharmlosend ausgedrückt.«
Ingeborg Hartmann im Gespräch mit der Autorin, 2006

Angst hat Monika nicht vor dem neuen Job. Schließlich hat sie ein jahrelanges Fernstudium in der hohen Gastronomie absolviert, denn in jeder Minute des Tischgesprächs zu Hause, auf den Exkursionen nach Frankeich, in den Runden mit den Haeberlins und den Brüdern Troisgros, mit Henry Levy, Gerald Gratzer oder den Kellers ging es um nichts anderes als Essen und Trinken. Ob die weißen Trüffel aus Alba ihren Preis wert sind, wie man dem Gast verständlich macht, dass zu sahnigen, fetthaltigen Käsen besser ein Weißwein passt als der gewohnte Rote, mit Fisch hingegen, wenn er gegrillt oder gebraten ist, ein gerbsäurearmer junger und fruchtiger Rotwein mehr harmoniert als der kanonisch verordnete Weiße, wie man mit redseligen Kellnern umgeht und wie mit Gästen, die den Kellner am Tisch festhalten mit ihren Krankengeschichten oder kulinarischen Reisereportagen. Monika fühlt sich vorbereitet, organisiert, wer Véronique mit ihren acht Jahren und Max, erst viereinhalb, betreuen soll, überlegt, wie sie sich gegen Bad Gasteiner Vorwürfe verteidigen soll, eine Rabenmutter zu sein, die ihre Kinder im Stich lässt, und plädiert, sonntags und montags einen Ruhetag einzulegen. Denn Eckart sieht seine Sprösslinge jetzt schon kaum mehr. Es rührt ihn zwar, wenn Monika ihm berichtet, wie Max aus dem Kinderwagen schnuppernd erkannte, dass im *Tantris* etwas mit schwarzen Trüffeln gekocht wurde, Sauce mit schwarzen Trüffeln ist nämlich seine Leibspeise, dass Véronique dauernd in die Küche drängt, rühren und backen will, aber woher soll er die Muße nehmen für sie, wo er sich doch selbst keine gönnt?

»Er hat immer ein guter Vater sein wollen, aber was mich angeht, hat das irgendwie nicht geklappt.«
Véronique Witzigmann, allein erziehende Mutter und Unternehmerin (Witzigmann-Buffet)

Und auch im *Tantris* kann es denen, die ihn kennen, nicht entgehen, dass der Chef sich in Aufbruchstimmung befindet. Zwar hat er gerade erst ein Kochbuch fertig gestellt, sein erstes, in den Farben des *Tantris* gehalten, mit den Rezepten, die er im *Tantris* gekocht hat, auf dessen Cover das *Tantris*-Emblem prangt, doch wachsamen Mitarbeitern fällt etwas auf.

Eckart Witzigmann
MEIN
Tantris
Kochbuch

Linke Seite: Der Hohepriester und seine Ministranten: Witzigmann neben einem von Webers Beton-Tempelwächtern vor dem Tantris, *für das der Begriff »Fresstempel« erfunden wurde.*

steht da. Und das Possessivpronomen ist in Versalien gesetzt. Die Wachsamen sollten bestätigt werden. Am 28. Juli 1978 meldet die *Süddeutsche Zeitung* in einer Dachzeile: »Mosaik-Verlag stellte im *Tantris* das neue Tantris-Kochbuch vor«. In der Titelzeile steht: »Edelfresswelle hat auch den Buchmarkt erfasst«, und eine Zeile darunter: »Autor und Chefkoch Witzigmann hat beim *Tantris* gekündigt«.

Die Mannschaft dort verblüfft das nicht. Der Chef sei »wepsig, sehr wepsig«, hatte Peter Kluge seiner Frau schon Monate vorher verraten. Der sei vermutlich auf dem Sprung.

Er springt im Herbst 1978. Wie kalt das Wasser sein wird, weiß er nicht. Auch nicht, wie schnell wohlig warmes Wasser abkühlen kann.

IX. Kapitel

Schickeria gibt es nicht. Kann es nicht geben, denn es findet sich keiner, der sagt, er gehöre dazu. Trotzdem ist es in München allseits bekannt, wo diese ominöse Gruppe neuerdings verkehrt: in einem Restaurant am Maximiliansplatz, das von Gerüchten umwabert wird wie der Tod von Elvis Presley oder der Callas letztes Jahr. Dort säßen Leute, die Weine für 450 Mark die Flasche bestellten, auf der Karte stünde sogar einer für 880. Es stimmt. Das Übliche sei in diesem Etablissement, ein Acht-Gänge-Menue zu verzehren, für eine Summe, mit der andere acht Tage ihre ganze Familie durchfütterten. Auch das stimmt, wenn der Einkauf im Supermarkt ohne qualitative Bedenken stattfindet. Und nachdem Michael Graeter in seiner Leute-Kolumne der *Abendzeitung* vermeldet hat: »Gourmets stürmen Witzigmann-Oase«, gehört es zur Sightseeing-Tour dazu, an der sonst stillen Ecke beim Maximiliansplatz neugierige Blicke aus dem Bus- oder Autofenster zu werfen.

Aubergine steht außen an der Mauer, und das löst Kopfschütteln aus. Dass es eine Hommage an die *Auberge de l'Ill* der Haeberlins ist, kann kaum einer wissen. In keinem Supermarkt, in keinem Feinkostgeschäft, nur in sehr wenigen italienischen Restaurants finden sich Auberginen auf dem Antipasti-Teller, wo sie Melanzane heißen. Populär ist das Nachtschattengewächs noch keineswegs. Die Farbe Aubergine ist zwar bei Yves Saint Laurent und Chanel angesagt, auch in der *Vogue*, aber nicht bei Dirndl- und Jeansträgerinnen. Und in der Variante Lila ist sie als Latzhosenfarbe der *Emma*-Leserinnen verschrien. Den München-Bezug können selbst engste Freunde Witzigmanns nicht entdecken.

Misstrauen erweckt bei den Münchnern die Klingel an der verschlossenen Eingangstür des Restaurants. Das soll wohl heißen, dass im Inneren eine Gesellschaft residiert, die unter sich sein will. Na ja, wenn einer für die Queen und den Bundespräsidenten gekocht hat …

»Wie wird Ihr neues Restaurant aussehen, und wie werden Sie es nennen?«
»Ich versuche, einen deutschen Namen zu finden – nichts Hochgestochenes –, der zu München eine Beziehung hat. Das Restaurant soll von der Atmosphäre her gemütlich sein. Und ich möchte vor allem meine Küche dort machen, und zwar so kompromisslos wie möglich.«
Eckart Witzigmann im Interview mit dem Magazin *essen & trinken*, Mai 1978

Witzigmann ist, ehe er sichs versieht, in den Tiefen der Klatschspalten gelandet, denen nicht leichter zu entkommen ist als Gletscherspalten. Obwohl er selbst an dieser Welt völlig desinteressiert ist, wird alles, was er fortan tut oder lässt, von der breiten Öffentlichkeit mit ebenso viel Interesse verfolgt wie Mooshammers Auftritte und Beckenbauers Liebschaften. Dass die *Aubergine*, die an ihren vierzehn Tischen nur maximal 48 Personen bewirten kann, abends bald auf Wochen im Voraus ausgebucht ist und dass die Ausstattung in den Augen derer, die sie nicht zu Gesicht bekommen, etwas beinahe Perverses hat, wirkt katalysatorisch auf die weitere Legendenbildung. Von einem auberginefarbenen Teppich ist da die Rede, von eloxierten Aluminiumpaneelen, bis in die Deckenrundungen hochgezogen, von großen Lüstern und Jugendstil-Glaslampen, von drei Bullaugen, durch die der Gast von der Max-Joseph-Bar im ersten Stock ins Restaurant hinunterschauen kann, wenn er sich dort nicht lieber den achtzig Whiskysorten widmet, vom täglichen Blumenschmuck, der für zwei Hochzeiten und zwei Beerdigungen reiche. Dass es Witzigmann, der Blumen nur mag, wenn sie in der Erde wurzeln, Überwindung und ein Vermögen kostet, von der Pariser Floristin Françoise Black jede Woche ein neues Blumen-Thema für die *Aubergine* inszenieren zu lassen, ahnt nur der kundige Gast.

»Wer allerdings glaubt, es säßen nur die Superreichen im Aubergine, *der hat sich getäuscht. Ein teurer Restaurantbesuch scheint nämlich zur Lieblingsbeschäftigung der deutschen Mittelschicht zu werden.«*
Aus der Leute-Kolumne in *Bunte* vom 27. Dezember 1978

Gemütlichkeit ist jedenfalls nicht der treffende Ausdruck für das Ambiente. Wer die *Aubergine* betritt, erlebt eine kühl-elegante Atmosphäre, isst von schlichtem weißem Rosenthal-Geschirr und trinkt aus Riedel-Gläsern, auf weißen Tischdecken stehen auberginefarbene Kerzen. Die personelle Besetzung ist zwar erstklassig, aber knapp berechnet; sechs Mitarbeiter stehen neben dem Meister ohne Meistertitel in der Küche, sechs im Restaurant, zwei an der Bar. Von jedem verlangt Witzigmann, was er von sich selbst verlangt: höchste Konzentration an sechzehn Stunden pro Tag und an sechs Tagen in der Woche. Von seiner Frau verlangt er noch etwas mehr: Sie soll darüber hinaus als Betriebsklimaanlage fungieren und widerspruchslos ertragen, dass er sie vor versammelter Mannschaft rüde kritisiert. Sie ist schließlich diejenige, die ihm am nächsten steht, die ihn am längsten und am besten kennt, sie wird also Verständnis haben. Und schließlich zieht sie seit Jahren mit ihm an einem Strang.

Sein wachsender Ruhm beschert ihm auch Gäste, die hier ihr vermeintliches Kennertum durch Nörgeln unter Beweis stellen wollen. Kommt in einem Menue von sechs Gängen, eingeleitet von zwei Amuses-bouches, zweimal Kerbel vor, weil der gerade so prächtig gedeiht und zu mehr als einem Fisch oder Gemüse passt, wird das so entrüstet moniert, als sei eine Made aus dem Salat gekrochen. Und es geraten auch manche in die *Aubergine*, die es als zirzensisches Vergnügen empfinden, den Koch nach ihrer Pfeife antanzen zu lassen, ein Spaß, den sie sich mit dem in ihren Augen maßlos hohen Menuepreis erkauft zu haben glauben. Witzigmann weiß das theoretisch durchaus und erkennt, dass diejenigen, die lauwarme Weißwürste, zähe Schweinsbratenkruste oder im Dressing ertrunkenen Salat in ihrer Stammkneipe niemals kritisieren würden, hier die Konsistenz einer Champagner-Sabayon bemängeln. Dennoch löst jeder Teller, der in die Küche zurückkommt und nicht leer gegessen ist, nach wie vor dramatische Reaktionen bei ihm aus. Monika weiß, dass bei ihrem Mann Argumente oft wenig helfen, auch die ehrliche Auskunft, es sei zu viel gewesen, nur als Ausrede abgeschmettert wird, und besinnt sich auf die bewährte Methode der Weiberlist: Sie bittet die Kellner, wenn die Zahl der Retouren ein erträgliches Maß übersteigt, die Teller in der Besenkammer zu deponieren.

»Was meine offizielle Stellung war in der Aubergine? *Mädchen für alles. Ich hab versucht, etwas Familiäres reinzukriegen. Und ich habe mir einfach gesagt: Jeder Fehler darf dir nur einmal passieren. Mit mir kam jeder zurecht, und der Pireddu hat mir den Rücken gestärkt.«*
Monika Witzigmann, noch immer die Ehefrau des Meisters, 2006

Witzigmann arbeitet hart und gönnt sich wenig. Seine Freude sind Gäste wie diejenigen, die ihm eine Postkarte aus dem Urlaub schreiben, auf deren Vorderseite der Himalaja zu sehen ist und auf deren Rückseite steht: »Wir freuen uns jetzt schon wieder auf Ihren Kaiserschmarrn.« Und sein Luxus sind seine Leute in der Küche. Die Zähigkeit, mit der sie sich um eine Stelle bei ihm bemühen, die Klaglosigkeit, mit der sie hier ihr Äußerstes geben, sind ihm die eigentliche Bestätigung. Den Köchen fällt es allerdings oft schwer zu bemerken, wie sehr ihr Einsatz ihn beglückt.

Jörg Wörther, der mit einem Heimnachteil ohnehin schlechte Chancen hatte – »zwei Bad Gasteiner hält die Küche nicht aus« –, hatte in seinen Zeiten als Commis im Münchner *Sheraton* nach Schichtende noch unentgeltlich Gemüse geputzt im *Tantris*, nur um die Luft der heiligen Hallen einzuatmen, vielleicht ein wenig zu luren und sich ein paar Handgriffe abzuschauen.

»Wenn ich in der Küche, wo ich nach der Schule oft vorbeigeschaut hab, mitbekam, wie mein Vater einen zur Schnecke gemacht hat, war mir das oft entsetzlich peinlich. Ich wäre am liebsten in Grund und Boden versunken.«
Max Witzigmann zur Autorin, 2006

Dann hatte er bei Witzigmanns Schüler Josef Viehhauser im Hamburger *Le Canard* eine Stelle angenommen, aber nur auf Abruf. Witzigmann rief im September 1979, und Jörg folgte umgehend his Master's Voice. Dass seine ältere Schwester in München wohnt, bedeutet für Jörg die Rettung, denn sie ersetzt ihm Beruhigungsmittel, Stimmungsaufheller, den Beichtvater und den Psychotherapeuten, baut ihn auf, wenn er wie fast jeder zusammengestaucht worden ist, verpflastert ihn, wenn er sich verletzt fühlt. Trotzdem hält er durch, denn er spürt, dass sein Chef nicht nur selbst vor Kreativität beinahe birst, sondern die Lust am Schöpferischen bei seinen Leuten wachkitzeln will. Dauernd ist er auf der Suche nach Anregungen, ständig fordert er seine Köche auf, erfinderisch zu sein, er nimmt auf und an mit der Offenheit eines jungen Mannes. Dabei hat er den Vierzigsten hinter sich. Jeden, der aus dem Urlaub zurückkommt, vom Chef de rang bis zum Spüler, quetscht er aus nach kulinarischen Souvenirs aus Griechenland oder Portugal, aus der Türkei oder Mexiko. »Hast was Neues?«, fragt er, und seine Augen glänzen. Wenn einer etwas Neues anbringt, wird das gewürdigt wie ein Geschenk.

Da trinkt Jörg mit Urs, dem Pâtissier aus Basel, nach Dienstschluss sein übliches Entspannungs-Pils, der Pâtissier berichtet von göttlichen Aprikosen, die er gerade bekommen habe, und bittet um eine Idee, was damit anzufangen sei. »Bei uns in Österreich«, sagt Jörg, »führen die Marillen mit dem Topfen eine berühmte Liebesbeziehung.« Aus dem Kopf notiert er ein Rezept für Topfensoufflé, der Pâtissier setzt es um, und der Chef setzt es auf die Karte. Das sind die Glücksmomente, von denen alle träumen. Wer von ihm lernen will, muss sehen und spüren, denn Fragen bringt wenig, und um die genuschelten Halbsätze zu verstehen, braucht es langjährige Übung.

Wer bei ihm arbeitet, muss sich daran gewöhnen, jede Minute wachsam zu sein, bereit für das Unerwartete. Denn jeder erlebt hier Situationen, mit denen er nie zuvor konfrontiert war. Es fängt damit an, dass es nicht wie überall sonst ein Mis en place gibt, vorbereitete Saucen, vorgegarte Krebse, blanchiertes Gemüse, gehackte Kräuter. Die Küche sieht vor dem Service aus wie soeben gekauft. Witzigmann ist spontan bis zum Exzess. Das bekommen auch seine Gäste mit, vor allem diejenigen, die er schätzt. Und Gesumino Pireddu, der Perfektionist, bekommt es ab.

»Nach einem Jahr hast du einen Witzigmann nicht kapiert, nach drei Jahren schon.«
Jörg Wörther, Witzigmann-Schüler, in der *Aubergine* von 1979 bis 1983

Er kredenzt ein Glas Champagner zum Aperitif, bringt die Karte, lässt den Gast wählen und deckt dann ein für das georderte Menue. Das Champagnerglas ist noch halb voll, da tritt Herr Pireddu erneut an und deckt um. »Der Chef hat sensationelle Artischocken bekommen und möchte deshalb statt des Loup de mer im zweiten Gang lieber ein Langustinen-Carpaccio vorweg bereiten und dann die gebratenen Artischocken kredenzen.«

Das Langustinen-Carpaccio ist soeben verzehrt, da deckt Herr Pireddu erneut um. »Gerade sind wunderbare Tauben geliefert worden, mit denen die Artischocken perfekt harmonieren. Der Chef schlägt daher vor, dass er als Zwischengang etwas mit Trüffeln macht. Lassen Sie sich überraschen.« Doch bevor es dazu kommt, trägt er noch einen Teller mit einer Gabel und eine Probierportion Kartoffelsalat vorbei. Und nach den Trüffeln serviert er als Gruß aus der Küche noch eine kleine Bouillabaisse zum Verkosten.

Seine Freude an einem gelungenen Schmankerl ist größer als die rechnerische Vernunft, und die Lust daran, zu verschenken, ist ihm wichtiger als die Bilanz des Tages. Ökonomisch kann man den Betrieb, den kein Mäzen wie Herr Eichbauer stützt, ohnehin kaum nennen. Das verhindert bereits Witzigmanns Qualitätsversessenheit: Produkte, die ihm genügen, spielen ihren Preis nicht ein. Und sein Restaurantchef muss dann damit leben, dass manche Gäste dazu nur Eiswasser trinken oder durchgehend Bier.

»Es gibt keinen Koch mit einem größeren finanziellen Desinteresse als mich.«
Eckart Witzigmann zur Autorin, 1998

Er ist folglich zuerst einmal dankbar für Besucher wie jene drei Herren im dreiteiligen Anzug, die an einem unfreundlichen 19. November 1979 an Tisch 12 Platz nehmen. Der Name, auf den sie ihn reserviert haben, sagt keinem etwas, nicht einmal Monika Witzigmann. Alle drei bestellen das Menue des Abends für 120 Mark.

Parfait von Périgord-Gänseleber
Fricassé vom bretonischen Hummer
Wachtel auf einem Ragout von Waldpilzen
Steinbutt mit Champignons gedünstet
Sorbet aus Passionsfrüchten
Rehmedaillons mit Portweinsauce
Käse und Feigen in Cassis gedünstet
***Aubergine*-Menue am 19. November 1979**

Ihre Weinauswahl nötigt Pireddu Respekt ab. Das sind Leute, wie man sie sich wünscht. Sie unterhalten sich lebhaft, jedoch gedämpft, essen langsam und aufmerksam, sie sind gut gelaunt und offenbar zufrieden. Nach dem Essen gehen sie die Treppe hinauf in die Bar, um noch einen Digestif zu trinken. Und zitieren dann unerwartet den Chef zu sich. Es ist bereits gegen 23 Uhr, die meisten seiner Köche sind heimgegangen. Witzigmann fühlt sich wie üblich um diese Uhrzeit keineswegs vorzeigbar, er ist verschwitzt, die Haare kleben am Kopf. Nur ungern absolviert er seine Begrüßungstour nach dem Dessert. Und heute ist er besonders unlustig. Der Montag ist immer ein heikler Tag. Die meisten seiner Köche sind grantig, weil der freie Sonntag allzu schnell vorbeigegangen ist, manche sind noch etwas angeschlagen, weil sie am Vortag gar zu intensiv auf Freizeitfreuden geschaltet haben. Ist ihm etwas entgangen? Hat diesen Typen von Tisch 12 doch etwas nicht gepasst? Alle Teller waren spiegelblank, als er sie am Pass kontrollierte. Aber er wäre nicht Hamlet, nistete nicht der Zweifel hinter seiner Stirn.

»Zufrieden kann ich nie sein. Es gibt eben Leute, die hören auch bei einem 600er Mercedes noch ein störendes Fahrgeräusch.«
Eckart Witzigmann zur *Welt am Sonntag*, 2. Dezember 2001

Er weiß nicht, welch harte Diskussionen die drei Männer hinter sich haben, ob sie ihr Vorhaben überhaupt riskieren können. Sie kennen die Szene schließlich und die Gefahr, dort unter Beschuss zu geraten.

Was dann geschieht, erfahren noch in dieser Nacht alle, die bei Eckart Witzigmann arbeiten. Denn kurz darauf schlagen Monika und Barchef Franz Brandl Alarm.

»Wir hatten mehrere Mammutkonferenzen bei Michelin, ob wir das dürfen: einen einzigen Koch in Deutschland dadurch hervorzuheben, dass er als Erster im Land den dritten Stern erhält. Doch die Meinung war einhellig, die Konstanz, mit der Witzigmann auf höchstem Niveau mit besten Produkten kocht, sei nun mal singulär.«
Alfred Klaus Bercher, Inspektor bei Michelin und Überbringer der frohen Nachricht

Jörg Wörther liegt bereits im Bett. Sein Zimmer befindet sich im Personalhaus beim Bahnhof direkt neben dem Eingang. Es ist kurz vor Mitternacht, als bei ihm an die Tür getreten wird. In der Unterhose öffnet er. Da spritzt ihm etwas ins Gesicht. Es schmeckt nach Champagner. Monika und Brandl stehen draußen. »Zieht euch alle an«, brüllt der Barchef. »Wir haben den dritten Stern.«

Bis sechs Uhr morgens leert die zusammengetrommelte Mannschaft in Gratzers Lobby 35 Flaschen Pol Roger.

Für ein paar Stunden schwemmt die Freude bei Witzigmann alle Bedenken, alle Zweifel weg. Aber bevor er wie die ganze Brigade um neun wieder am Herd steht, ist noch genügend Zeit, wieder ins Grübeln zu verfallen. Hat er es verdient, mit dieser Auszeichnung über alle anderen Köche in Deutschland gestellt zu werden? Und ist es überhaupt als Glück zu betrachten? Die Zahl der Neider wird zunehmen und die Angst vor dem Absturz auch. Denn jetzt kann es nicht mehr aufwärts gehen, abwärts dagegen ganz leicht. Er fühlt sich verletzbarer denn je.

Er sieht es vor sich, wie seine Eltern in der *Aubergine* zu Gast waren, die er endlich verwöhnen wollte. Und davon überzeugen, dass seine Erfindung, ein Gericht »Das Beste vom …« zu nennen, berechtigt ist. Er hatte gewusst, dass das Unterfangen heikel war. Denn als er zu Hause einmal selbst gesammelte Steinpilze in einer Blätterteighülle und dazu ein paar Teelöffel sudgetönter Sauce servierte, fragte der Vater die Mutter: »Und was gibt's heute zum Mittagessen?« Eckart hatte auch gewusst, dass alle beide Krustentiere, vom Hummer bis zum Flusskrebs, unsympathisch finden und Fische affig, die exotischer als eine Forelle sind. Aber das ließ sich ja vermeiden.

»Wenn einer drei Sterne verdient hat, dann ist das Henry Levy. Ich halte ihn für den Besten.«
Eckart Witzigmann
in *Bunte* vom
13. Dezember 1979

Die Räucherlachsmousse auf Kaviargelée aßen sie ganz auf, sie sind sparsame Menschen und haben den Krieg erlebt. Die Morcheln auf dem nächsten Teller betrachteten sie misstrauisch. Gibt es hier denn keine Pfifferlinge? Doch auch das vertilgten sie wohl erzogen. Dann wurde ihnen jene *Aubergine*-Spezialität vorgesetzt, die Gourmets zu mehrstündigen Autofahrten verleitet: Taubenbrust zu Artischocken.

»Das ist ja noch blutig«, sagte die Mutter.

»Das will doch keiner essen«, sekundierte der Vater.

»Ihm war immer wahnsinnig wichtig, was die Eltern von ihm halten. Ich glaube, sie haben ihm nie gesagt, dass sie es gut finden, was er macht, und dass sie stolz auf ihn sind.«
Max Witzigmann
im Gespräch mit der
Autorin, 2006

Die Eltern haben keine Ahnung von Gourmandise, das war ihm klar. Was blieb, war jedoch das Gefühl, ihnen wieder einmal nicht genügt zu haben. Und das konnte niemand wegdiskutieren. Zweifel setzen sich bei ihm immer fest wie Zecken. Und der dritte Stern hat für weitere Zecken gesorgt.

Witzigmanns Leute bekommen es nicht zu hören, aber zu spüren, was in ihm vorgeht. Seine Anforderungen werden noch größer, an Köche, an Lieferanten, an die schwarze Brigade. Besonders deutlich erlebt das seine Frau. Nur noch selten können seine Gedanken sich lösen vom Beruf. Selbst in dem neuen Garten nicht, der zum Leidwesen seiner Kinder aufgetan wurde; ein großes Grundstück mit Obstbäumen, kleiner Hütte und prächtigem Blick auf die Benediktenwand, in völliger Einsamkeit gelegen in Hinterkönigsdorf. Spielen können Véronique und Max hier nur mit Fallobst. Aber die Langeweile seiner Kinder

Idylle oder Einöde? Der gestresste Koch genießt die ländliche Stille, die junge Mutter Monika vermisst die Gesellschaft und Tochter Véronique Spielgefährten.

entgeht Witzigmann. Er pflückt Hollerblüten, um sie für einen Aperitif im Lokal anzusetzen oder als Gratis-Schmankerl zu Hollerkücherl auszubacken, er erntet Zwetschgen, natürlich und süß, ideal für ein Sorbet in der *Aubergine*, und denkt über seine Zukunft nach. Über die berufliche, nicht die private.

»Beim ersten und beim zweiten Stern werden die Kandidaten nicht vorher informiert, die erfahren das erst aus dem Guide. Aber den dritten Stern kündigen wir an, um sie auf den Presseansturm vorzubereiten.«
Alfred Klaus Bercher, Mitentdecker des Eckart Witzigmann

Diese Michelin-Leute haben ihn geradezu gewarnt davor, dass sich nun die Journaille und das Fernsehen auf ihn stürzen werden. Wie und wann soll er das erledigen? Er hat Kochen gelernt, nicht Redenschwingen. Zugleich ist er sich klar darüber, dass er diese Art der Werbung braucht, denn von den Münchnern allein kann er nicht leben. Wenn seine 48 Plätze mittags und abends alle besetzt wären, hieße das zweimal täglich 96 Couverts, aber mittags ist, vom Samstag abgesehen, das Lokal nur zu einem Drittel belegt, und da an vielen Tischen nur zwei sitzen, sind es deshalb abends auch nur 50. Und auf 70 muss er kommen, damit sich das Ganze rechnet. Der Wein, an dem etwas zu verdienen wäre, wird gerade von Münchnern oft nur glasweise bestellt. Pireddu öffnet erstklassige Flaschen, in der Hoffnung, sie würden geleert. Oft aber bleibt es dann bei diesem einen Glas, und der Rest muss verkocht werden. Es ist also wichtig, Interviews zu geben, im Fernsehen aufzutreten, in den Klatschspalten zu erscheinen, weil Luggi Waldleitner in der *Aubergine* einen wichtigen Filmvertrag unterschreibt, Carlos Kleiber oder Anne-Sophie Mutter gesichtet wurde, Sean Connery acht Gänge verspeist hat. Wenn das schwedische Königspaar samt Entourage das ganze Lokal okkupiert, merkt ohnehin jeder, was hier los ist, weil die *Aubergine* von Sicherheitskräften umstellt wird. Geld bringen solche Events nicht unbedingt, aber einen Zuwachs an Berühmtheit und damit neue Kunden aus Düsseldorf oder Hamburg, Zürich oder Wien. Noch wichtiger aber ist es, dem Druck standzuhalten, dem er jetzt ausgesetzt ist. Wie soll er Leute finden, die da noch mitspielen? Ihm schwant, dass er selbst noch schwerer zu ertragen sein wird als bisher. Er weiß zwar von Bocuse und den Haeberlins, dass ein Koch mit drei Sternen auf einmal an Lieferanten herankommt, für die er vorher Luft war, dass also sein Kampf um die besten Produkte weniger Kraft kosten wird, aber ihm ist auch bewusst, dass es Zeit und Energien stehlen wird, nun dem öffentlichen Interesse in viel größerem Ausmaß ausgesetzt zu sein als bereits zuvor. Und auch der Kritisierbereitschaft seiner Gäste.

Unter diesen Bedingungen wundert es niemanden, dass sein Familiensinn verkümmert. Mit den achtziger Jahren beginnt für ihn ein Dasein, das sich ständig beschleunigt. Er liebt die Geschwindigkeit beim Skifahren, beim Autofahren, beim Radfahren. Und er weiß vom Sport, dass erhöhtes Tempo erhöhte Aufmerksamkeit verlangt. Die widmet er seiner Arbeit. Folglich muss es ihm entgehen, dass die Betreuerinnen seiner Kinder diese Bezeichnung nicht verdienen, dass sich da eine am Wein vergreift und die Flasche mit Wasser auffüllt, dass Véroniques Asthma schlimmer wird. Monika kümmert sich ja zwischen Mittagsservice und Abendservice um das Nötige. Er selbst hat schließlich mit seinen Köchen genügend Familie am Hals. Denen muss er, obgleich sie alle mit einiger Erfahrung bei ihm antreten, vieles beibringen, was für ihn von Jugend an selbstverständlich war. Nicht sorglos umzugehen mit teuren Produkten, nichts wegzuwerfen, was noch gut ist. Es tut ihm weh, wenn eine halbe Zitrone im Müll landet. »Das würdest du doch zu Hause auch nicht tun«, pfeift er den Verschwender dann an. Und denkt an den Gummimax, mit dem Herr Scheibenpflug den letzten Saucenrest aus der Kasserolle holte. Sparsamkeit und Fürsorg-

»Was nun den betroffenen Eckart Witzigmann angeht, so wird er von nun an mit Gästen rechnen müssen, die nur wegen der Sensation, im einzigen Drei-Sterne-Restaurant zu essen, zu ihm kommen, wo sie, da sie Wunder erwarten, enttäuscht sein werden. Diese Gäste sind für jeden Koch ein Albtraum.«
Wolfram Siebeck
im *Zeit*-Magazin,
November 1979

lichkeit sitzen Witzigmann in den Knochen, es fällt ihm schwer, auf die Warnungen von Freunden zu hören, er solle es keineswegs publik machen, dass er Tagesreste von der *Aubergine* gern an Bedürftige abgebe, da bekäme er nur die Falschen an den Hals. Als er stattdessen den Stadtstreichern, die im Maximilianspark herumlungern, Sandwiches streichen und mit übrig gebliebenem Lachs, mit Entenbrust oder Leberpastete belegen lässt, finden sie das auch prekär. Die Warner sollen Recht behalten, denn ziemlich rasch erfreut sich der Maximilianspark aufgrund dieser Armenküche eines Zulaufs, den die Küche nicht mehr bewältigt.

Seine Eltern haben ihn dazu erzogen, jede Pflicht ernst zu nehmen. Aber wo soll er Zeit für die Kindererziehung hernehmen, wenn er mit der Erziehung seiner Köche vollauf beschäftigt ist? Nimmermüde bringt er ihnen bei, die guten Lieferanten anständig zu behandeln, ob das der Huber aus dem Ammerland ist, der ihm fangfrische Fische bringt, der Metzger Limm aus Münsing oder der Tölzer Hoffmann mit seinen Käsen.

»Lieferant ist ein beschämender Ausdruck, ich benutze ihn nicht gern. Weil der den Leuten die Würde nimmt, die sie sich verdienen.«
Eckart Witzigmann zur Autorin in der *Palazzo*-Probeküche, 2004

Witzigmann ist ein strenger Pädagoge und keiner mit Engelsgeduld. Das weiß er und gibt zu, es sei oft die Hölle für seine Leute. Johann Lafer, den er 1981 als Pâtissier einstellt, reagiert auf den Stress mit morgendlicher Übelkeit. Aber wie alle lernt er aufzufangen. Schließlich ist er nicht zufällig ein guter Torwart. Und wenn er mit den anderen jeden Mittwoch in weißen Hosen, auberginefarbenem Trikot und auberginefarbenen Stutzen im Englischen Garten antritt gegen die Kollegen vom *Tantris*, dann spürt er, wie die Angst weicht, wie die Unsicherheit von ihm abfällt, denn dann ist der Chef sein Bewunderer.

Alfons Schuhbeck hat schlechtere Chancen als Lafer, der nach einem Jahr bereits weiterzieht. Er hat zwar schon an sehr guten Adressen, von Salzburg über Genf bis Paris, gelernt, aber er ist kein Pâtissier, und derzeit ist bei Witzigmann alles besetzt. Schuhbeck ist keiner, der schnell aufgibt. Er geht mit seinem Ersparten wieder und wieder mittags essen in die *Aubergine* und nach dem Genuss der kulinarischen Oper wie ein Pavarotti-Fan zum Bühnenausgang. Jedes Mal holt er sich eine Absage. Dann, an einem Mittwoch, folgt auf das übliche Nein die Frage: »Können Sie Fußball spielen?«

»Ja freilich.«

»Dann kommen Sie mit, bei uns hat sich der Torwart den Haxen verstaucht.«

Nach dem Spiel begleitet Schuhbeck die Auberginen zurück; in der Küchentür dreht sich Witzigmann um. »Morgen um neun fängst an.«

Beim Fußball gibt es viele Regeln, aber im Publikum wie unter den Spielern ist es erlaubt, sich zu entladen, solange dadurch niemand verletzt wird. Auf dem Platz tobt die Leidenschaft ungehemmt, das tut Witzigmann gut. Denn seine Gefühle zu äußern ist ihm schon immer schwer gefallen, es sei denn in Wutausbrüchen. Er ist ein Vollblut-Genießer, er kann über einem gelungenen Essen, und sei es ein einfaches Krenfleisch, alles um sich her vergessen. Aber Reden, Formulieren, was ihn bedrückt, ist nicht seine Sache. Das weiß Monika von vielen Spaziergängen, auf denen sie vergeblich versucht hat herauszubringen, was ihn bedrückt. Jeden Bissen nimmt er langsam und achtsam zu sich, Sorgen frisst er in sich hinein. Leisten kann er sich seelische Probleme nicht, so wenig wie ein Artist auf dem Hochseil.

»Ich verstehe es, dass der Eckart einen Bewerber, der Teamsport gemacht hat, einem vorzieht, der zwei Noten besser im Zeugnis war. Weil so einer durchhält, Zusammenspielen geübt hat, vorgeben und dem anderen mal den Triumph lassen kann. Und nach einer Niederlage wieder loszieht und die Brust hinhält.«
Fritz Keller, Patensohn von Fritz Walter

Mittagsmenue im* Tantris *mit sechs Gängen 1981

Gebratene Gänseleber mit Artischockenböden
Trüffelsuppe
Lachsforelle mit Spargelspitzen in Champagnersauce
Lammkotelett mit Zuckerschoten und Gratin von Teltower Rübchen
Käseauswahl
Gefüllte Birne
89,– DM
Kosten für die verwendeten Rohprodukte: 41,62 DM
Wareneinsatz: 52,8 %
Wareneinsatz in einem normalen Gastronomiebetrieb: maximal 35 %

Dann kommt der Anruf, vor dem er sich seit Wochen gefürchtet hat, ein Anruf vom Landeskrankenhaus Salzburg: Die Mutter, lange schon krebskrank, liege im Sterben.

Es ist kurz vor Beginn des Abendservices. Er setzt sich ins Auto und rast los, kommt rechtzeitig an, um ihr die Hand zu halten bis zum letzten Atemzug.

Aufgewühlt fährt er zurück nach München. Was soll jetzt mit dem Vater werden, der symbiotisch mit ihr gelebt hat? Wie soll er den davor bewahren, abzustürzen in Depressionen, wenn er selbst nicht wegkann vom Herd?

Am Tag darauf steht Witzigmann wieder im Küchendunst. Wer nicht weiß, was er erlebt hat, merkt es ihm nicht an. Bis ein Gast anruft, der, da er Stammgast ist, in die Küche durchgestellt wird. Aufgebracht fährt er Witzigmann an, was ihm einfalle, ohne Ankündigung seinem Arbeitsplatz fernzubleiben. Mit wichtigen Leuten, sehr wichtigen Leuten habe er gestern in der *Aubergine* gegessen und dann erfahren, der Chef sei nicht im Hause. Das sei ein Skandal. Er solle sich bloß nicht einbilden, etwas Besseres zu sein.

»Meine Mutter ist gestorben. Ich erteile Ihnen ab sofort Lokalverbot«, bringt Witzigmann noch heraus, dann lässt er den Hörer auf die Gabel fallen.

»Er hat mir immer eingebläut: Du musst dir Zeit für deine Eltern nehmen. Ich hab mir das sehr zu Herzen genommen, ich telefoniere jeden Tag mit meinem Vater und habe zur Mutter ein ganz enges Verhältnis.«
Roland Trettl, Witzigmann-Schüler, heute Chef des *Ikarus* im Hangar-7, Salzburg

Gewissensbisse peinigen ihn, nicht öfter am Krankenbett der Mutter gesessen zu haben. Sein Beruf, sein Ehrgeiz haben ihn zu sehr im Griff. Kann er das wollen? Ist er nicht in Gefahr, am Wesentlichen vorbeizuleben? Reicht es, Max am Abend ein paar in Alu verpackte Schweinsöhrchen vom Pâtisseur Manfred Dulci vor die Zimmertür zu legen, damit er am nächsten Morgen, ganz dem Blätterteig hingegeben, keinen Lärm macht? Reicht es, Véronique ab und zu über den dunklen Scheitel zu streichen und zu versichern, irgendwann werde er auch mitkommen zu so einer Schulveranstaltung, ganz bestimmt, nur jetzt gehe es eben nicht? Darf er seine Kinder dauernd auf eine bessere Zukunft vertrösten, an die er selbst gar nicht glaubt? Er kennt seine Zahlen, und die sagen ihm, sein hundertprozentiger Einsatz sei noch zu wenig, wenn der Wareneinsatz weiterhin über 50 Prozent betrage.

Doch wenn er dann im Kreis seiner Köche steht, verfliegen solche Bedenken. Er nimmt die Aufgabe ernst, aus einem begabten Schüler alles herauszuholen. Und in der Auswahl irrt er sich selten, wenngleich manchen Kollegen seine Kriterien unverständlich sind. Seine Tauglichkeit auf dem Bolzplatz hat Karl Ederer schon in *Tantris*-Zeiten erwiesen, und einer, der so gute Vorlagen gibt, kann als Poissonnier nicht versagen, nachdem er im *Le Duc* gelernt hat, sagt sich Witzigmann. Nicht nur ein en-

gagierter Fußballspieler, auch ein guter Skifahrer gewinnt sein Herz. Schon seit 1982 steht Hans Haas als Sous-Chef neben ihm in der Küche, Monsieur Paul hat ihm den Fünfundzwanzigjährigen weiterempfohlen. Und nach der ersten gemeinsamen Abfahrt macht Witzigmann dem jungen Tiroler bereits Hoffnung: »Wenn du mal so gut kochen kannst, wie du Ski fährst, wird was aus dir.«

Ein Stilist auf der Piste wie in der Küche: Witzigmann mit seinen Schülern Haas und Wörther beim San Pellegrino Cup, dem Skirennen der Köche in Ischgl

Hans ist geradezu prädestiniert für einen Eckart Witzigmann. Er redet wenig und beobachtet viel. »Du musst dich auf einen Chef einstellen«, sagt er zu jedem, der neu anfängt. »Und du musst den Druck von ihm abhalten.« Er, der von Diplomatie so viel versteht wie Witzigmann, beweist im Alltagsgeschäft genau dafür Talent. Wenn Witzigmann ein Spargelrisotto auf die Karte setzt, der gelieferte Spargel aber wegen minderer Qualität von Hans abgelehnt werden musste, erklärt er dem Chef nicht, der Spargel sei zu schlecht gewesen, sondern er schwärmt ihm mit ungewohnter Redefreude so lange von den jungen grünen

»Skifahren und Kochen hat für mich viel miteinander zu tun. Es braucht hier wie dort einen guten Trainer, Disziplin, Willensstärke, Gefühl. Und bei aller Anstrengung muss spürbar bleiben, dass einer Spaß daran hat.«
Eckart Witzigmann zur Autorin, 1998

»Einmal hat er zum Pâtissier gesagt: ›Morgen machst mal einen halben Tag frei und fängst erst um elf an.‹«
Karl Ederer über die Freizeit in der *Aubergine*

Erbsen vor, bis der Chef sagt: »Gut, dann machen wir eben ein Gemüsegericht mit Erbsen. Mir fällt schon was ein.« So einen will Witzigmann nicht weglassen, nie. Und es quält ihn der Gedanke, dass er ihn irgendwann ziehen lassen muss. Hans ist so druckbeständig und verlässlich wie eine gute Taucheruhr. Eineinhalb Jahre ist er schon da, als er eines Abends verkündet: »Chef, ich muss mal unter vier Augen mit Ihnen reden.«

Witzigmann weiß, was das heißt, und reagiert einfach nicht; stattdessen lädt er seinen Sous-Chef ein, mit ihm zum Hahnenkammrennen zu fahren, er habe von seinem Freund Werner Grissmann zwei besondere Plätze bekommen in dem Bereich, zu dem sonst nur Trainer und Betreuer Zutritt hätten.

Als sie noch vor Morgengrauen nebeneinander im Auto sitzen und losfahren, wagt es Hans Haas. »Chef, ich geh.«

Kurzes Schweigen. Dann kommt es leise: »Ach, was willst du denn, du kannst doch noch gar nichts.«

Dann schweigen beide. Als sie auf der Autobahn ankommen, sagt Hans: »Gut, Chef, ich bleib.«

Er braucht sie, seine Getreuen, die für ihn wirklich Söhne sind. Und wie sein eigener Vater vergreift er sich öfter im Ton, wird grob, weil er für sie das Beste will, ist gerührt, wenn sie für ihn mehr leisten als erwartet oder ihm ihre Zuneigung beweisen durch unerwartete Geschenke. Time is money, keiner weiß das besser als er, und wer ihm Zeit schenkt, macht ihn glücklich. Einer wie der Pâtissier Stephan Franz, der sich vor Weihnachten jeden Abend nach Dienstende einschließt, die Nacht durcharbeitet, für einen Zwei-Stunden-Schlaf und eine Dusche heimfährt, um Tag für Tag zentimetergroße Meisterwerke hinstellen zu können. Oder Karl Ederer, der dem Chef aus der Bredouille hilft, als ein Kochbuch nicht fertig wird, weil dem Fotografen Johann Willsberger noch zehn Gerichte fehlen, die dringend gekocht und arrangiert werden müssen. Gratis, versteht sich, denn Willsberger, Herausgeber des Magazins *Le Gourmet*, ist ein Star und weiß das. Dass Karl später einmal den Chef »die Mutter aller Köche« nennen wird, versteht jeder, der sein Schüler war. Eine Mutter alten Schlages natürlich, die allgegenwärtig ist, der nichts entgeht, die den Kindern jede Freude gönnt, aber bitte zum richtigen Zeitpunkt. Und wann der gekommen ist, bestimmt sie.

»Er hat uns alle behandelt wie seine Buben. Und wir waren ja seine Buben. Beim Abschied hat er zu mir gesagt: ›Du bist irrsinnig belastungs- und leidensfähig.‹ Da habe ich gesagt: ›Das freut mich, aber das hätten Sie nicht so ausnützen müssen.‹«
Christian Petz, Witzigmann-Schüler, heute Küchenchef im *Palais Coburg*, Wien

So wenig wie eine Mutter beschäftigt sich Witzigmann mit der Theorie des Führungsstils. Seiner ist matriarchalisch, bereinigt von didaktischen Erwägungen und Modernismen. Witzigmann duzt die Schüler, sie siezen ihn – in Frankreich war es schließlich noch in den neunziger Jahren selbstverständlich, dass Eltern Kinder duzten, die jedoch zu Maman und Papa Sie sagten. Witzigmann weist nicht zurecht, er schimpft. Witzigmann würdigt keine Verdienste, er begeistert sich für das, was gelungen ist. Über Jahre hinweg begleitet er die weitere Karriere seiner Schüler, denn ein Kind bleibt für eine Mutter ihr Kind, auch wenn es dreißig ist. Er bereitet sie auf Kochwettbewerbe vor, probiert ihre selbst kreierten Wettbewerbsbeiträge, bis sie seinen Ansprüchen genügen, und ist stolzer als die Schüler selbst, wenn sie gewinnen. Er besucht sie, wenn sie sich selbständig gemacht haben, isst andächtig und lobt, was sie ihm servieren. »Fein, sehr fein«, sagt er dann. Eine gute Mutter kennt keinen Neid. Und belohnt auf ihre Art: Sie schiebt keinen Geldschein rüber, sie denkt sich etwas aus.

Witzigmanns leiblicher Sohn wiederum sucht sich unter diesen Söhnen einen Vater. Max versteht zwar, dass er den meisten auf die Nerven geht, dass die *Aubergine* als Kinderspielplatz so wenig geeignet ist wie die Vorstandsetage der Deutschen Bank und dass er ein Störfaktor ist, wenn er am Pass herumlungert. Aber wo soll er nach der Schule hin? Daheim wartet niemand, und er denkt nicht daran, jemals wieder einen Fuß in diesen Kinderhort zu setzen, in dem sie ihn entsorgen wollten. Hier sind Mutter, Vater und alle Köstlichkeiten der Welt versammelt. Max entwickelt sich zu einem Lebenskünstler, der es ausblenden kann, wenn jemand ihn nicht mag, der es für sich zum Privileg erklärt, im Lokal zu leben, an der Bar zu sitzen, zu malen, Fleischpflanzl aus der Drei-Sterne-Küche serviert zu bekommen, zum Dessert Crêpes oder frische Kekse aus der Pâtisserie, seinen Durst mit alkoholfreien Drinks zu stillen, die speziell für ihn gemixt werden, und nachmittags gelegentlich mit einem Jungkellner in den Zirkus zu wandern. Sogar die Sonntagsessen genießt er, wenn sein Vater etwas improvisiert aus den luxuriösen Resten und sie zu viert im Halbdunkel des leeren Lokals sitzen, was für ihn die Magie eines düsteren Films besitzt. Véronique fällt es schwerer, mit der zerfasernden Familie zurechtzukommen,

»Der Franz Brandl, unser Barchef, ist einmal in der Früh um halb neun, als wir angefangen haben, aus der Bar runtergekommen und hat eine Magnum Krug Chamagne für uns aufgemacht. ›Ihr braucht auch mal ein gescheites Frühstück‹, hat er gesagt. ›Außerdem kriegt ihr Köche nie einen Tip wie wir im Service, da muss ich euch mal was spendieren.‹ Da ist der Chef vorgefahren, hat durchs Fenster gesehen, dass wir schon champagnerisieren, kam rein und sagt zum Brandl: ›Du Depp.‹ Aber als er dem Chef auch ein Glasl eingeschenkt hat, ist er ruhig geworden.«
Jörg Wörther, der 1990 als Erster in Österreich Koch des Jahrzehnts wurde

niemanden zu haben, der ihr rät, was sie werden soll, nur abrät, in die Gastronomie zu gehen oder ins Hotelfach. Nein, Köchin will sie ja ohnehin nicht werden, so wenig wie ihr Bruder daran denkt, in Vaters Metier einzusteigen. Aber was die Mutter da macht, reizt Véronique, das bewundert sie. So natürlich mit berühmten Leuten umzugehen, als seien das Nachbarn, sehr viel über sie zu wissen, mehr vielleicht, als denen lieb sein kann, und eisern zu schweigen, bereits an der Stimme den Anrufer zu erkennen, im Kopf zu haben, wer welchen Tisch bevorzugt und welche Gäste weit auseinander platziert werden sollten.

Mit sechzehn darf Véronique wenigstens aushelfen im Restaurant, wenn auch nicht im Telefondienst, das sei zu heikel, sagt ihre Mutter. Dass ihr Job als nebensächlich gilt und sie die Tochter des Chefs ist, bewahrt Véronique nicht vor seinen berüchtigten Abreibungen. Doch sie lernt, das Leid durch Teilung zu halbieren. Es gibt einige Leidensgenossen, mit denen das besonders gut funktioniert. Bobby Bräuer zum Beispiel. Als es ihn einmal am selben Tag wie sie trifft, verfallen die beiden nicht in Schwermut, sondern greifen sich eine Flasche Champagner, wandern hinüber in den Hofgarten, setzen sich auf eine Parkbank und reden von allem, außer einem gewissen Herrn Witzigmann. Stattdessen von seinen Plänen und ihren. Auch davon, dass sie daheim ausziehen will, weil sie die Spannungen zwischen den Eltern nicht mehr erträgt. Und dass sie sich dafür geniert, dieses Elternhaus zu verlassen, ohne die simpelsten Grundlagen des Kochens zu beherrschen, nicht einmal eine Omelette könne sie zubereiten.

»Er hat gesagt: ›Jetzt hast einen Wunsch frei.‹ Da habe ich mir gewünscht, mit ihm zusammen zu den Haeberlins nach Illhäusern zu fahren, aber dann hieß es, Monsieur Paul sei krank. Empfangen hat er uns trotzdem. Er lag im Bett, sehr blass, auf dem Nachttisch stand seine Kochmütze. Der Chef hat sich auf den Bettrand setzen dürfen und ich auf den einzigen Stuhl. ›Das ist einer meiner liebsten Schüler‹, hat der Chef mich vorgestellt. ›Das passt gut‹, hat dann Monsier Paul gesagt, ›denn das bist du mir auch.‹ Mir ist das Wasser in die Augen geschossen, weil das für mich wie eine Oscar-Verleihung war.«
Karl Ederer im Gespräch mit der Autorin, 2006

Ihr Vater ahnt nicht, was in ihr vorgeht. Und sie kann ihrerseits nur raten, was ihn umtreibt, denn die Söhne in der Küche sind ihm näher, mit ihnen unternimmt er Exkursionen, sie sind rund um die Uhr bei ihm und haben einen Instinkt dafür entwickeln können, wie er drauf ist. Als der Chef mitten im Abendservice ans Telefon gerufen wird, stumm zurückkehrt, schweigend vor sich hin arbeitet, kaum den Blick hebt, sich über nichts entrüstet und wie gelähmt am Pass steht, da wissen sie, es ist etwas passiert. Er nuschelt es irgendeinem zu: Sein Vater ist auf dem Weg zum Turnverein von einem Auto überfahren worden. Ohne darüber zu reden, bringt er den Abend hinter sich, aber als er danach mit Hans Haas noch ein Glas trinkt, bricht

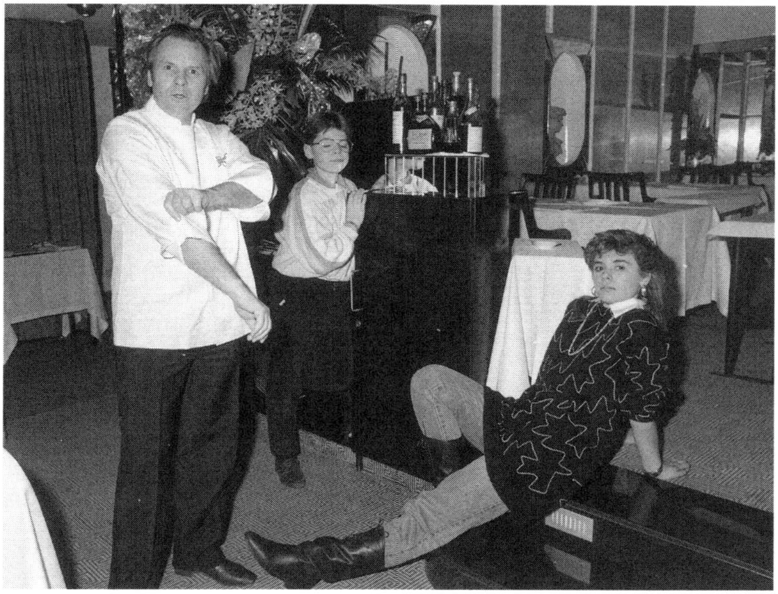

Zu Hause in der Aubergine*: Die Kinder Max und Véronique wissen, dass sie den Vater dort sechzehn Stunden am Tag antreffen. Und dass der Kartoffelsalat nirgendwo besser schmeckt.*

es aus ihm heraus. Selbstvorwürfe bitterster Art, Verwünschungen seines Berufs, Tränen, Verzweiflung.

Er wäre kein Witzigmann, nähme er diesen Schlag nicht als Aufforderung, etwas zu ändern, sich zu verändern. Er beschließt, ab 1987 ohne Stegmann weiterzuarbeiten. Ohne einen Financier, der selbstverständlich an jedem Gewinn beteiligt wäre.

»Ich hab schon im Vorschulalter gemerkt, dass mein Vater etwas Extremes leistet und dass eine enorme Erwartungshaltung auf einem Kind lastet, dass seinen Beruf ergreift.«
Max Witzigmann, Journalist und Drehbuchautor

»Das ist eine Chance«, sagt sich Witzigmann. »Die Chance, aus der *Aubergine* eine Marke zu machen und damit finanziell gesund zu werden.« Das haben wohlmeinende Bekannte ihm gesteckt.

»Da ist ein Risiko«, sagt seine Frau. »Du wirst dich verheben.« Denn sie kennt die Zahlen, und sie kennt seine Großzügigkeit. Verstehen Gäste die Dramaturgie eines Menues, ist er ihnen dankbar, als hätten sie etwas für ihn getan. Walter Scheel, längst nicht mehr Bundespräsident, besucht gern die *Aubergine*, aber er zahlt nie. Das nähme Witzigmann niemals an, angesichts dessen, was er und die ganze deutsche Gourmetszene diesem Mann verdanken. Es beglückt ihn, Menschen zu verwöhnen. »Dankbarkeit ist die Höflichkeit der Köche«, bringt er seinen Schülern bei.

Wenn Pireddu am Abend in die Küche kommt und vermeldet, heute Abend beliefen sich die Einnahmen bereits auf 14 000

Im Allerheiligsten: Connaisseure wie Angelika Jahr, Herausgeberin des Magazins essen & trinken, *oder Alt-Bundespräsident Walter Scheel sind zur Küchenvisite zugelassen. Als Kenner, nicht als Prominente.*

»Viele sind gekommen, weil sie wussten, er bewirtet sie umsonst. Dabei hatten die Kohle ohne Ende. Aber die haben gemerkt, wie leicht er auszunutzen ist.«
Véronique Witzigmann

Mark, sagt Witzigmann: »Gut, dann laden wir Tisch 12 und 14 ein und gehen hinterdrein noch ein bisserl champagnern zusammen.«

Mittlerweile stehen vierzehn Leute in der Küche, zehn arbeiten im Service, drei an der Bar. Hilfspersonal inklusive hat er um die dreißig Leute beschäftigt. Doch er weiß, dass es einen gibt, auf den er sich auch in Krisenzeiten verlassen kann, einen, der nie nachlässt in der Präzision, jedes Soufflé überprüft, jede Sauce kontrolliert, auch auf einen längeren Urlaub verzichtet und auf Familienglück, der in seiner Freizeit weiterlernt, selbst am Ski-Wochenende noch einen Koffer mit Rezepten, Fachartikeln und Kochbuchkonzepten mit sich schleppt. Mit diesem Mann im Rücken wird er es schaffen, sich die Unabhängigkeit zu erkochen. Der Mann, auf den er alles setzt, ist an der Wende 1986/1987 fünfundvierzigeinhalb Jahre alt und heißt Eckart Witzigmann. Wüsste er, dass nun die zweite Halbzeit der *Aubergine* beginnt, ahnte er, wie sie endet, wäre er vielleicht vorsichtiger.

X.
Kapitel

Gut, dass seine Eltern das nicht mehr erleben: dass ihr Sohn ein Star ist. Denn die Sorte Starruhm, die Eckart Witzigmann nun erntet, hätte ihnen nicht behagt. Im Februar 1987 widmet ihm der *Playboy* ein Interview über sieben Seiten. Er hätte es den Eltern wohl nicht erklären können, dass daran nichts Despektierliches haftet, schließlich sind vor ihm Michael Douglas und Oskar Lafontaine, Lothar-Günther Buchheim, Boris Beckers Trainer Ion Tiriac und Fürstin Gloria von Thurn und Taxis, August Everding und Franz Beckenbauer interviewt worden. Everding ist einer seiner am meisten geschätzten Stammgäste, Beckenbauer sein Idol. Mitzi und Alois Witzigmann hätten schwerlich verstanden, was dieses Interview bedeutet; es ist der Beweis dafür, dass Eckart Witzigmann es geschafft hat, noch weiter nach oben zu kommen. Nicht in den Ranglisten der Gastrokritiker, dort ist er, ob im Gault Millau oder Schlemmer Atlas, im Guide Michelin oder im *Feinschmecker*-Magazin, längst am Anschlag gelandet, sondern in der Gesellschaft. Und das bedeutet im München der späten achtziger Jahre: in der Party-Gesellschaft, zu der Eckart Witzigmann nie gehören wollte. München glitzert und behauptet sich breitschultrig, wie die Mode nun ist, gegen Dietls Satire »Kir Royal«. »Ja, so samma«, antwortet ihm der Schlachtruf derer, die er meinte.

Das Angebot an Menschen, die sich eignen als Helden langer Nächte, ist limitiert, und der Verschleiß ist groß. Immer rascher wird Nachschub benötigt, weil die Verfasser der beliebten In- und Out-Listen Futter brauchen. Die Haltbarkeitsdauer derer, die den In-Status genießen, wird stetig kürzer.

Nahe liegend, sich umzusehen unter den besternten Köchen; deren Menues gehören schließlich zum Unterhaltungsprogramm jenes Geschwaders, das von Zaungästen »die People« genannt wird. Köche sind auf einmal en vogue, mit denen zeigt man sich, wie Gloria mit ihrem Friseur Gerhard Meir. Da hilft es wenig,

»In sein ist Blödsinn. Bei uns ist niemand in. Wenn ich persönlich jemanden mag, ist es mein persönliches Recht, ihn zu bevorzugen. Dann bekommt er eben Kaviar.«
Eckart Witzigmann im *Playboy*-Interview, Februar 1987

sich verbal davon zu distanzieren. Wer sich nicht völlig entzieht, wird vereinnahmt.

Fernsehzuschauer fanden es komisch, wie in der zum Kult gewordenen Serie »Kir Royal«, benannt nach dem modischen Cocktail aus Sekt und Johannisbeerlikör, gelästert worden ist über Restaurants, die sie nie betreten. Das gab ihnen das beruhigende Gefühl, Geld an der richtigen Stelle gespart zu haben, und sie glauben bereitwillig Dietls Mona, die gesteht, er gehe ihr auf die Nerven, »dieser Nouvelle-Cuisine-Scheißdreck, dieser prätentiöse«. Witzigmann findet all das schmerzlich, denn er weiß, dass die Satire ins Schwarze seiner Sorgen trifft, dass es Leute gibt, an die seine Kunst verschwendet ist. Gesehen zu werden ist für sie das wahre Motiv, bei ihm zu essen. Und das sind genau die Gäste, die er nicht mag. Das Prekäre ist nur, dass er auch sie braucht. Das Mittagsgeschäft läuft noch immer nicht sehr gut, selbst am Samstag, wo ein Lunch in der *Aubergine* die wahren Kenner und Liebhaber lockt, hat er maximal zwanzig, fünfundzwanzig Couverts.

Baby Schimmerlos steht im Mantel vor seinem Schreibtisch und diktiert, Edda tippt gleichzeitig in die Maschine. Baby: »... dazu die kulinarischen Kreationen von Eckart Witzigmann: Mousse vom Huhn in der Zunge mit Gelée, Champagner-Risotto mit Froschschenkeln und weißen Trüffeln ... Steinbutt mit Beluga-Malosoll-Kaviar im Blätterteig, junge Tauben, mit Tannenwipfelhonig gebraten ...« Edda: »Mmh, hast du des alles gegessen?« Baby: »Gar nix hab ich gessen, ich war gar ned dort. ... und jetzt: Unter den Gästen waren – da hast die Gästeliste, die schreibst einfach ab.«
Aus dem Drehbuch zur TV-Serie »Kir Royal« von Helmut Dietl und Patrick Süskind, 1985

Es gibt viele, die entdecken, dass ein Menue in der *Aubergine* mehr ist als elitäre Nahrungsaufnahme, dass es ein Lebensgefühl sein kann. Gäste dieser Spezies sind daran zu erkennen, dass sie den Touristen und denen, die sich wichtig nehmen, die Tische links am Fenster überlassen. Vermehrt zieht die *Aubergine* ein Publikum an, für das ein vollendetes Menue zum Image gehört wie der schwarze Porsche oder der tiefer gelegte BMW mit dunkel getönten Scheiben. Dagegen unternehmen kann und darf der Witzigmann jedoch nichts, er muss die Kredite abbezahlen. Dem *Playboy* gegenüber erklärt er, die Wirtschaftlichkeit der *Aubergine* sei seit Jahren bereits stabilisiert. Insider verstehen, was das heißt. Das achtgängige Abendmenue kostet mittlerweile 175 Mark und wird von 80 Prozent der Gäste bestellt. Was das für die Küche logistisch bedeutet, ahnen die da draußen nicht: 288 Gerichte müssen à la minute angerichtet werden. Und jenes À-la-Minute nimmt Witzigmann nach wie vor ernst. Für jedes bestellte Fischgericht, also für jeden Teller, wird die Sauce frisch angesetzt mit einer Reduktion, Schalotten, Noilly Prat, Sud vom pochierten Fisch, Crème fraîche und allem, was noch dazugehört. Sein Schüler Harald Wohlfahrt hat diesen Perfektionismus schon im *Tantris* als irrwitzigen Aufwand empfunden und sich gefragt, ob der wohl von allen goutiert werde. Bei Dietl wurde er persifliert.

Und doch wird Eckart Witzigmann, ob er will oder nicht, zu dieser Welt gerechnet, die seine nicht sein kann; es ist kein Zufall, dass auch Helmut Dietl, Mario Adorf, ein Star der Serie, und Franz Xaver Kroetz, Darsteller des Klatschreportes Baby Schimmerlos, kurz zuvor Interviewpartner des *Playboy* waren. Schein und Wirklichkeit vermischen sich in München unauflösbar, und das Erfundene wird gern als Wahrheit genommen, weil es glaubwürdiger klingt. Das Klischee vom Drei-Sterne-Koch Eckart Witzigmann schmeckt manchen besser als die harte Realität. Wird ein Mann im *Playboy* befragt, ist der Leser überzeugt, das sei einer, den solche Frauen umbuhlen, wie sie sich im *Playboy* auf Hochglanzpapier räkeln. Eine Unterstellung, die den wenigsten Männern zuwider ist, auch Eckart Witzigmann nicht. Doch Zeit hat er für Affären eigentlich nicht. Immer noch steht er unverdrossen sechzehn Stunden pro Tag am Herd. Viele haben nach wie vor kein Gespür dafür, unter welchem Druck, unter welchen Bedingungen er in einer viel zu kleinen Küche arbeitet. Dass er nun ein Star ist, kommt erschwerend hinzu. Gerade Gäste, die nur ein-, zweimal im Jahr hier essen, beordern ihn im ungünstigsten Augenblick an den Tisch, halten ihn fest und wollen das für sie einzigartige Ereignis gleich noch feiern, eine Flasche Champagner mit dem Meister trinken und privat mit ihm reden. Er macht das jeden Tag mit, doch das bedenken sie nicht. Verwundert stellt Witzigmann fest, dass er mittlerweile auf Partys im Mittelpunkt steht, wo er sich gar nicht besonders wohl fühlt. Vom Virus des Größenwahns, das in der Szene grassiert, lässt sich Eckart Witzigmann allerdings nicht anstecken. Von der Lust, Probleme wegzutanzen, wegzufeiern, aber schon.

Seine Ehe kriselt, das ist öffentlich. Vor partnerschaftlichen Diskussionen treten viele Männer die Flucht an ins Reich der Ablenkungen, das im München der späten achtziger Jahre ein Disneyland der Lustbarkeiten ist. Auch Eckart Witzigmann fällt es leichter zu vergessen, was ihn bedrängt, wenn er zu Tina Turners »What's Love« hautnah tanzt im zuckenden Licht, genügend Champagner bekommt, genügend Bestätigung. Im *P1* ist er kein Koch, der nach dreißig Jahren am Herd auf einmal

»Was ist das Besondere an Ihnen?«
«Meine Liebe zum Beruf, meine Bereitschaft, ständig dazuzulernen.«
Eckart Witzigmann im *Playboy*-Interview mit Axel Thorer, Februar 1987

befürchtet, dort zu verblöden, in Michael Käfers Disco *P1* ist er einer, um den sich die Frauen reißen.

Doch oft schon auf dem Heimweg steigt die Angst hoch. Auch wenn er es nicht sagt, unbewusst ist ihm klar, dass die neuen Freunde mit dem dritten Stern von ihm abfallen würden, dass sie ihn alle nur so lange lieben, wie er der Beste ist. Doch wie soll er weiterhin der Beste bleiben? Wie soll er noch Steigerungsmöglichkeiten finden? Längst ist er nicht mehr der Einzige in Deutschland, über dessen Restaurant drei Sterne glänzen, sogar in München hat er Konkurrenz in der ersten Liga, denn Heinz Winkler hat dem *Tantris* ebenfalls diese Ehre erkocht. Witzigmann könnte stolz darauf sein, war er es doch gewesen, der den Eichbauers diesen Mann als Nachfolger eingeredet hat. »Der kann nicht nur viel, der hält auch viel Druck aus«, war sein Argument für den Südtiroler, jüngstes von elf Kindern eines Bergbauern, dessen Frau beim Melken der Blitz erschlagen hatte, und der ein Jahr bei Bocuse gelernt hatte. Winkler selbst sieht das freilich anders. Er habe den verwaisten Thron bestiegen, weil kein anderer sich getraut habe.

Sicher ist, dass der zweite Drei-Sterne-Koch in München dem ersten etwas nimmt vom Glanz des Solitärs, den er besaß. Den Vorsprung, der Erste gewesen zu sein, kann ihm jedoch keiner nehmen. Immer noch gilt Witzigmann als der eigentliche Sieger. Bis im Juni 1987 der *Feinschmecker* einen Beitrag bringt, überschrieben mit »Winkler contra Witzigmann«. Den aktuellen Stand des Matchs in einer nach oben hin offenen Anzahl von Runden, das hier beschrieben wird, illustriert eine aquarellierte Zeichnung: Im Ring steht ein Koch in Weiß, die Fäuste triumphierend erhoben, in den Seilen hängt mit blauem Auge eine Aubergine, die nur noch Sternchen sieht, drei natürlich. Was Witzigmann, Abonnent des Magazins, dort lesen muss, verletzt ihn umso mehr, als der Verfasser bei ihm dereinst im *Tantris* die Grundausbildung absolviert hatte, nicht als Koch, sondern als Zaungast. Fassungslos liest er den Text einmal, zweimal, dreimal. Einige Sätze brennen sich ihm ins Gehirn ein und sind wie jede Brandmarke nicht mehr zu entfernen.

»Wie zum Teufel soll ich begründen, dass ich die Aubergine *verlasse und enttäuscht bin? Mit dem vorausgegangenen* Tantris-*Besuch? Vielen Gerichten (vor allem den Vorspeisen) fehlte genau das Besondere, das ich bei Witzigmann erwarte, das jedermann bei einem so hoch dekorierten Küchenchef erwarten darf. Ich könnte jederzeit andere Küchen nennen, wo es nicht schlechter schmeckt, nur weniger kostet.«*
Wolfram Siebeck im *Feinschmecker*, Ausgabe 6/1987

Und dann liest er noch einmal den Satz, mit dem die Beurteilung von Winklers Küche endet. »Besser habe ich in Deutschland noch nicht gegessen.« Es drängt Witzigmann, Siebeck einen

Brief zu schreiben, obwohl kluge Freunde ihm davon abraten. Es sei ein Gebot der Vernunft, sich Kritikern gegenüber nicht zu verteidigen, ob es nun um Literatur-, Kunst- oder Gastrokritiken gehe. Er schreibt trotzdem. Das Gefühl der Erleichterung danach hält nur kurz vor. Soll er sich damit trösten, dass ihm und Monika von Siebeck Herzlichkeit bescheinigt wird und die Qualität von Butter und Brot gepriesen wird? Oder damit, dass von seinem dritten Kochbuch, »Meine 100 Hausrezepte«, schon weit über 20000 Stück verkauft sind? Oder soll er den Blick starr auf den Gault Millau richten, wo jener Redakteur vom *Zeit*-Magazin, den er mit sechzehn Gängen am Kücheneingang des *Tantris* einst sprachlos gekocht hatte, Herausgeber ist? Dort steht er nämlich neben Dieter Müller aus Wertheim-Bettingen ganz oben auf der Liste, über Winkler, mit 19,5 von 20 möglichen, noch nie vergebenen Punkten.

Der Lackmus-Test für die Echtheit eines Zweiflers sind Tröstungsversuche. An ihm gleiten sie ab, die eigenen wie die der anderen. Neue Herausforderungen könnten ihn von dem ewigen Kreisen um Siebecks Verriss abbringen. Seinem Team hat er, kaum hatte er ein Vorausexemplar von Siebecks Text in der Hand, beherzt verkündet: »Wir kriegen eine blöde Kritik. Dagegen müssen wir ankochen.« Doch das war die Mutter der Köche, die da sprach, nicht jener Eckart aus Bad Gastein, der den Ansprüchen seiner Eltern nie zu genügen glaubte. Wie gewohnt betätigt er sich als sein eigener Coach, schreibt sich Selbstbeschwörungsformeln auf kleine Zettel. »Mir geht es um die Qualität meiner Arbeit. Das heißt, ich muss zufrieden sein, nicht irgendein Kritiker.« Oder er schreibt auf, als schriebe er sich das hinter die Ohren: »Die Konkurrenz interessiert mich nicht. Ein EW genügt sich selbst, wenn er seinem Anspruch genügt.« Diesmal aber bringt das nicht den gewünschten Erfolg. Vielleicht hilft es, Neuland zu betreten, ermuntert Witzigmann Witzigmann.

Er kauft Woks, chinesische Kochbücher, chinesische Gewürze, liest sich ein in eine fremde Kulinarik. Es hilft nichts. Er beginnt die Arbeit an einem Fitness-Kochbuch, spürt dabei, dass es klüger wäre, wieder mehr für die eigene Fitness zu tun, aber die neuen Freunde belegen ihn mit Beschlag. Die Devise des Baby Schimmerlos erfüllt sich auch an ihm: »Wer reinkommt,

»Er hatte immer das Gefühl, alle Kritiker seien gegen ihn.«
Karl Ederer,
Zeuge zahlreicher Verzweiflungen des Eckart Witzigmann

»Ich habe die Einsamkeit immer mehr geliebt als das gesellschaftliche Treiben.«
Eckart Witzigmann auf einem Notizzettel, undatiert

ist drin.« Für manche klingt das verlockend, doch auch Witzigmann erlebt die bedrängende Kehrseite dieses Satzes: Wer drin ist, kommt nicht mehr hinaus, es sei denn, er würde hinausexpediert.

Sie verkehren nun ja auch bei ihm, diese neuen Freunde, Leute aus der Wirtschaft, Bauunternehmer, die an einem Abend in der *Aubergine* Wein für 4000 Mark wegtrinken. Und die wollen, dass er mitfliegt für ein Wochenende nach Los Angeles oder Las Vegas, zu einem Boxkampf, den man gesehen haben muss. Selbstverständlich laden sie ihn ein zum Match, auch zum Flug, aber die Nebenkosten, vom Fünf-Sterne-Hotel bis zum Champagner im Nachtclub und anderen Vergnügungen, verschlingen ein Vermögen, das Witzigmann nicht hat.

Hilft ihm nur noch ein Befreiungsschlag? Weg aus München, weg von jenen Schwindel erregenden Kreisen, weg von dem Ort seines Triumphs? Zurück in die Geborgenheit mit Frau und Sohn, die er weitgehend aufgegeben hat?

»Das Schwierigste ist es als Spitzenkoch, wo der Beruf einen leicht auffrisst, seine Familie zusammenzuhalten. Ich bereue es heute, dass ich mich darum nicht mehr bemüht habe. Der Hans Haas zeigt ja, dass es geht.«
Eckart Witzigmann zur Autorin, 1998

Ende November 1987 wird in Fernsehen, Rundfunk und Tageszeitungen eine Nachricht vermeldet, wie sie bisher noch nie dort auftauchte. Denn es handelt sich um eine Information aus der Gastronomie, die nur sehr wenige betrifft oder gar trifft: Der Drei-Sterne-Koch Eckart Witzigmann werde seine Selbständigkeit aufgeben und entweder in die USA gehen, von wo Angebote vorlägen, oder ins Restaurant des Hotels *Bühlerhöhe*, wo Besitzer Max Grundig ihn als Küchenchef wünsche, um die abgelegene Idylle zum Wallfahrtsort für Feinschmecker zu machen. Das ehemalige Sanatorium, das Grundig für 100 Millionen Mark zu einem Luxushotel umbauen ließ, lockt dem Trend gemäß mit großem Wellness-Angebot. Hier aber solle es auch den Gaumen einbeziehen. Prompt kursieren Gerüchte über die Summen, die er geboten haben soll. Es wird geraunt, Grundig habe Witzigmann mit einem Jahresgehalt von einer halben Million Mark ködern wollen. Kurz darauf erklärt Witzigmann unmissverständlich, er bleibe in der *Aubergine*. Der Pachtvertrag für die *Aubergine* sei für weitere fünf Jahre verlängert, lässt er seinen Anwalt verlautbaren, um allen Mutmaßungen ein Ende zu bereiten.

»Die Chance, kreativ zu sein, und der Spaß im eigenen Lokal wiegen den Ärger und mangelnden Profit auf. Meine Zukunft liegt in München.«
Offizielle Stellungnahme von Eckart Witzigmann im Dezember 1987

Wer rechnen kann und die finanzielle Lage seines Lokals kennt, schüttelt den Kopf. Zudem ihm Grundig angeboten hat, einen Pendeldienst zwischen der *Bühlerhöhe* und München einzurichten, damit er seine *Aubergine* nicht aufgeben müsse. Aber Hamlet ist ein Extremist, der niemals halbe Sachen macht. Das Argument, es stehe kaum ein anderer Drei-Sterne-Koch selbst Tag für Tag sechzehn Stunden am Herd, zieht nicht bei Eckart Witzigmann. Das sind eben die anderen. Dabei weiß er, dass die Entscheidung für Grundig, und zwar für Grundig allein, eine für den Familienfrieden gewesen wäre. Geregelte Arbeitszeit, keinerlei Geldnöte, kein Druck als Selbständiger. Was ihn jedoch vor allem davon abhält, dem Dolce Vita im Schwarzwald anheim zu fallen, ist ein Umstand, den Witzigmann der Öffentlichkeit verschweigt. Grundig hatte anfangs versprochen, die *Aubergine* großzügig abzulösen. Damit wäre der Koch nicht sein Koch gewesen, sondern finanziell völlig ungebunden, jederzeit imstande, wieder aufzubrechen zu neuen Ufern, wie er es schon so oft in seinem Leben getan hat. Also machte Grundig einen Rückzieher: Die Ablöse werde er in der versprochenen Höhe zahlen, aber auf fünf Jahresraten verteilt.

Witzigmann versteht sofort, was das heißt; er ginge am Gängelband, wäre zwar nominell Chef der Küche, in Wirklichkeit aber einer, der immer einen Chef über sich hat. In München ist er sein eigener Herr und ein Lehrherr, dem Köche aus aller Welt die Tür einrennen, obwohl sie wissen, was sie erwartet. Dass sie eine 40-Stunden-Woche spielend nach drei Tagen absolviert haben werden und trotzdem zwei weitere Tage von neun an in der Küche stehen. Dass sie in tropischer Küchenhitze weniger verdienen als die Kellner im klimatisierten Restaurant, 1200 netto im Monat zuzüglich Prämie von 300 oder 400 Mark, Kost und Logis gratis. Dass der Druck oft unerträglich ist und der Zorn des Chefs zuweilen von alttestamentarischer Wucht. Doch es ist auch bekannt, dass Witzigmann keiner ist, der Leute schindet, sie vielmehr dorthin bringt, sich selbst freiwillig zu schinden. Er macht es ihnen ja vor.

»Wir saßen glücklich in der Aubergine. *Da ging am Nebentisch der Trouble los, weil der Wein angeblich korkte. Monika hat versucht, die Gäste zu besänftigen, doch da kam Eckart aus der Küche, probierte, sagte, der Wein korke nicht, aber die Gäste bekämen selbstverständlich eine andere Flasche. Auf dem Heimweg im Auto hat er sie zusammengestaucht, sie hätte alles falsch gemacht. So arg, dass wir am liebsten ausgestiegen wären.«*
Norbert Becker, Freund Witzigmanns, zur Autorin, 2006

Witzigmann geht davon aus, es werde alles leichter und besser und er selbst dann geduldiger und gelassener. Obwohl er sich nicht überwinden kann, für mittelmäßige Wurstwaren oder Pudding im Becher seinen Namen herzugeben und sein Gesicht hinzuhalten, zieht sein Manager gute Werbeverträge an Land. Als Berater wird Witzigmann gut bezahlt, und als Privatkoch

Gipfeltreffen der Köche: Als Walter Scheel im Mai 1988 zum dritten Mal heiratet, reisen nach Gebertsham in der Nähe des Mattsees zwölf internationale Meister. Hier Alfons Schuhbeck, Hasi Unterberger, Hans-Peter Wodarz, Eckart Witzigmann und Heinz Winkler.

auf Galaveranstaltungen kassiert er fünfstellige Summen. Dafür übernimmt er aber alles, von den Zutaten angefangen, auch die Verantwortung und den Stress. Doch das Jahr 1988 entwickelt sich von Anfang an anders als erhofft.

Er kann seinen Sous-Chef Hans Haas nicht mehr länger daran hindern, sein eigener Chef zu sein, und gibt sein Placet zu dessen Start im Frankfurter *Brückenkeller*. Köche drängen in die Küche, die sich nur damit brüsten wollen, Witzigmann-Schüler zu sein, und nach kurzer Zeit das Handtuch werfen. Unruhe macht sich breit. Und Witzigmann beschleicht die Angst, sich nicht mehr steigern zu können. Stagnation bedeutet für einen, der sich selbst als extrem ehrgeizig einschätzt, den geistigen Erstickungstod. Seine Zweifel arten immer öfter in Verzweiflung aus. Und er entdeckt, dass es eine Droge gibt, die sein Selbstbewusstsein stärkt: die Bewunderung schöner Frauen. Ihre Absichten will er nicht durchschauen, er will vor sich selbst nicht zugeben, dass er den meisten nur als Eintrittskarte dient in eine Welt, die ihnen sonst der Türsteher verstellt. Triumphierend halten sie an der Seite des Drei-Sterne-Kochs Eckart Witzigmann Einzug in elitäre Discos und Clubs und damit auch in bunte Magazine. Dass er seine Frau kränkt mit unverhohlenen Affären, ist ihm bewusst, doch adoriert zu werden kann süchtig machen. Und eine, die derartig viel durchsteht und aushält im Job wie Monika, die nun seit achtzehn Jahren alles mit ihm teilt, die wird doch ein paar Seitensprünge hinnehmen. Andere Frauen müssen dafür auch Verständnis haben, jedenfalls in den Kreisen seiner neuen Freunde. Dass sie mit neununddreißig eine Erscheinung ist, die auf den Partys, die ihr entgehen, Blicke auf sich zöge, eine Frau, die keinen sexuellen Notstand leiden müsste und keinen Grund hat, zu Hause zu versauern, übersieht er. Am 18. Dezember 1988 verkündet Monika ihrem Mann, er solle seine Koffer packen und ausziehen. Heute.

»Nach der Scheel-Hochzeit haben alle nur drüber geschrieben, dass es Gerichte mit Blattgold gab. Es war nur ein Hauch an einem Gang, eine schöne Idee von Marchesi. Aber das hat unsere Arbeit in ein falsches Licht gebracht. Und mich in die Klatschspalten.«
Eckart Witzigmann zur Autorin, 1998

Als Véronique ihrem Vater an Weihnachten ein Album mit Familienfotos vorbeibringt, Abzüge von Dias aus Monikas Archiv des verjährten Glücks, kommen ihm die Tränen. Jetzt, wo sie ihm nicht mehr zur Verfügung steht, vermisst Witzigmann die Familie, ist dankbar, wenn Véronique, die eine Grafikerlehre macht, ab und zu in der *Aubergine* vorbeischaut. Er selbst sucht die Nähe zu seinem Sohn. Er geht mit ihm zum Tennisspielen, zum Radfahren, nimmt ihn mit in den *Augustiner*-Biergarten oder ins *Bratwurstglöckl*. Max gefällt es, dass sein Vater dort sofort umringt wird, er ist stolz, sein Kumpel zu sein, und kostet es aus, ihm näher zu stehen als die Schwester, deren Asthma sie abhält von sportlichen Exkursionen und anderen Exzessen. Monika bemerkt den härter werdenden Konkurrenzkampf ihrer Kinder um die väterliche Gunst, sie leidet darunter und befürchtet, ihr halbwüchsiger Sohn könne allzu oft mit dem Vater versumpfen. Der Riss zwischen ihr und Eckart wird breiter.

»Mich hat es nicht gewundert, dass er mir die erste Zeit nach dem Abschied böse war. Schließlich lagen ihm alle Frauen zu Füßen, bis auf die eigene. Aber dann hat er gemerkt, dass er sich auf mich verlassen kann. Wir haben nie schmutzige Wäsche gewaschen.«
Monika Witzigmann im Gespräch mit der Autorin, 2006

Am Ende jenes Jahres, von dem Witzigmann sich die große Erleichterung erhoffte, kündigt seine Frau ihre Stelle in der *Aubergine*. »Ich weiß schon«, sagt er Freunden und Gästen, »die Monika hat einen Riesenjob gemacht. Aber ich habe ihre Konsequenz unterschätzt, ich hab gedacht, ich könnte sie noch mal herumkriegen.«

Monika fehlt. Es ist kälter geworden in der *Aubergine*. Und die Brigade spürt, dass die Haut des Chefs dünner wird. Als ihm zugetragen wird, Monika stünde nun in Diensten seines

»Der Mann ist sensibel, will heißen, er hat ein feines geschmackliches Urteilsvermögen, und er ist verletzlich. Das ist nicht nur ein Vorteil, wenn man in der Gastronomie Erfolg haben will. Außerdem ist er ernst und konzentriert bei der Sache, und ein Bonvivant ist er zudem noch, ganz schön kompliziert.«
Peter Wingert in der *Feinschmecker*-Ausgabe 6/1989

»Er hat schon immer zwei Seelen in seiner Brust gehabt.«
Monika Witzigmann zur Autorin, 2006

»Es gibt noch immer viele Dinge zwischen uns, die nie ausgesprochen worden sind. Weil die Augenblicke sehr selten sind, in denen er sich öffnet.«
Max Witzigmann, Ehemann und Vater von zwei Kindern, zur Autorin, 2006

Schülers Alfons Schuhbeck und habe dort die Oberaufsicht über den Partyservice, empfindet Witzigmann das als doppelten Verrat. Sachlich gibt es dafür keine Berechtigung, aber seine Ängste zu ergründen, vermeidet er, lieber betäubt er sie mit Arbeit. Konflikte schiebt er von sich, auch die seines Sohnes, weil er sie nicht mehr verkraften zu können meint. Nach außen hin signalisiert er Selbstsicherheit. »Der Witzigmann« steht auf seinem neuesten Kochbuch, sonst nichts. Und für eine Reportage im *Feinschmecker* spielt er bereitwillig den Selbstdarsteller, lässt sich in Kochmontur ablichten als Schlagzeuger, der aufs Blech haut. Doch auch dem Verfasser dieses Beitrags entgeht nicht, dass Hamlet versucht, als Comedy-Held aufzutreten. Und dass diese Doppelrolle schwer zu bewältigen ist.

Hamlet hat Ahnungen, Witzigmann verdrängt sie. Hamlet wittert Gefahren, Witzigmann konzentriert sich auf die Aromen der Küche. Hamlet blickt in den Abgrund der menschlichen Seele, Witzigmann will nicht in die Tiefe schauen, aus Angst, ihn könnte ein Schwindel packen.

Max stellt fest, dass es mühsam, fast unmöglich ist, mit ihm auf einem Spaziergang an der Isar auf das Wesentliche zu kommen. Sein Vater will in seiner knapp bemessenen Freizeit alles außer Kritik hören. Die lässt er so wenig an sich heran wie schlechte Ware, schlechte Weine oder schlechte Gedanken.

Am meisten gibt er von sich zu erkennen, wenn er mit seinem Sohn auf Reisen ist. Im neuen Audi Quattro fahren sie, so schnell es die Verkehrsordnung erlaubt, in Richtung Schwarzwald, kichern über Annemarie Sprottes herbes Organ, das ihnen via Bordcomputer den Weg weist, den sie so gut kennen. Denn er führt nach Baiersbronn, zu den ehemaligen Schülern Finkbeiner und Wohlfahrt, der eine Hotelier, der andere Küchenchef in der *Traube Tonbach*, einem Hort exklusiver Friedlichkeit. Max ist vierzehn, und er kann hochrechnen, welches Renommee sein Vater genießt, wenn er sieht, was dem hier geboten wird, gratis selbstverständlich: die schönste Suite, in weißem Schleiflack getäfelt, mit einer braunen Stereoanlage, braunem Teppichboden, der sich noch ein Stück die Wand hochzieht, Kristallglas wie in einer Swarowski-Boutique, einer Étagère mit Pralinen, Champagner im Kühler und Fruchtschale auf dem Couchtisch. Und einen Whirlpool gibt es auch. Morgens steht er mit dem Vater

auf dem Tennisplatz, abends futtert er sich an seiner Seite durch Wohlfahrts Kunst in acht Gängen, tagsüber radeln sie bis zu den Haeberlins oder wandern durch die Fichten. Und dann irgendwann, in der Waldeinsamkeit, traut sich Max zu fragen, was ihn seit Wochen umtreibt.

Ein Freund hatte ihn angesprochen. »Dein Vater geht doch oft ins *P1*. Dort wird angeblich viel gekokst. Weißt du, ob dein Vater auch kokst?«

Das genuschelte Eingeständnis des Vaters ist für Max ein Vertrauensbeweis, den er wie einen Schatz in sich zu bewahren gedenkt. Ohne zu wissen, dass diese ominöse Schnupferei etwas Schlimmes sein könnte, warum auch? Koksen steht zwar im Geruch des Riskanten, aber es heißt, das sei in München überall Mode bei diesen beneidenswerten Typen, die immer gut drauf sind, die sich Sonnenbrillen von Ray-Ban leisten und Klamotten von Gaultier. Seine Mutter sieht das anders. Monika weiß, dass Eckart schnupft, und wird panisch bei dem Gedanken, das könne für ihn zur Gewohnheit werden.

Tröstlich und tragisch: Sein Sohn sei sein engster Vertrauter, sagt Witzigmann. Denn um zu prüfen, wer noch sein Vertrauen verdiene, fehlt dem Aubergine-*Chef die Zeit.*

»Ich habe ihm Vorträge gehalten, dass dieses Zeug die Riech- und Geschmacksorgane kaputtmacht, was für einen Koch eine Katastrophe ist. Aber das kam bei ihm nicht an. Es hat mich belastet, dass ich Geheimnisträgerin war und schweigen musste.«
Monika Witzigmann zur Autorin, 2006

»Er hat gearbeitet wie ein Viech und dann auch noch die Nacht durchgemacht. Aber um halb sieben war er schon wieder am Kräuterstand auf dem Viktualienmarkt und um halb neun am Herd, fit wie ein Turnschuh.«
Christian Petz, Schüler 1989–1990, heute hoch dekorierter Küchenchef im Restaurant *Coburg*, Wien

Die Mitarbeiter bemerken von irgendeiner Abhängigkeit nichts. Bisher haben Witzigmann seine Disziplin und Begeisterungsfähigkeit jede Müdigkeit überwinden lassen, nun hilft immer mal wieder das weiße Pulver, nach ein paar wenigen Stunden Schlaf nicht einfach liegen zu bleiben, an die Decke zu starren und sich nach dem Sinn dessen zu fragen, was er da täglich treibt. Bald wird er fünfzig. Obwohl er nach außen hin viel erreicht hat, mehr als jeder andere seines Fachs auf deutschem Boden, steht er vor der Tatsache, dass sein privater Besitz dem eines Versicherungsvertreters von dreißig entspricht, dass seine Ehe gescheitert ist, dass er allabendlich mit Leuten verkehrt, die mit einem Drittel seines Einsatzes in einem Drittel seiner Arbeitszeit ein Vermögen gemacht haben, auch wenn sie es nicht unbedingt verdient haben.

Koks erzeuge keine körperliche Abhängigkeit, sagen die Neurologen, allerdings eine psychische. Was für Witzigmann zum Verhängnis wird, ist vielmehr jene Sucht, die Zweifel durch die Droge Bewunderung zu sedieren und die Angst vor dem Alleinsein in einer Gesellschaft, in der er einsam ist, zu betäuben. Das Gefühl, sich auf niemanden mehr verlassen zu können, hält ihn besetzt.

Manfred Kohnke, Herausgeber des deutschen Gault Millau, isst und zahlt regelmäßig in der *Aubergine*. 1986 hatte er dafür gesorgt, dass Witzigmann vor allen anderen im Land die begehrten 19,5 Punkte auf den vier Hauben verliehen wurden. Nun steht im Gault Millaut des Jahres 1990 ein Kommentar zur *Aubergine*, bei deren Lektüre Witzigmann meint, die Erde bebe unter seinen Füßen. Was wollen die? Der erste Satz schon: »Wird der Meister müde?« Er fragt sich, ob er überhaupt weiterlesen solle. Er muss. Ein Superlativ jagt den anderen, eine Hymne die nächste. Seine Einzigartigkeit wird gepriesen, seine Vielseitigkeit beschworen, zudem wird ihm bescheinigt, was besonders wichtig ist, dass er die »einsame Spitzenklasse in München wie in der gesamten Republik« sei. Doch mit einer selbstzerstörerischen Begierde liest Witzigmann weiter, wartet nur darauf, dass noch einmal eine Bemerkung fällt wie die am Anfang. Ja, da ist sie, auf der nächsten Seite. »Applaus, Applaus – und dann doch wieder die bange Frage: Wird Witzigmann müde? In letzter Zeit mehren sich zumindest die Anzeichen dafür, dass er nicht mehr mit ganzem Herzen an seiner *Aubergine* hängt – und er selbst tut nichts dazu, diesem Eindruck entgegenzuwirken.«

Kritisiert wird vor allem sein Publikum. Geltungssüchtige Wichtigtuer, die echte Genießer zu vertreiben drohten, laute Halbseide, die leisere Prominenz übertöne, Geld statt Klasse, Styling statt Stil, Anmaßung statt Versenkung. Ja und? Das sind seine Gäste, nicht er. Er selbst träumt ja auch von einem Lokal, wo der Köstinger Gernot neben dem Herrn Professor Everding sitzt und die Köstinger Heidi neben dem Paul Bocuse, wo seine selige Mutter den Teller leer äße und der Henry Levy auch. Wo er ganz in Ruhe ein neues Gericht erfinden und ausprobieren könnte. Und dieser Kohnke hat das ja auch kapiert. Nur warum faselt er von Erschöpfungserscheinungen und beißt sich am Niveau der Gäste fest, wenn die Küche stimmt?

»An so etwas wie ein gehobenes Bistro denkt Witzigmann, eines, in dem er immer ganz spontan kochen könnte, wozu er Lust hat … Ein idealistischer Traum? Ganz bestimmt. Aber wehe uns, wenn wir Männern wie Witzigmann keine Träume mehr erlauben – und wehe uns, wenn sie eines Tages wirklich keine Lust mehr haben, sich diese Träume von der weniger traumhaften Realität dauernd kaputtmachen zu lassen.«
Manfred Kohnke im Gault Millau 1990 zur *Aubergine* (19,5 von 20 Punkten)

Dass er solche Leute anzieht, weil er mit ihnen oder ähnlichen nachts durch Bars, Clubs und Discos zieht, dass er wirklich müde ist, todmüde, gesteht er weder sich noch sonst jemandem ein. Monika hat ihm schon vor ein paar Jahren gepredigt, er verliere jede Relation, aber auf Predigten hatte er als Schüler in Bad Gastein bereits mit nichts als Ablehnung reagiert. Sie haben ihn im Griff, die Freunde, die ihm sagen, wie mondänes Leben funktioniert. Er weiß das, nur bewusst ist es ihm nicht.

Als Kohnke in der *Aubergine* mit seiner neuen Freundin auftaucht, lässt Witzigmann ihm ausrichten, er müsse mit ihm reden. Nein, nicht am Tisch, nur unter vier Augen. Kohnke kommt zur Küchentür, die neue Freundin, Talkmasterin Holde Heuer, sitzt und wartet. Witzigmann nimmt sich den Kritiker zur Brust. Dessen Freundin sitzt und wartet. Witzigmann will wissen, warum er derartig heruntergemacht worden sei. Kohnke erklärt ihm, angesichts der nach wie vor maximalen Bewertung könne man wohl kaum von Heruntermachen sprechen. Und wundert sich, wie viel der sonst eher stille Meister auf einmal redet.

Als Kohnke nach einer Dreiviertelstunde dorthin zurückkehrt, wo er seine Holde verlassen hat, findet er die zu seiner Verwunderung noch vor. Er erstattet Bericht. Und sie sagt: »Der hat ganz Recht, man muss sich doch verteidigen dürfen.«

»Kokainismus (m.). Die Dosis reicht von 1–30 g pro Tag. Unmittelbar nach Einnahme tritt eine lebhafte Euphorie auf, die von Rededrang begleitet wird.«
Peters »Wörterbuch der Psychiatrie und medizinischen Psychologie«

Beide haben keinerlei Verdacht, was Witzigmanns Auftritt und sein Publikum verändert hat. Könnte einer in sein Innerstes blicken, verstünde er, warum er das Pulver probiert hat, von

»Kokain (n.). Extrakt aus dem Kokastrauch (Erytocylum coca), dessen Hauptwirkstoff ein Pyroll-Pyridin-Alkaloid ist. Die Blätter des Kokastrauches wurden von südamerikanischen Eingeborenen seit Hunderten von Jahren gekaut, um die körperliche Leistungsfähigkeit zu steigern, Hunger und unangenehme Empfindungen zu überwinden und ein besonderes Glücksgefühl zu erzeugen.«
Peters »Wörterbuch der Psychiatrie und medizinischen Psychologie«

dem die neuen Freunde schwärmen. Damit, haben sie ihm verheißen, lasse sich alles steigern, die geistige Präsenz, die körperliche Wachheit, die sexuelle Erregung, die Genussfähigkeit und die Kreativität. Und er, der nichts mehr ersehnt, als endlich wieder dieses Hochgefühl des Schaffens zu erleben, der wie früher überflutet werden will von dem Glück, etwas vollendet zu haben, probiert. 250 Mark kosten ihn die paar Gramm, mehr als ein achtgängiges Menue in seiner *Aubergine*. Der Vergleich macht ihn traurig und nachdenklich. Und dagegen hilft eine Prise.

Die Preise in der* Aubergine *1990

Mittags sechs Gänge:	*165 Mark*
Abends acht Gänge:	*225 Mark*
Hauptgerichte:	*48–70 Mark*

Zum Fallstrick wird ihm aber jene Sucht namens Sehnsucht. Er sehnt sich danach, für ein paar Stunden die zerbrochene Familie, den täglichen Druck und sich selbst zu vergessen in der sexuellen Ekstase. Witzigmann ist abhängig geworden von diesen Ablenkungen und nimmt auch mal eine Verehrerin mit in die Disco, in den Arm, ins Bett, die seinen ästhetischen Anforderungen nicht entspricht, für die er nicht einmal Begehrlichkeit oder Zärtlichkeit empfindet. Doch wenn sie ihm hilft, sich ein Mal in vierundzwanzig Stunden völlig befreit zu fühlen, entfesselt im wahren Wortsinn, dann rettet das eine Nacht. Wie Liebe geht, hat er schon fast vergessen.

An eine feste Beziehung denkt Witzigmann ohnehin nicht, stattdessen denkt er nach über Beziehungen. Weiter komme nur, wer die richtigen Drähte habe, klären ihn die neuen Freunde auf. Und die müsse man ziehen. Der Umgang mit ihnen erscheint Witzigmann wie der Schlüssel zu einer Welt, wo in viel größeren Dimensionen gedacht wird als in seiner. Es ist der Ehrgeiz, sich noch irgendwie zu steigern, der ihn in jenen Kreisen hält, nicht Freundschaft, nicht Sympathie oder gar Interesse an gesellschaftlicher Wichtigkeit.

Wenn Witzigmann am Ende solch einer Nacht in seiner Wohnung strandet und sich zur Ausnüchterung Spaghetti Arrabiata kocht, hat er Zukunftsträume, die nach Las Vegas passen, nicht zu München, zu Mick Jagger, aber nicht zu ihm. Doch mit diesen Träumen lassen sich Kritiker und Kritiken vergessen, und auch die Wahrnehmung des eigenen Verfalls. Anzusehen ist ihm der nicht im Geringsten, doch wenn er beim Joggen sein Herz spürt, denkt er an den Vater, der mit siebzig noch den Himalaja-Track bewältigt hat, der fast nie nach elf ins Bett ging und sein Leben lang nicht wusste, was Sucht ist oder Rausch. Das Skifahren hat Witzigmann weitgehend aufgegeben, und das Fußballspielen auch. Musiker sein, das wäre es. Songtexte schreiben, komponieren, singen mit einer Gitarre vor den Lenden, aufgehen im Klang, auf einer Bühne stehen, die Hüften kreisen lassen, getragen werden von der Hysterie kreischender Groupies, um endlich in jeder Faser zu spüren: Ich werde begehrt. Doch auch solche Träume erlöschen im resignativen Konjunktiv: Musiker sein, das wäre es gewesen.

»Ich wollte als Kind der größte Koch der Welt werden, aber das habe ich schnell aufgegeben. Denn um so erfolgreich zu sein, reicht es nicht, gut zu kochen. Du musst Beziehungen pflegen.«
Reinhard Gerer, Witzigmann-Freund, zur Autorin, 2005

Wie wenig Furore macht damit verglichen seine Kunst, von deren Mühen selbst die Fans nichts ahnen. Kein Koch, wie genial er auch sei, wird mit Ovationen oder mit Rosen bedacht. Niemand verfiele auf die Idee, seinen verschwitzten Kittel als Fetisch zu begehren. Und wenn er ein paar Menschen dazu bringen kann, alles um sich herum zu vergessen, dann muss er dankbar sein.

Für ein paar Stunden nur schenkt ihm Kokain einen Abglanz von jenem allmächtig erotischen Gefühl, das die Stars der Musik im Stadion erfüllt. Zumindest in den Visionen des Eckart Witzigmann.

»Er wollte leben wie eine Rock-'n'-Roll-Legende. Aber auch wenn die Freundinnen meines Vaters hübsch waren, hatte ich nie ein gutes Gefühl. Mir gefällt es, wenn einer wie der Hans Haas zeigt, dass ein Spitzenkoch nicht jede scharfe Frau ins Bett zerren muss, um sich als Mann zu fühlen.«
Max Witzigmann im Gespräch mit der Autorin, 2006

Am 4. Juli 1991 inszeniert Alfons Schuhbeck draußen in seinem Restaurant am Waginger See ein Fest zum fünfzigsten Geburtstag seines ehemaligen Chefs. Ein Fest für über 400 Gäste, wie es sich Spitzenmanager und Fußballfunktionäre wünschen. Der Ehrengast wird mit einer privaten Maschine eingeflogen, von Bands besungen, mit Schuhbecks Schmankerl verwöhnt, von einer soufflierten Taubenbrust mit den ersten Sommertrüffeln über das Gesulzte von der Ganserlleber bis hin zu Mandelnockerln mit warmer Zwetschgengeistsauce. Sämtliche Freunde Witzigmanns sind geladen, von den ganz alten bis zu den ganz neuen. Und den alten wie Norbert Becker oder dem Köstinger Gernot fällt auf, wie fremd der Eckart wirkt in dieser Welt,

Den Freunden fremd: Witzigmann spielt den Playboy perfekt, aber nicht gelöst. Auch er selbst ist sich in vielem fremd geworden.

wie angespannt er posiert mit den Tänzerinnen, die mit nackten Brüsten und Federschmuck im Haar das Parfum von Rio nach Oberbayern tragen, wie bedrückt er in Augenblicken schaut, wo kein Scheinwerfer, keine Kamera und kein Mikrofon auf ihn gerichtet ist. Wer hat diese schillernden Schönheiten überhaupt bestellt? Der Alfons sagt, er sei es nicht gewesen. Vielleicht jene Typen, die an einem Tisch zusammenklumpen und von den alten Weggefährten Witzigmanns offenbar keinen einzigen kennen.

Am Morgen nach dem Fest, das erst gegen drei, vier Uhr endet, geht er barfuß mit Alfons über die Wiesen. Sie sind nass vom Tau. Die beiden sehen zu, wie die Sonne über dem See aufgeht. Eckart erzählt von sich. Leise, stotternd, zögernd. Der Geruch von Gras und Wiesenblumen vermischt sich mit dem der Fichten, das Wasser glitzert im Frühlicht. Es ginge ihm gut, fände er dorthin zurück.

»Die Natur hat er immer geliebt. Blumen, Wälder, Wiesen, Berge. Stundenlang konnte er einen Ausblick genießen. Für mich war das schon zur Zeit unserer Trennung ein Alarmsignal: dass er seine Naturliebe verloren hat.«
Monika Witzigmann zur Autorin, 2006

Wenn die Beschleunigung sich der Kontrolle entzieht, ist der Unfall sicher. Als Sportler weiß er das. Nichts kann den Lauf dann mehr aufhalten. In seinem Fall weder Ermahnungen noch Erfolge, weder Ehrungen noch Erniedrigungen.

Nach außen hin wirkt es, als festige sich seine Existenz, zumindest den Lesern vom Wirtschaftsteil der Tageszeitungen muss es so erscheinen. Dort wird vermeldet, dass Witzigmann-Aubergine nun eine Marke sei und Lizenzen vergeben könne. Für ihn bedeutet das eine Chance, endlich zu Geld zu kommen; mit Kochbüchern, das hat er eingesehen, ist für ihn persönlich nicht viel zu holen, denn Hamlet macht es sich nicht leicht. Natürlich könnte er einfach ans Regal gehen, aus den Tausenden handgeschriebener Rezepte hundert auswählen und dem Verlag den Stapel aushändigen, um das Ganze nachkochen und fotografieren zu lassen. Er entwickelt jedoch ständig neue Ideen, telefoniert im Kreis der alten Kollegen herum nach Anregungen, nach vergessenen regionalen Spezialitäten, die sich modernisieren ließen, kocht alles noch ein-, zweimal nach. Und er selbst arrangiert mit jener eleganten Bewegung, die seine Schüler bewundern, Teller für Teller, besorgt um die Form jedes Saucenspiegels, die Lage jedes Korianderblatts.

»Ein Rezept, das ich zehn Mal rezeptiert habe, das rezeptiere ich kein elftes Mal. Er macht das. Dieses ewige Feilen an einem Gericht, dieses endlose Grübeln darüber, das käme mir nie in den Sinn. Deswegen ist er der Beste, und ich werde nie der Beste sein.«
Roland Trettl, Witzigmann-Schüler von 1990 bis 1992, heute Küchenchef des *Ikarus* im Hangar-7, Salzburg

Sein Berater Schmidt-Preissler weiß, dass Witzigmann auf seinen Namen achtet wie auf seine Hände, dass es nicht leicht sein wird, Lizenznehmer zu finden, die ihm gut genug sind. Heilfroh ist der Berater, als er für die Marke Witzigmann-Aubergine eine erste Lizenz an die Rösle Metallwarenfabrik in Marktoberdorf vergeben kann, einen Hersteller von teurem Küchengerät. Glatt geht auch das nicht, denn Witzigmann probiert in seiner Küche jeden Schaumlöffel, jedes Wiegemesser aus, bevor er das Gerät freigibt. Hamlet am Herd. Mit dem Joghurt, den er für die Firma Bauer machen soll, und dem, was bei Pfanni mit seinem Namen dekoriert werden soll, ist es ähnlich mühsam. Witzigmann weiß, dass nur solche Einkünfte es ermöglichen, seine Schulden abzuzahlen. Noch immer gehört die *Aubergine* nicht ihm, und das Leben mit den neuen Freunden ist teuer. Dabei hat ihn dieses laute Dasein eigentlich nie interessiert, nun gereicht es dazu, seine innere Leere mit Statussymbolen zu verdecken.

»Der Eckart war immer unglaublich bescheiden. Der freut sich heute noch über die kleinste Kleinigkeit.«
Gernot Köstinger, Freund und Inhaber des Gasthofs *Kirchenwirt*, 2005

Auch Menschen, die in offiziellen Ehrungen ein Indiz für Solidität und Sicherheit sehen, könnten Witzigmann für einen halten, der mit Anfang fünfzig gelassen die Ernte jahrelanger harter Arbeit einfährt. Doch Gelassenheit liegt für ihn in so großer Ferne wie Selbstzufriedenheit.

Als er im Sommer 1991 zum Chevalier des Arts et des Lettres ernannt wird, erlebt Eckart Witzigmann einen Augenblick irdischer Glückseligkeit. Das ist ein Ritterschlag, der ihn umso mehr erhebt, als es ein französischer ist. Die Baskenmütze, die er jahrzehntelang trug, liegt noch immer in seinem Kleiderschrank. In Frankreich hat er seine Vorbilder, jene Ahnenreihe von Taillevent, La Varenne, Vatel über Carême und Escoffier bis hin zu Bocuse, den Brüdern Troisgros oder Paul Haeberlin. Und hier wird er nun mit einem Orden dekoriert, der üblicherweise Literaten, Regisseuren, bildenden Künstlern, Musikern oder Philosophen verliehen wird. Hiermit wird das, was er macht, ganz offiziell als Kunst anerkannt. Wie zu erwarten war, bekommen die Münchner das mal wieder nicht mit, kein Bericht, nicht einmal eine Pressemeldung erscheint. In Frankreich, das weiß er, tritt der Präfekt persönlich an, um zu gratulieren, wenn ein Koch nur den ersten Stern erobert hat.

Ihm hat nicht einmal zum dritten Stern der Oberbürgermeister oder irgendein anderer Abgesandter von Stadt und Freistaat gratuliert. Bis auf drei Polizeisterne, die ihm Manfred Schreiber, damals Polizeipräsident, überreicht hat und die sein Sohn für die wahren Michelin-Trophäen hielt, kam von offizieller Seite nichts. »In Frankreich müsste man sein«, hat er oft geseufzt. Und er ist dennoch geblieben, hat daran geglaubt, dass München stolz auf ihn sei und die Münchner ihn zu schätzen wüssten.

»Ich war auf einer Parisreise drei Tage mit ihm unterwegs, jeden Mittag, jeden Abend essen bei einem der berühmten Kollegen. Da habe ich erst gemerkt, was er dort für ein großes Tier ist. Überall haben sie einen Riesenbahnhof für ihn gemacht und ihm den roten Teppich ausgerollt. Nirgendwo hat er zahlen dürfen. In Paris hätte er es leichter gehabt.«
Karl Ederer, ehemaliger Sous-Chef und Freund, zur Autorin, 2006

Nun steht er zwischen Louis-Quinze-Kommoden und Gemälden, wie sie sonst nur alarmgesichert im Museum zu sehen sind, im Ministère de la Culture in Paris. Kellner in Livree mit weißen Handschuhen reichen auf Silbertabletts Champagner zu seinen Ehren. Und was ihn besonders beeindruckt: Der Mann, der die Laudatio hält und ihm den Orden in seidengepolsterter Schatulle überreicht, ist nicht irgendein Botschaftsangestellter, kein Stellvertreter, es ist der Kulturminister Frankreichs, Jack Lang, der in seinem Land die Popularität eines Filmstars genießt, die Verkörperung der souveränen Eleganz.

Endlich wieder einmal erlebt Witzigmann diese Freude mit Glanzlichtern, diesen Götterfunken. Früher hatte er das öfter verspürt, beim Kochen, beim Tiefschneefahren, beim Blick vom Berggipfel, auf den er geradelt ist. Jetzt aber fehlt seinem Alltag dieses Glück. Herbeizwingen lässt es sich nicht, obwohl er es mehr ersehnt als je zuvor. Denn er kommt sich eingesperrt vor, beobachtet, angefeindet. Wenn er es dann so dringend braucht, dieses helle, gleißende Gefühl, dass es kaum mehr zu ertragen ist, dann geht er nicht in die Natur oder an den Herd, dann geht er dorthin, wo ihm jemand dieses weiße Pulver verkauft.

Sein Hadern mit sich selbst tritt zutage in zunehmender Gereiztheit. Täglich bekommt es seine Brigade zu spüren, wie schnell der Chef aus der Haut fährt. Da holt ihn wie verabredet sein Garde-manger zu Hause ab, um auf den Großmarkt zu fahren, klingelt, wartet, klingelt erneut, klingelt schließlich Sturm. Witzigmann springt aus der Badewanne, verletzt sich den Zeh und tobt den Rest des Tages. Journalisten, die auf ihn warten zum vereinbarten Interviewtermin, lässt er nur ausrichten, er sage gar nichts, er habe keine Nerven dafür. Sie sollten schreiben, dass sein Garde-manger ein Trottel sei, ein Depp, ein Idiot.

Zum Arzt geht er selbstverständlich nicht. Arztpraxen erinnern ihn an Krankheit, ans Sterben, an den Tod, und das kann er nicht brauchen, jetzt schon gar nicht. Außerdem ist sein Hausarzt Dr. Peter Ihm auch sein Freund und Stammgast, wird also in die *Aubergine* bestellt, wo er an der Bar Eckarts schmerzenden Zeh operiert. »Du musst mal raus hier«, empfiehlt der Arzt dem Koch, weil er spürt, dass der Freund an der Grenze angelangt ist. Aber der Koch kann nicht mehr raus.

Monika beobachtet aus dem Hintergrund, was mit ihrem Mann geschieht. Es tut ihr weh, in Restaurantkritiken zu lesen, dem Service fehle die Herzlichkeit, Pireddu sei perfekt, aber zu glatt, zu verschlossen. So sind die Sarden, sagt sie sich. Die Kritiker haben da weniger Verständnis. Monika weiß, dass sie es ist, die dort für die wohl temperierte Stimmung sorgen müsste. Wenn jemand ihr zu verstehen gibt, dass Eckart sie brauche, schmerzt sie das. Sie ahnt, was kommt.

Und auch er selbst hätte es ahnen können, doch sein Sensorium verkümmert. Er hört den Unterton nicht heraus, wenn ein Gast im Staatsdienst ihm sagt, er solle aufpassen. Er spürt nicht mehr, wem er vertrauen kann, wem er misstrauen sollte. Er hat zu unterscheiden verlernt, ob sich eine Frau hingibt oder nur hergibt. Und er nimmt nicht mehr wahr, dass in den Augen jener untersetzten Frau, an der ihm nichts gefällt außer dem schweren Haar, blanke Berechnung steht. Sie ist die Gefährtin von ein paar Nächten, in denen ihn jeder warme Frauenkörper

»Ich hatte meine beste Zeit, wenn ich mich frei und ungezwungen fühlte. Ich liebe Spontaneität. Wenn ich Lust zum Kochen hatte, war es fantastisch, doch dieses Glückgefühl trat immer seltener ein. Ich griff zu Drogen, obwohl ich wusste, dass das nicht die Lösung war. Sondern Selbstzerstörung. Ich wollte eine hell leuchtende Sternschnuppe sein und bin jäh abgestürzt. Eine unglaubliche Phase, aber vielleicht notwendig.«
Eckart Witzigmann, handschriftliche Notiz in zweierlei Tinte

getröstet hätte. Und in diesen wenigen Nächten versucht sie, ihre Ziele zu erreichen; sie will aufwendige Tafeln dekorieren für ebenjene Journale, die sich darum reißen, zwischen Prada und Jil Sander ihren Leserinnen ein exklusives Silvester-Menue von Witzigmann zu präsentieren. Früher hätte er diese Frau schon ihrer Zudringlichkeit wegen gemieden, die mit einem Lippenstiftabdruck auf der Geburtstagsgrußkarte ihre Bereitschaft signalisierte, jetzt aber ist er für alles zu haben, was seinen Lebenshunger stillt, der unersättlich geworden ist.

»Ich habe gewusst, dass ihn keiner mehr aufhalten kann, auch ich nicht, denn wir haben längst nicht mehr dieselbe Sprache gesprochen.«
Monika Witzigmann zur Autorin, 2006

Am 11. Mai reißt ihn um halb sechs Uhr morgens Lärm aus dem Tiefschlaf. Er liegt nackt im Bett. Lauscht, hört, wie gegen die Wohnungstür geschlagen wird. Es brüllt jemand im Treppenhaus. Tritte gegen die Tür, Faustschläge. Ist ein Brand ausgebrochen, hat er traumschwer irgendeinen Alarm überhört? Hektisch zieht er eine Unterhose an, rennt den Flur entlang, öffnet. Vor ihm stehen sechs Männer in Zivil, alle bewaffnet. Einer hält ihm die Pistole an die Schläfe; eskortiert von den anderen, alle die Waffen gezückt, wird er in seine Wohnung zurückgedrängt. Harsche Frage: »Wo haben Sie Ihr Kokain versteckt?«

Er zögert zu antworten, denn er ist sich ziemlich sicher, dass sie die paar Gramm, es sind keine fünf, briefmarkengroß verpackt in seinem Schreibtisch zwischen der Korrespondenz, nicht finden werden. Da beginnen zwei, drei der Polizisten seine Bücherregale auszuräumen, während die anderen sich an seine Leibesvisitation machen. Schon der Anblick der bewaffneten Gestalten vor der Tür ist in ihn hereingebrochen wie die Szene aus einem Terroristenfilm.

»Ich habe von der ersten Meldung an befürchtet, dass an ihm ein Exempel statuiert werden sollte. Ich habe mich nur gefragt, warum ausgerechnet an ihm. Andere Prominente haben doch ein Vielfaches geschnupft in München. Und ein Vielfaches verdient.«
Reinhard Gerer, Schüler und Freund Witzigmanns

Diese Demütigung aber gedenkt Eckart Witzigmann nicht zu ertragen. Seine Eltern hatten nie Geld, aber sie hatten ihren Stolz.

Er geht zu seinem Schreibtisch, zieht die linke Schreibtischschublade auf, holt ein Briefchen mit weißem Pulver heraus und eine ADAC-Kreditkarte, die er zum Schnupfen benutzt hat. Während er dasteht, sich offenbart, halb nackt und fröstelnd, werden ihm Haschisch-Joints, schlampig gedreht, schnell geraucht, entgegengehalten. Fußbodenfunde, erschwerende Beweise seiner Drogenabhängigkeit. Die seien nicht von ihm, erklärt Witzigmann schließlich widerstrebend, sondern von seinem italienischen Teppichverleger und Gardinenlieferanten Gianfranco.

Witzigmann weiß nicht, dass zur selben Zeit ein anderes Kommando Razzia in seiner *Aubergine* macht. Doch die Kollegen werden nicht fündig. Sie entdecken nichts außer ein paar Gegenständen, die sie bereitwillig als »Utensilien zum Rauschgiftkonsum« deuten. Das könnten sogar die eleganten, nur in Gourmandise-Kreisen bekannten flachen Saucenlöffel sein, von denen es in der *Aubergine* ein paar Dutzend gibt.

Als die Polizisten seine Wohnung verlassen, fällt Eckart Witzigmann. Fällt, fällt, fällt und spürt dabei, dass er sich festhalten muss, irgendwo. Wo sonst als an der Arbeit? Es ist Samstag, der beste Tag der Woche für die *Aubergine* im Mittagsgeschäft. Um halb neun steht er in seiner Küche. Bis zum Abend will er durchhalten. Da steht er nun zwischen einem Dutzend junger, gesunder, ehrgeiziger Männer, die ihn bewundern und sich deshalb von ihm abkanzeln lassen, wie könnte er denen sagen, was heute Morgen passiert ist? Soll die Presse das erledigen, sollen die seine Bloßstellung übernehmen, er selbst bringt es nicht über sich. Reden könnte er jetzt ohnehin kaum. Wie ein Rudel jagdfiebriger Hunde überschlagen sich in seinem Hirn die Gedanken, wer ihn verraten haben könnte, während er die Limettensauce zur Steinbuttrosette abschmeckt oder die Konsistenz des gebratenen Wallers überprüft, der auf eingemachten Tomaten serviert wird.

»Künstler sein heißt, in einem Maße zu scheitern, in dem kein anderer zu scheitern wagt.«
Samuel Beckett

Doch er muss wissen, dass ihm ganz bald jemand zuhören, für ihn da sein wird. Jemand, vor dem er keine Geheimnisse hat und vor dem er sich deshalb niemals blamieren kann. Er telefoniert hinter Max her, der am schulfreien Tag natürlich unterwegs ist. Aber er wollte doch heute gegen sieben oder acht im *Garden* essen gehen, im neuen Restaurant des Hotels *Bayrischer Hof*, wo Monika seit einiger Zeit arbeitet. Er sei dort verabredet, hatte Max gesagt, mit Freunden von Monika, Freunden, die bis zur Trennung auch die von Eckart gewesen waren.

Eckart Witzigmann ruft an, mitten im Service. Ob er Monika Witzigmann sprechen wolle? Nein, sagt er, den Max, der sitze im Restaurant.

Kaum hört er die Stimme seines Sohnes, bricht es aus ihm heraus. »Mich haben sie erwischt«, sagt er.

Max weiß, was sein Vater damit meint. Seit jenen Tagen in Baiersbronn ist er eingeweiht. »Dann wird nichts aus unserem

»Als er mir gesagt hat, ich sei sein bester Freund, habe ich mich zuerst gewundert, er ist ja dreiunddreißig Jahre älter und außerdem mein Vater. Aber dann war ich mächtig stolz darauf.«
Max Witzigmann, zum Zeitpunkt der Razzia achtzehn Jahre alt, im Gespräch mit der Autorin, 2006

Tennis morgen früh?«, fragt er, weil es ihn selbst beruhigt, etwas derart Banales zu fragen, während er zittert.

»Schau'n wir mal«, sagt sein Vater und legt auf.

Am nächsten Morgen ruft Max bei ihm in der Wohnung an. Der Vater gibt keinen Kommentar ab, keine Erklärungen zu der Katastrophenmeldung vom Vorabend. »Wir spielen«, sagt er nur. »Um elf hab ich einen Platz.«

Sie treffen sich in der Allwetteranlage Nord von Sport-Scheck. Eckart spielt bis zur völligen Erschöpfung. Nach der Dusche will er mit Max zum Nockherberg, wo sie sonst nie hinfahren. Eckart mit Sonnenbrille. Vielleicht weil er hofft, dort niemandem zu begegnen, den er kennt. Im *Augustiner* ist er so anonym wie der Papst auf dem Petersplatz. Sie bestellen beide Grillhähnchen und leeren eine Maß nach der anderen. Was sie reden, kann hinterher keiner von den beiden mehr genau sagen. Aber sie haben geredet, er hat geredet, das ist wichtig. Irgendwie schaffen sie es zurück in Witzigmanns Wohnung im Lehel. Er wählt die Nummer seiner Tochter. »Wir haben morgen eine ganz dumme Headline«, sagt er zu Véronique. Und als sie schweigt, setzt er nach: »Wegen Koks, weißt schon.« Dann fallen Eckart und Max in einen bleiernen Schlaf.

Als Witzigmann am nächsten Tag in der Frühe die Zeitung vom Fußabstreifer nimmt und die Schlagzeile liest, ahnt er, dass er in der nächsten Zeit nicht mehr so gut schlafen wird. Welche Treibjagd nun beginnt und wie lange sie dauern wird, kann er nicht wissen.

XI.
Kapitel

Sie ist zweiundzwanzig, hübsch und liebenswürdig. Solche Frauen kann man brauchen bei einem jungen Rundfunksender. Dort darf sie nun das spielen, was sich Promo-Mädchen nennt. Veranstaltet der Sender Konzerte, tritt sie im weißen Overall mit gelbem Gürtel auf und verteilt an den Ständen Material, bei den Medientagen steht sie im dunklen Kostüm da und wirbt für das junge Unternehmen. Véronique Witzigmann ist froh, solch einen begehrten und gut bezahlten Job ergattert zu haben, der noch genügend Zeit für die Ausbildung lässt.

Es sind erst zwei Tage vergangen, seit ihr Vater für Schlagzeilen gesorgt hat, als es losgeht. Mit einem Lächeln, dem nicht anzusehen ist, wie viel Überwindung es sie kostet, hält sie einem Besucher die Broschüren entgegen. Aber der hat keinen Blick dafür, er starrt auf das Namensschild an ihrem Overall. »Witzigmann?«, liest er ab. »Sind Sie eine Tochter von dem Koks-Koch?«

»Die Seele wird geschlachtet.« Notiz von Eckart Witzigmann auf einem Notizblock des Hotels *Breidenbacher Hof*, Düsseldorf

Das ist der erste von zahllosen Fragern, denn Véroniques Bitte, doch auf das Namensschild verzichten zu dürfen, wird nicht stattgegeben. Soll sie den Job aufkündigen? Oder sich eine Antwort für derartige Fälle zurechtlegen? Eigentlich darf sie dieses Forum nicht zur Verteidigung in Privatangelegenheiten nutzen. Véronique redet mit ihrer Mutter. Der geht es nicht besser.

Dass nun auch an einem beliebigen Mittwoch das *Garden*-Restaurant ausgebucht ist, wäre erfreulich, aber es liegt leider nicht an Maître Pfisters ausgezeichneter Küche, sondern daran, dass die Oberkellnerin Monika Witzigmann heißt. Journalisten und Kolumnisten aus ganz Deutschland, vor allem jedoch private Voyeure jeden Alters stürmen das Restaurant. Und wenn an irgendeinen Tisch diese blonde Frau tritt, deren Gesicht sie aus den Gesellschaftskolumnen von Zeitungen und Zeitschriften kennen, ob sie die Speisekarten reicht oder ihre Ansage macht, dann verdrehen sie ungeniert die Hälse nach ihr. Doch sie belassen es nicht dabei, die Frau des Kochs mit Blicken auszuziehen, sie lästern unüberhörbar, sobald ihnen Monika den Rücken zuwendet. Selbst eine alte Dame, die mit Kindern und Enkeln an einem vermeintlich friedlichen Familientisch sitzt, fühlt sich moralisch gefordert, allen in Hörweite kundzutun, was sie halte von einer Frau, die einen derart verkommenen Gatten habe und wohl selbst an seinem Absturz schuld sei.

Ihm selbst widerfährt Ähnliches. Der Respekt vor einem Drei-Sterne-Restaurant, vielleicht auch die formale Strenge der *Aubergine,* hindert die Gäste zwar daran, ausfällig zu werden; aber dass er nun auch eine Kundschaft anzieht, die den Preis für ein Sechs-Gänge-Menue als Eintrittspreis zur Opferbeschauung entrichtet, kann Witzigmann nicht entgehen. Trotzdem denkt er nicht daran, sich von Neugier oder Häme in die Flucht schlagen zu lassen. Täglich steht er am Herd, oft blass und fahl, denn er hat sich selbst einen Kraftakt aufgebürdet, den nur wenige bestehen: Er will den Entzug allein schaffen, ohne Klinikaufenthalt, ohne Palliativ, auf die ganz harte Art. Dass einige Zeitungen vermelden, ihm habe ein Drogentod wie Fassbinder gedroht, findet Witzigmann übertrieben, zu denken gibt es ihm trotzdem. Bedeutet diese Katastrophe wirklich die Rettung für ihn? Liegt in diesem Absturz die große Chance? Seinen Vater hätte es um den Verstand gebracht, den Skandal um den Sohn zu erleben, doch wie der sich nun am eigenen Schopf aus dem Sumpf zieht, das ist ganz im Sinne eines Alois Witzigmann.

»Die haben mich angeglotzt wie das achte Weltwunder. Und sind hergezogen über mich, dass ich am liebsten weinend davongerannt wäre.«
Monika Witzigmann im Gespräch mit der Autorin, 2006

Ebenso radikal schneidet Witzigmann den Kontakt ab zu jenen neuen Freunden. Er plaudert nichts aus, diskutiert nicht, erklärt nichts und jammert nicht. Er arbeitet und schweigt. Aus dem Menschenfreund Eckart Witzigmann, offenherzig wie ein Kind, wird vorübergehend ein Misanthrop. Sein Münchner Freundeskreis ist drastisch zusammengeschmolzen, und die, die zu ihm halten, sind keineswegs die, auf die er immer rechnen zu können glaubte. Vertrauen schenkt er nur noch ganz wenigen. Einer wie Ingrid, die er beim Skifahren in Kitzbühel kennen gelernt hat, einer erfolgreichen Geschäftsfrau von seriöser Eleganz, deren soliden Charakter er schon daran erkennt, wie vollkommen ihr ein Schweinsbraten mit Knödeln gelingt. Oder seinem Sohn Max, dem jugendlichen Beichtvater. Auch dem einen oder anderen seiner ehemaligen Schüler, wie dem Haas Hans. Sonst aber vertraut er seine Gedanken lieber dem Papier an.

»Witzigmann muss froh sein, dass seine Kokserei so früh aufgeflogen ist. Rainer Werner Fassbinder ist an seiner Sucht gestorben.«
PD Dr. Dr. Dr. Felix Tretter, Leitender Arzt der Suchtabteilung im Bezirkskrankenhaus Haar, zur Münchner *Abendzeitung*

Boulevardblätter und Illustrierte konkurrieren täglich mit den neuesten Nachrichten über Eckart Witzigmann. Als er seinen dritten Stern bekam, hatte er entschieden weniger Aufmerksamkeit erregt als jetzt. Dass er regelmäßig zum Haartest antreten muss beim Institut für Rechtsmedizin, weil Kokain im Urin nur eine Woche, im Blut nur wenige Minuten nachweisbar ist, geht durch alle, auch die seriösen Zeitungen. Und um das Interesse noch mehr anzuheizen, offenbaren einige Boulevarddichter ihre große Formulierungsgabe. Der Tatbestand, dass Eckart Witzigmann aus freien Stücken seinen Führerschein abgibt, weil er so den fälligen psychologischen Test, dem er sich derzeit nervlich nicht gewachsen fühlt, bis zu zwei Jahre aufschieben kann, beschert die Schlagzeile: »Gar nicht witzig: Starkoch Witzigmann muss zum Depperltest«.

»Die Würde des Menschen ist unantastbar.«
»Wenn das Glück eine Schlampe ist …«
»Die Köche waren meine Schutzengel.«
»Ich fühle mich verleumdet.«
»The more people I met, the more I like my dog.«
»In der Zeit der Niederlage zeigt sich meine Willensstärke.«
Handschriftliche Notizen Eckart Witzigmanns, 1993

Hans Peter Uhl, Chef des Kreisverwaltungsreferats, bisher noch nicht als Held hervorgetreten, nutzt die Gelegenheit, sich um seine Eignung als Herakles zu bewerben, der die Ställe des Augias reinigen werde. »Wir dulden keine rauschgiftsüchtigen Gastwirte«, erklärt er. »Im Kampf gegen Rauschgift werden wir gerade vor Promis keinen Halt machen.« Der Tatbestand des Drogenmissbrauchs in Form von Koksen, wie er im München jener Zeit in den Nachtclubs und Discos der Szene, auch in einigen Bogenhauser Villen oder Schwabinger Penthouses, an der Tagesordnung ist, wird zum Skandal aufgeblasen, der Fall Witzigmann wird zum Präzedenzfall erklärt. Denn er erweist sich als Glücksfall für einige CSU-Politiker, wie den bayrischen Ministerpräsidenten Max Streibl und seinen Innenminister Edmund Stoiber. Genau zum richtigen Zeitpunkt liefert die Causa Witzigmann ausreichend Material, um die Aufmerksamkeit abzulenken von dem, was wirklich skandalös ist im Land der Bayern. Und bietet Gelegenheit zu zeigen, mit welcher Unbestechlichkeit geahndet wird.

»Ich habe die öffentliche Aufmerksamkeit unterschätzt und trage nun die Konsequenzen.«
Eckart Witzigmann auf einem Notizblock des *Hotel Jerome* in Aspen, Colorado

Am 6. Juli 1992 sorgt am Rande des Weltwirtschaftsgipfels ein Polizeieinsatz von unbegründeter Brutalität dafür, dass Bayern bundesweit Schlagzeilen macht; Polizisten haben demonstrierende Kritiker mit roher Gewalt eingekesselt, haben einen *WDR*-Reporter verprügelt und sein Mikrofon zerschlagen, haben ihre Hände vor Kameraobjektive gehalten, Journalisten und Journalistinnen bedrängt und ihnen gedroht, die Filme aus

»Wir in Wien haben schnell gesehen, dass das alles ein Politikum war. Erst haben die Münchner angegeben mit ihm als ersten deutschen Drei-Sterne-Koch, und dann hat es plötzlich geheißen, weil er kein Deutscher sei, müsse er mit Ausweisung rechnen. Die Medienhetze in Deutschland war arg. Aber bei uns hat News *zwölf Seiten über ihn gebracht. Eine einzige Hymne.«*
Reinhard Gerer, der 1992 in Wien Kochkurse mit Witzigmann gab

den Kameras zu reißen. Sie haben sich dabei wohl im Recht gefühlt, denn dass die Leute von der Presse gefährlich sind, das weiß man aus Regierungskreisen. Michael Stiller, Christiane Schlötzer-Scotland, Hans Holzhaider und Klaus Ott von der *Süddeutschen Zeitung* und Fridolin Engelfried, Münchner Korrespondent der *Augsburger Allgemeinen*, sind schließlich schuld daran, dass alle erfahren, warum der Ministerpräsident sich so tatkräftig eingesetzt habe für den deutschen Flugzeugbauer Burkhart Grob. Diese paar Schreiber haben es zu verantworten, dass die Öffentlichkeit glaubt, Streibl habe sich beim Bundesministerium der Verteidigung nur deshalb dafür stark gemacht, den Auftrag für das EloKa-System LAPAS an Grob zu vergeben, weil der ihm angeblich schöne Urlaube in Kenia und Brasilien finanziert und mit Parteispenden unter die Arme gegriffen habe. Und nur deshalb habe er auch so hohe staatliche Fördermittel für Grob herausgeholt.

Als im März 1993 die Debatte um Streibls Rücktritt heftig wird und sogar der Verdacht laut wird, Innenminister Stoiber sei in die so genannte Amigo-Affäre verwickelt, beginnt der Prozess gegen Eckart Witzigmann. Ein idealer Zeitpunkt. Sämtliche Zeitungen und Illustrierten, von der *Süddeutschen* bis zur *Zeit*, von der *FAZ* bis zur *taz*, von der Münchner *Abendzeitung* bis zur *Hamburger Morgenpost*, vom *Stern* bis zur *Bunten*, liefern ständig neue Nachrichten über einen Koch, bei dem die wenigsten jemals gegessen haben und für dessen Kunst sich auch die vermögenden Münchner weniger interessieren als für die Weißwürste im *Franziskaner* nach einem Lokalderby Löwen gegen FC Bayern. Aber bisher hat er die Stadt geschmückt und den Eindruck erweckt, in München drängelten sich die weltläufigen Gourmets.

»Meine Situation ist so verzweifelt, dass ich sie nur ertragen kann, wenn ich sie verdränge. Und das kann ich am besten beim Kochen.«
Eckart Witzigmann zu Stephan Lebert von der *Süddeutschen Zeitung* am 27. Januar 1993

Der erste Verhandlungstag ist auf den 5. März angesetzt. Am 4. März erscheint in der *Süddeutschen* eine ganzseitige Anzeige. »Dankeschön, Eckart Witzigmann! Wir freuen uns, dass wir Sie hier bei uns haben. München braucht Eckart Witzigmann.« In der *Wochenpost* steht, die Annonce sei unterzeichnet worden von »Schauspielern, Galeristen, Journalisten und allerlei halbseidener Prominenz«. Wahr ist, dass dort die Namen von Witzigmanns eng befreundeten Kochkollegen wie Hans Haas, den Haeberlins, Karl Ederer und Otto Koch stehen, auch der des *Tantris*-Nachfolgers Heinz Winkler, die von bekannten Steuerberatern und Buchprüfern, von Fritz Eichbauer, seinem ehemaligen Patron, von Galerist Gerhard Lenz, von VW-Boss Fritz Haberl und die von Institutionen wie dem *Hotel Königshof* oder dem Hamburger Jahreszeiten Verlag, in dem der *Feinschmecker* erscheint. Wo hier die halbseidene Prominenz bleibt, ist fraglich. Rasch spricht sich herum, dieses Dankeschön habe 25 000 Mark gekostet. Witzigmann hat davon so wenig gewusst wie sein Anwalt oder die meisten derjenigen, die angeblich ihre Unterschrift gegeben haben.

Das Geld hätte Witzigmann lieber für anstehende Anwaltskosten verwendet, denn in der *Aubergine* bleibt nach wie vor wenig hängen. Von den im Schnitt 15 000 Mark Tagesumsatz müssen Produkte im Wert von 7000 bis 8000 Mark bezahlt werden, die nun fast vierzig Mitarbeiter, die Miete und die Gerätschaften. Noch ahnt Witzigmann nicht, dass ihm diese öffentliche Sympathiebekundung sogar schaden wird. Denn Stoiber, Vorkämpfer wahren Rechtsempfindens, und sein Getreuer Uhl erkennen, was sonst keiner erkennt: dass diese Solidaritätsbekundung eine offizielle Sanktionierung des Drogenmissbrauchs bedeute und mit ihr das Ansehen der Bayrischen Staatsregierung beschädigt werden solle, denn es sind daran Geschäftspartner der Regierung beteiligt. Die Werbeagentur Herwerth & Partner, die jenes Dankeschön in die *Süddeutsche* brachte, hatte zuvor eine Plakatkampagne entwickelt, die das Image der bayrischen Polizei verbessern sollte – nach dem Münchner Kesseltreiben keine leichte Aufgabe –, weswegen die beiden Agentur-Inhaber zu Ehren-Kommissaren ernannt wurden. Diese Anzeige ist ein unerwartetes Geschenk für Streibls Mannen, und für sie ist es nicht schwer, die Aktion des guten Willens in die Nähe eines kriminellen Delikts zu rücken. Gerade Stoiber macht unermüdlich klar, welche Gefahr von der Sympathisantenszene ausgehe, mit wem auch immer sie sympathisiere. Deswegen hatte er ja auch kürzlich erst angeregt, Privatpersonen auszubilden, die bei der Observierung Verdächtiger der Polizei helfen könnten. Beherzt tritt er gegen jeden an, der versucht, die Annonce zu verharmlosen. Der Hoteliersfamilie Geisel vom *Königshof* schreibt eine führende CSU-Politikerin, sie werde deren Haus nie mehr betreten.

»Der Kokain-Koch Witzigmann – ein Fall für die Staatsregierung Alle Unterzeichner der Erklärung, die bisher Aufträge vom Freistaat erhalten haben (wie Feinkost Käfer) sollen mit Boykott belegt werden. Nur wenn sie sich öffentlich von Drogen distanzieren, will die Staatsregierung weiter mit ihnen zusammenarbeiten.«
Münchner *Abendzeitung* vom 12. März 1993

»Es geht nicht an, dass ein so renommiertes Unternehmen, das für unsere Polizei wirbt, sich für eine Drogenkampagne stark macht.«
Kommentar von Innenminister Stoiber zu der »Dankeschön«-Anzeige in der *SZ*, Münchner *Abendzeitung* vom 12. März 1993

»Ich habe ihr nie etwas versprochen. Ich habe ihr nie gesagt: ›Ich liebe dich.‹«
Eckart Witzigmann zur Autorin im Gespräch, 1998

Umgehend wird der Agentur Herwerth & Partner nun der Vertrag gekündigt und in den Medien verlautbart, wie sehr die Staatsregierung darauf achte, ihre von der Amigo-Affäre beschmutzte schwarze Weste zu reinigen. Wie souverän sie sich dabei verhält, beweist der Besuch von Innenminister Stoiber, der in erlesener Runde ein paar Wochen zuvor, am 12. Februar 1993, in der *Aubergine* gespeist und eine beachtliche Rechnung beglichen hat. Dieser Mann weiß, was sich gehört.

Während die Boulevardzeitungen den Namen Witzigmann jeden Tag größer drucken, steht der am Herd, arbeitet und versucht, sich auf sein Trüffelei zum Crème-Spinat, den Lammrücken mit Auberginenfüllung im Zucchinimantel oder das Grieß-Soufflé mit Aprikosen zu konzentrieren und nicht dauernd an sie zu denken, die Frau, die ihn verraten hat. Seit er erfahren hat, wer es gewesen ist, kreisen seine Gedanken um sie, die untersetzte Frau mit dem dichten, dunklen Haar, die sich offenbar an ihm rächen wollte. Nur warum?

Er hat ihr doch nichts angetan. Grob ist er noch nie zu einer Frau gewesen. Was bringt sie dazu, ihn zu denunzieren, schlimmer noch: zu verleumden? Sein Anwalt weiß, dass sie von einem »brotzeitbeutelgroßen Plastiksack« voll Kokain geredet hat. Was das bedeutet, muss ihr doch bewusst gewesen sein; nur ein Dealer bevorratet so viel Stoff. Und wo ein Spitzenkoch mit vermögenden Gästen den vertreibt, ist nahe liegend. Witzigmann dämmert, gegen welch schwere Vorwürfe er sich zu verteidigen haben wird.

»Witzigmann muss mit der Vergangenheit brechen und den Verdacht ausräumen, dass im Aubergine *die Rauschgiftdealer ein- und ausgehen.«*
Hans-Peter Uhl, Chef des Kreisverwaltungsreferats, zur *Süddeutschen Zeitung* am 13. März 1993

Ihm ist anzusehen, dass der Skandal, genauer: die Skandalisierung, ihm an die Nieren geht. Das Strahlen in seinem Gesicht, das die Fotografen so lieben, ist erloschen. Auf Schnappschüssen in den Zeitungen sind seine Lippen schmal, und sein Blick ist dunkel. Zusammengesunken sitzt er am 5. März auf der Anklagebank des Münchner Amtsgerichts in der Nymphenburger Straße. Der Sitzungssaal im dritten Stock ist dem Ansturm nicht gewachsen, der Gerichtsdiener muss Tumulte vor der Tür auflösen. Neben Witzigmann sitzt die Mitangeklagte, seine Geliebte jener Zeit, 28 Jahre alt und wegen Kokainkonsum ebenfalls vor Gericht gestellt. Dass sie es war, die unwillentlich jene Lawine der Denunziation lostrat, erfahren nun alle Anwesenden. Denn die Hauptzeugin der Anklage packt aus, eine gescheiterte Medizinstudentin, die sich dann mit einer Ausbildung zur medizinisch-technischen Assistentin begnügen musste. Kluge Zuhörer ahnen bereits, dass jenes Phänomen, das sich Kompensation nennt, eine Rolle spielen wird. Da steht eine dralle, kleine Person von 36 Jahren, in Trachtenblazer und dunkelblauem Rock. Und Eckart Witzigmann versucht sich selbst zu verstehen. Was hat er jemals an dieser Frau gefunden? Schon damals, als sie sich darum bemühte, bei ihm in der *Aubergine* einen Tag lang Einblick in die Küche zu nehmen, hätte alles, was sie tat und sagte, ihn warnen müssen.

»Ich hätte damals Leute gebraucht, die auf mich aufpassen. Leute wie die Madeleine Jakits vom Feinschmecker *oder den Horst Bork. Ich bin halt arg blauäugig.«*
Eckart Witzigmann zur Autorin, 2006

In der Nacht vom 31. Januar auf den 1. Februar, morgens um halb drei, berichtet die Zeugin, habe eine innere Stimme ihr geraten, bei Eckart Witzigmann anzurufen. Als sie ihn aus einer Telefonzelle am Mariannenplatz, nicht weit von seiner Wohnung, anwählte, habe sich eine Christine gemeldet und auf Nachfrage erklärt, die aktuelle Freundin des Meisterkochs zu sein. Das sei so erniedrigend für sie gewesen, erklärt die Zeugin und fährt sich wieder und wieder erregt durchs Haar. Witzigmann starrt die Zeugin der Anklage an. Neben ihm sitzt die Mitangeklagte, eine attraktive Erscheinung in blauem Blazer, engen Jeans und braunen Pumps, den blonden Kopf gesenkt. Ihr ist anzusehen, wie sehr ihr der Prozeß zusetzt; eine zerbrechliche junge Frau, die Mitleid erweckt. Ob die Zeugin bemerkt, dass die Stimmung im Saal sich gegen sie richtet? Ob ihr aufgeht, wie lächerlich sie wirken könnte als eifersüchtige Verräterin?

Wie aus weiter Ferne hört Witzigmann Sätze, die sich anhören, als wären sie einstudiert worden. »Ich war mit der Seele dabei, nicht nur mit dem Körper«, sagt die Zeugin. »Ich habe sehr viele Gefühle investiert. Ich wollte mich an seiner Schulter anlehnen.«

Eine Schulter zum Anlehnen, die hat er damals wie heute selbst gebraucht. Nur steht es Männern, die als solche gelten wollen, nicht zu, diesen Wunsch zu äußern.

»Der Eckart hat lange geglaubt, ich sei stockschwul, weil ich ihm zu weich vorkam, zu unmännlich. Und dann auch noch ewig gebraucht hab, bis ich die erste Freundin anbrachte.«
Max Witzigmann zur Autorin, 2006

Die Hauptverhandlung wird am späten Nachmittag abgebrochen und auf den 12. März vertagt. Witzigmann verlässt kurz nach 18 Uhr das Gerichtsgebäude und lässt sich zur *Aubergine* fahren. Dort zieht er seinen dunklen Anzug aus, die Kochmontur an und legt los, als gebe es nichts anderes für ihn auf der Welt, als auch an diesem 5. März zu beweisen, dass er drei

Michelin-Sterne und vier Gault-Millau-Hauben verdient hat. In den vierzehn Tagen vor Ostern ist das Lokal seit Monaten ausgebucht. Er arbeitet sich bewusst heran bis an den äußersten Rand der Erschöpfung, weil er von dort in einen Schlaf fällt, der ihm traumlos schwarz erscheint. Eine Woche ist zu überstehen bis zum nächsten Verhandlungstag am 12. März, eine Woche, in der ihm wieder zugetragen wird, dass sich seine Köche dumm anreden lassen müssen, warum sie denn für einen Kriminellen, einen Rauschgiftsüchtigen, einen Alkoholiker arbeiten. Ob sie denn nicht bemerkt hätten, was sie da für einen Chef hätten. Der Nachhauseweg am Abend ist für Eckart Witzigmann ein Spießrutenlauf. Er ist froh, dass es immer schon stockfinster ist, wenn er gegen ein Uhr morgens loszieht, und dass er Wege kennt, auf denen man so gut wie nie jemandem begegnet.

»Wie viel Depressionen, Enttäuschungen kann ein Mensch verkraften, ohne seine Stadt zu verlassen? Und wie viel Kraft und Hoffnung braucht ein Mensch, um in einer neuen Stadt Fuß zu fassen?«
Eckart Witzigmann auf einem Notizzettel

Der dritte Verhandlungstag beginnt am 17. März mit der Aussage von Schuhbeck, Alfons, geboren als Alfons Karg, Inhaber und Küchenchef des *Kurhausstüberl* in Waging, 44 Jahre alt, ehemaliger Schüler und immer noch enger Freund von Eckart Witzigmann. Was er sagt, stellt die Glaubwürdigkeit der Zeugin in Frage, für das Empfinden der Zuhörer zumindest. Auch ihn hatte sie verfolgt und auf die klare Absage des Sterne-Kochs mit Beschimpfungen reagiert. Weil seine Sekretärin, so Schuhbeck, sich auftragsgemäß weigerte, die Anruferin durchzustellen, hätte sie sich als Drecksau, Hure und Schlampe titulieren lassen müssen. Und weil die Zeugin offenbar vernommen hatte, dass Schuhbecks Freundin von einem Jungen entbunden worden war, ließ sie nachfragen, ob der genauso hässlich sei wie sein Vater. Den Anklagevertreter beeindruckt diese Aussage nicht. Er bezeichnet Schuhbeck als Dampfplauderer und beißt sich erneut daran fest, der Angeklagte leiste dem Drogenhandel Vorschub, wenn er seine Zulieferer nicht nenne. Jeder im Saal weiß, dass der Staatsanwalt mit diesem Argument auch bei der Regierung und im Kreisverwaltungsreferat Punkte macht. Und Witzigmann weiß, dass ihm sein Schweigen schadet. Aber er will ein für alle Mal mit dieser Welt nichts mehr zu tun haben.

»Ich bin ein willensstarker Mensch. Was ich erreichen will, erreiche ich auch.«
Eckart Witzigmann vor Gericht am 5. März 1993

Die Staatsanwaltschaft, die beiden Schöffinnen und der Richter Gerhard Schmitz ziehen sich zur Beratung zurück. Für vierzig Minuten ungefähr, heißt es. Witzigmann wartet. Er steht am offenen Fenster und schaut hinaus. Eine Stunde vergeht, ohne dass ein Beschluss verkündet wird. Witzigmann wartet, er fühlt sich bloßgestellt, als wäre er ein Schwerverbrecher, er versucht, nicht zu weinen, obwohl er nah am Wasser gebaut hat. Werden sie ihn einsperren? Während er die zweite Stunde am Fenster im Flur verbringt, überlegt er, ob das hier hoch genug ist. Ja, das reicht. Niemand ist da, der ihn daran hinderte, hinauszuspringen und all den Demütigungen ein Ende zu machen, Monika und seinen Kindern die Schande zu ersparen, dass sie in der Zeitung lesen müssen, Witzigmann wandere ins Gefängnis. Seine Kinder – haben die nicht immer zu ihm gehalten? Schaut Véronique nicht treu bei ihm vorbei? Hat Max ihm nicht erklärt, in seinem Freundeskreis finde das mit der Kokserei keiner dramatisch?

»Einem Künstler gehört das Recht auf Rausch.« Klaus Trebes, Jurist, Politikwissenschaftler, Gourmet-Journalist und Koch, in der *Woche*, Juni 2001

Nach über zwei Stunden wird der Angeklagte in den Sitzungssaal zurückbeordert, Schmitz verliest das Urteil: zwei Jahre auf Bewährung, die höchstmögliche Freiheitsstrafe, die gerade noch zur Bewährung ausgesetzt werden kann, alles darüber bedeutete Knast. Von einer Geldstrafe werde abgesehen. Beifall brandet auf bei der Urteilsverkündung, so laut und lange, dass der Vorsitzende Einhalt gebieten muss und Ruhe anordnet. Doch Witzigmann verlässt das Amtsgericht beklommen. Ihm ist klar, dass seine Freiheit noch keineswegs gewährleistet ist. Jeder im Saal hatte den Unmut des Staatsanwalts über die beiden Laienrichterinnen bemerkt, die für das in seinen Augen entschieden zu milde Urteil verantwortlich sind. Und er hat bereits erklärt, dass er dagegen Berufung einlegen werde.

Er versucht sich auf dem Weg zur *Aubergine* auf das Menue zu konzentrieren, das er heute Abend servieren will, auf Langusten und Hummer, auf Loup de mer, weiße Trüffeln und Kitz. Eine geschlossene Veranstaltung für den Augsburger Fußballverband mit dem Ehrengast Uwe Steinheuer. Fußball spielen, ja, Fußball spielen will er jetzt wieder öfter. Im FC Schmiere, dem Schwabinger Prominentenclub, hat keiner eine Bemerkung zu seinem Prozess fallen lassen. Und wenn die Auberginen gegen die *Tantris*-Ritter antreten, ist das ohnehin kein Thema. Witzigmann denkt an den Stapel mit Bewerbungen in seinem Büro, um die vierzig Zentimeter hoch, an den Applaus im Gerichtssaal, es geht ihm besser. Vor dem Lokal erwartet ihn ein Menschenauflauf, Journalisten strecken ihm ihre Mikrofone entgegen, durch

»Milde für Witzigmann – wegen zwei Frauen. Richter Gerd Schmitz wurde bei der Urteilsfindung von den beiden Schöffinnen überstimmt, weswegen Witzigmann keine Geldbuße zahlen muss und keine Bewährungsauflage erhielt. Das ist sein eigentlicher Prozess: Sensation.« Münchner *Abendzeitung* vom 19. März 1993

»Die Erlaubnis ist zu versagen, wenn Tatsachen die Annahme rechtfertigen, dass der Antragsteller die für den Gewerbebetrieb erforderliche Zuverlässigkeit nicht besitzt, insbesondere dem Trunke ergeben ist …«
§ 4 Abs. 1 Nr. 1 des Gaststättengesetzes

Blitzlichtgewitter flieht er an seinen Arbeitsplatz wie in ein letztes Refugium.

Wüsste er an diesem Tag, dass ihm auch das genommen werden soll, hätte er diesen Abend nicht durchgestanden.

Am Donnerstag, dem 16. April, melden die Zeitungen, dass Witzigmann die Gaststätten-Konzession entzogen worden sei und mit dem 1. Mai den Betrieb in der *Aubergine* einstellen müsse. Erschwerend kommt hinzu, wie dieser Vorgang öffentlich kommentiert wird. Oberbürgermeister Kronawitter verkündet, er dulde keine »rauschgiftsüchtigen Gastwirte«, und erklärt, Witzigmann offenbare zudem durch seine Alkoholabhängigkeit – im Widerruf der Konzession ist von zwei Flaschen Champagner an Sommermittagen die Rede – eine Charakterschwäche, die in Bezug auf Paragraph 4 des Gaststättengesetzes einen weiteren Unzuverlässigkeitstatbestand darstelle. Witzigmanns Zukunftsprognose sei negativ.

»Ein Koch muss doch auch mal auf dem Parkett ausrutschen dürfen. Man geht ja nicht jeden Tag mit Sterndl in den Augen in die Küche.«
Jörg Wörther, Schüler und Freund Witzigmanns, dessen Restaurant in *Schloss Prielau* 2002 zum besten Österreichs gewählt wurde

Es zeichnet sich bereits ab, dass die Affäre ihn zwar keine seiner Trophäen und Ehren kosten wird, selbst bei Michelin wird nur verlautbart, man werde bei der nächsten Sterne-Vergabe besondere Sorgfalt walten lassen. Doch wirtschaftlich treibt sie ihn an den Rand des Ruins. Umgehend springt der erste und potenteste Lizenznehmer ab, der Haushaltsgerätehersteller Rösle. Dann springt auch Pfanni ab und schließlich, wie zu erwarten, Bauer-Joghurt. Nicht allein das entgangene Geschäft bringt Witzigmann in eine finanziell verheerende Lage, er muss, weil der Handel durch sein Verschulden nicht zustande kam, 120 000 Mark Strafe wegen Vertragsauflösung zahlen. Verständnis für ihn haben nur die Kollegen. Und die Kenner der Szene: *Der Feinschmecker* ernennt Witzigmann in eben dieser Krisenzeit demonstrativ zu seinem Haus- und Hofautor.

Witzigmann ist froh, dass Alfons Schuhbeck offiziell die *Aubergine* für ihn weiterführt, dass er selbst weiter am Herd stehen kann, denn er muss dringend Geld verdienen. Und sich mit der Arbeit ablenken von der dräuenden Gefahr.

Véronique trifft ihren Vater durch Zufall in der Theatinerstraße. Kurz erwägt sie, ihm aus dem Weg zu gehen, ihn zu übersehen, um ihm jede Peinlichkeit zu ersparen, aber sie bringt es nicht über sich. »Stimmt es, dass du vielleicht doch ins Gefängnis musst?«, fragt sie. Da laufen ihm die Tränen über das

Gesicht. Es kann ihn trösten, aber nicht beruhigen, dass die öffentliche Meinung sich mehr und mehr zu seinen Gunsten ändert. Diese nämlich lässt sich nicht beliebig lange manipulieren. Am 27. Mai muss Streibl seinen Sessel räumen, ebenfalls im Mai werden die Journalisten, die mit ihren Recherchen seinen Sturz bewirkt haben, mit dem »Wächterpreis« der Tagespresse geehrt. Im Juni schreibt *Der Feinschmecker* von einer Hexenjagd gegen Witzigmann, die München »in ein schäbiges Licht« setze, *Bunte* bezeichnet die Zeugin der Anklage als »verrückt« und brandmarkt sie als geistesverwirrte Verräterin. Und es gibt einigen doch zu denken, dass Witzigmann Charakterschwäche vorgeworfen und die Fähigkeit, einen eigenen Betrieb zu führen, abgesprochen wurde. Witzigmanns Anwälte ziehen einen Vergleich aus der Politik hinzu, um vorzuführen, dass in diesem Fall mit zweierlei Maß gemessen werde. »In eleganter Andeutung«, so die *Zeit* vom 12. März 1993, »erinnerte die Verteidigung an die Fälle Wiesheu und Wepper. Jener prominente CSU-Politiker hatte vor Jahren im Rausch einen Mann totgefahren und war damals mit einer Bewährungsstrafe ›davongekommen‹«. Im Juni 1993 soll Wiesheu vom neuen Ministerpräsidenten Stoiber zum Minister für Verkehr, Wirtschaft und Technologie in die Staatsregierung berufen werden. Staatssekretär ist er ohnehin schon seit drei Jahren.

»München machte Witzigmann nicht nur, wie es sich gehört, den juristischen Prozess. Es machte ihm auch einen gesellschaftspolitischen Prozess.«
Marianne Schmidt im *Feinschmecker*, Juni 1993

Lässt sich die Causa Witzigmann noch einmal dafür verwenden, von politischen Misslichkeiten, jetzt, im Sommer 1993, also von jener fragwürdigen Amtsvergabe, abzulenken? Am 10. September vermelden die Zeitungen, Eckart Witzigmann müsse erneut vor Gericht. Der Staatsanwalt wolle den Fall in der Berufungsinstanz neu verhandeln, und am 29. September werde das Landgericht München erneut über Witzigmanns Schicksal befinden. Dessen Anwälte schaffen es, den Termin aufzuschieben, doch er weiß, dass hiermit das Damoklesschwert nicht abgehängt ist, nur umgehängt. Witzigmann kocht sich besinnungslos, während mit mehr oder weniger Mitleid berichtet wird, dass der Koch weiterbrutzeln müsse.

Kann es für ihn denn noch aufwärts gehen? Oder ist sein Leben ab jetzt nur ein Abgesang auf früheren Ruhm?

Marie Waldburg verkündet in der Münchner *Abendzeitung:* »Witzigmann bleibt bester Koch«, nachdem ihm im Oktober 1993

*»Kochen ist nicht das Wichtigste im Leben, * es war eine geraume Zeit tagtäglicher Lebensinhalt.*
** Aber was wäre mein Leben ohne Kochen!«*
Notiz von Eckart Witzigmann auf einem hellbraunen Zettel mit dem Emblem vom *Nassauer Hof*

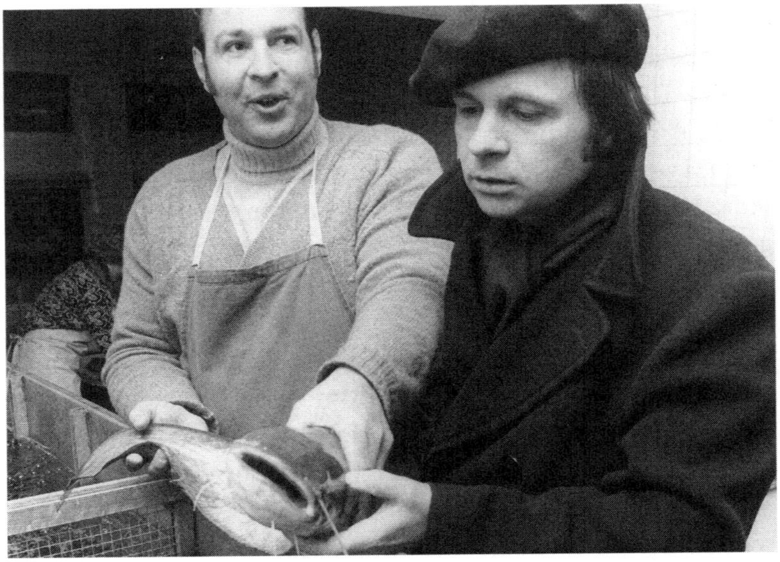

Hamlet am Bassin: Ernst prüft Witzigmann bei Fisch Maier auf dem Münchner Viktualienmarkt die Frische der Ware.

»Man sollte dem genialen Zauberer, der uns seit Jahren gleichsam schwindlig kocht, ein Denkmal auf dem Münchner Viktualienmarkt setzen.« Manfred Kohnke im Gault Millau 1994

»Ich hab viel Glück gehabt im Leben. Zum Beispiel 1978 mit der Aubergine. *Dort konnte und kann ich meine Hoffnungen, Erfahrungen und Träume einbringen.«* Eckart Witzigmann im Magazin *Restaurant International*, Februar 1992

für den Gault Millau des nächsten Jahres wieder 19,5 Punkte und vier Hauben verliehen worden waren. Doch als dasselbe Blatt im Januar 1994 androht: »Witzigmann kocht nicht mehr – Stehimbiss im *Aubergine*«, und nach Weihnachten dort ein Band läuft, das verkündet, vom 1. Januar bis 15. Februar bleibe das Restaurant geschlossen, werden erneut Gerüchte wach. Schmeißt Witzigmann ganz hin, weil keiner mehr an ihn glaubt?

Doch Carl Maassen, Fischgroßhändler in Düsseldorf mit 20 Millionen Mark Jahresumsatz, hat offenbar keine Probleme mit Witzigmanns kriminalisierter Vergangenheit und seiner amtlich diagnostizierten Charakterschwäche, er wird Partner. Und Witzigmann strahlt wieder, wenngleich nur fürs Foto, weil keiner Lust hat, bei einem depressiven Koch zu essen. Alles, was in seinem Reich, in seinem Namen geschieht, sieht für Außenstehende nach Aufbruch, nach Neubeginn aus, für ihn ist es, als wäre er Augenzeuge vom Abriss seines Elternhauses. Er schaut zu bei der Demolierung seines Lebenstraums.

Die *Aubergine* wird umgebaut, die Aluminiumpaneele werden herausgerissen, Trompe-l'œil-Malereien in Pastell bedecken die Wände, Commedia-dell'Arte-Figuren turnen auf gemalten Balustraden, die Bar oben wird entfernt und dort stattdessen ein zweiter Gastraum eingerichtet. Alles trendgemäß, ob es witzigmanngemäß ist, interessiert nicht mehr. Aus dem strengen

Andachtsraum, auf den er so stolz war, wird ein mediterranes Lokal mit süßlichen Fresken und bunter Tischwäsche. Und auch wenn Patrik Jaros, Küchenchef der neuen *Aubergine* und ebenfalls Witzigmann-Schüler, zu erkennen gibt, wie sehr er den Meister ehre und ihn als Supervisor brauche, fühlt der, dass das Kapitel *Aubergine* zu Ende geht. Freunde sehen seine Traurigkeit durch das Lächeln hindurch. Und manche haben auch Einfälle, was dagegen helfen könnte.

»Als mich der Fritz Eichbauer gefragt hat, ob ich das Tantris *übernehmen will, bin ich zuerst erschrocken. Dann hab ich den Ecki angerufen und gefragt, was er drüber denkt. Er hat gesagt: ›Ja, das machst.‹ Sonst hätte ich's auch nie gemacht.«*
Hans Haas, Küchenchef des *Tantris*

Am 14. März 1994 wird im *Tantris* Lafite Rothschild 1er Grand Cru Classé 1982 an nicht zahlende Gäste ausgeschenkt und Portwein aus Witzigmanns Geburtsjahr 1941, gespendet von Hardy Rodenstock. Nicht alle, aber die meisten wissen den Wein ebenso zu schätzen wie das, was Winklers Nachfolger Hans Haas dazu serviert, einer von Eckart Witzigmanns engsten Vertrauten, für den der Chef immer der Chef bleiben wird.

Denn an der Variation vom Hummer, am Steinbuttfilet mit Kartoffel-Bärlauch-Sauce und am Ragout von Kalbsbries mit Ossobucco-Ravioli, an der Bresse-Taubenbrust mit Artischockenboden und Périgord-Trüffeln und einem Dessert rund um die Orange delektieren sich die größten Köche Europas, von Frédy Girardet bis Harald Wohlfahrt, von Joël Robuchon bis Dieter Müller, von Paul Haeberlin bis Heinz Winkler. Der Anlass: Eckart Witzigmann ist vom Gault Millau zum Koch des Jahrhunderts ernannt worden und steht damit in einer Reihe mit Paul Bocuse, Joël Robuchon und Frédy Girardet. Die Begründung im Guide: »In seiner *Aubergine* kam er allen kulinarischen Idealen so nahe, wie das ein Koch nur kann. Und immer merkte der Gast, dass Eckart Witzigmann von Herzen sein Bestes gab.« Auch für diejenigen, die bei der Hatz zu den Treibern gehört haben, ist der Witzigmann auf einmal der Ecki. Der Gefeierte ist stolz, aber zugleich wachsam. Er fühlt sich, als stünde er inmitten von Hunden, von denen einige ihn gebissen haben. Und auch wenn sie ihm jetzt um die Beine gehen, kann ihn das diese Bisse nicht vergessen machen.

»Natürlich musste Rolf Heyne als Verleger des Deutschen Gault Millau auch Presse einladen. Und so bin ich an einen Tisch geraten mit diesem Dr. Zimmer, Chefredakteur der Münchner Abendzeitung. *Direkt gegenüber saß Markwort, Chefredakteur des* Focus. *Den habe ich dann sehr vernehmbar gefragt: ›Finden Sie nicht, dass hier ein paar Leute eingeladen sind, die nicht hierher gehören?‹«*
Günter Schöneis zur Autorin, 2006

Wer sich in den Zeiten der Not wie verhalten hat, das ist eingebrannt in sein Gedächtnis. Und als Eichbauer ihm zuflüstert, jetzt könne sich offenbar auf einmal keiner mehr daran erinnern, jemals etwas gegen Eckart Witzigmann gehabt zu haben, fährt er zusammen. Es ist Balsam auf seine noch immer nicht

»Bei uns ist es Familientradition, dass wir einen Bogen um die Aubergine *machen. Das ist für uns alle wie ein negatives Mahnmal. Aber ich sage mir immer: Er hat auf höchstem Niveau abgeschlossen.«*
Max Witzigmann im Gespräch mit der Autorin, 2006

vernarbten Wunden, dass Christian Millau erklärt: »Bescheiden müssen wir eingestehen, dass es noch eine andere Küche als die französische gibt.« Eckart Witzigmann erklärt verlegen, der Ausdruck »Jahrhundertkoch« sei doch arg übermächtig, und singt mit belegter Stimme ein Loblied auf seine Lehrmeister, von dem seligen Herrn Scheibenpflug und Paul I. Simon über Paul II. Haeberlin bis hin zu Paul III. Bocuse. Und dann singt er sich mit einem Jodler die Beklommenheit von der Seele. Doch was er vorhat, verrät er an diesem Abend keinem.

Am 20. August 1994, zweieinhalb Jahre nachdem ihn die Polizei aus dem Bett geholt und mit gezogenen Pistolen durch die Wohnung eskortiert hatte, erfährt Witzigmann, das Verfahren gegen ihn werde eingestellt. Über einige Verhandlungspunkte sei Stillschweigen vereinbart worden. Es sei ihnen gelungen, verkündet einer seiner Anwälte, die Staatsanwaltschaft davon zu überzeugen, dass sich ihr Mandant völlig von der Drogenszene gelöst habe. Er sei ohnehin schwer bestraft durch das Verbot, seine *Aubergine* weiterzuführen.

»Jean Racine hat sich auf der Höhe seines Ruhmes zurückgezogen, ohne Wenn und Aber und ohne Klatsch.«
Notiz des Eckart Witzigmann aus dem Jahr 1994

Witzigmann müsste erleichtert sein, aber er wirkt nicht so. Ohne nach rechts oder links zu schauen, arbeitet er weiter in nicht eigener Sache. Das Weihnachtsgeschäft läuft auch in der neuen *Aubergine* blendend. Für den 31. Dezember haben sich auch einige seiner Freunde angemeldet, echte wie Horst Bork, der angefangen hat, Witzigmann zu betreuen, was Verträge und Verhandlungen angeht. Bork hat einen engen Vertrauten am Tisch, der weiß, dass dies sein letztes Silvestermahl sein wird. Und Witzigmann nimmt es besonders ernst, den Todgeweihten mit seinem Lieblingsessen zu bekochen, den besten Kapaun zu kredenzen, den der jemals auf der Zunge hatte. Gegen zwei Uhr morgens verabschiedet sich Witzigmann von seinen Mitarbeitern wie immer, wünscht ihnen ein gutes neues Jahr. Doch er bringt es nicht über sich, ihnen das zu sagen, was er Horst Bork und ein paar anderen Freunden anvertraut hat: Heute hat er zum letzten Mal am Herd seiner *Aubergine* gestanden.

Vertrauensmann: Horst Bork, Witzigmanns Agent, ist darin geübt, mit dünnhäutigen Künstlern umzugehen.

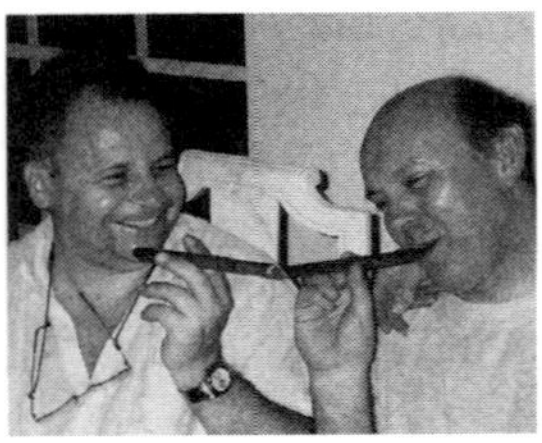

Der Kapitän verlässt das sinkende Schiff erst nach allen anderen. Eigenhändig sperrt er ab. Die erste Nacht des neuen Jahres ist klirrend kalt, doch er geht zu Fuß nach Hause. Die Tränen laufen ihm über das Gesicht. Und er weint, bis er ankommt im Lehel, in der Obermaierstraße. Es wartet dort niemand auf ihn.

XII. Kapitel

Am 30. August 1997 bricht in Sóller auf Mallorca ein makelloser Tag an. Eckart Witzigmann sitzt auf der Terrasse der *Ca's Puers*. Die Finca, in der er neuerdings arbeitet, nennt sich Haus zum Weberschiffchen, weil hier früher ein Tuchmacher wohnte. Eine mallorquinische Herrschaftsvilla, mit dunklen Boisserien und lichtgelben Tapeten, ausgestattet mit antiken Kristalllüstern, Vitrinen, Spiegeln und Gemälden, perfekt renoviert, von der Eingangstür aus poliertem Ulmenholz bis zu den gedrechselten Treppengeländern und den alten Terrazzo- und Fliesenböden.

Witzigmann atmet den Duft von Jasmin, Rosmarin und dem schlingenden Geißblatt, das über die Pergola fällt, lässt seinen Blick wandern über das tiefgrüne Laub des Mandarinenbaums und des Avocadobaums im Garten, über das stille Tal hinweg, wo Artischockenstauden, Mispel-, Feigen- und Olivenbäume gedeihen, und lässt ihn dann ruhen auf den steilen Hängen des Puig Mayor und den sanfteren der Alfabia. Es geht ihm gut. Bis er die Zeitung aufschlägt, eine Münchner Boulevardzeitung, die er sich aus Heimweh nach wie vor kauft, »Star-Koch Witzigmann Kneipenwirt auf Mallorca«, vermeldet die *tz*. Er legt die Zeitung ordentlich zusammen, weil er alles ordentlich zusammenfaltet, und wirft sie in den Müll.

Er will sich von niemandem mehr verderben lassen, was er hier endlich gelernt hat: gelassen zu sein. Jeden Morgen erwacht er hier mit dem Gefühl, es könne ihm nichts passieren. Sein Unterhalt ist gesichert, denn er steht in Diensten eines Verehrers. Klaus C. Plönzke, der mit Informationstechnologie zu Geld gekommen ist, und seine Tochter Britta haben auf Mallorca ein Konzept für drei Projekte entwickelt: für ein Hotel am Hafen von Sóller, dessen Restaurant nicht zufällig wie ein Tempel aussehen soll, denn es muss dem bereits engagierten Jahrhundertkoch ja entsprechen, für ein einfaches Restaurant in einer

»Seit der Vertreibung aus dem Paradies, sprich der Aubergine, *sehne ich mich nach einem Ort der Harmonie und der Glückseligkeit.«*
Eckart Witzigmann auf einem Notizblock des Kempinski-Hotels *Atlantic,* Hamburg

Ölmühle hoch oben in den Bergen bei Deià und für ebenjenes Feinschmeckerlokal im Haus des Tuchmachers.

Ebenfalls am 30. August liest ein junger Südtiroler, der gerade seinen Mallorca-Urlaub beendet, am Flughafen dieselbe Meldung in der *tz*, die Eckart Witzigmann verärgert hat. Zwei Jahre hat Roland Trettl in der *Aubergine* gekocht, und diese zwei Jahre haben sein Leben verändert. Dass der Chef, den er aus der Ferne wie fast jeder in seinem Beruf für unerreichbar hielt, damals überhaupt reagiert hatte auf sein Bewerbungsschreiben, das er, um aufzufallen, auf ein Brett geschrieben hatte, wunderte ihn bereits. Und dass sein nicht eben gediegenes Outfit beim Vorstellungsgespräch Witzigmann ebenso wenig irritierte wie seine langen platinblond gefärbten Haare, begeisterte den jungen Mann aus Bozen. Zuvor hatte er sich für einen provinziellen Wintersaisonbetrieb die Haare abschneiden lassen müssen und dann heulend vor dem Spiegel gestanden. Den Abgott aller Köche interessierte nur die Einsatzbereitschaft des neuen Kochs.

Bereitwillig war er durch Witzigmanns harte Schule gegangen und hatte rasch erkannt, dass Joe Gasser, der Südtiroler Sous-Chef, Recht hatte, als er ihn beim Einstand warnte, hier müsse er alles vergessen, was er vorher gelernt habe. Trettl hatte aber auch erlebt, dass der angeblich so unduldsame Chef nicht gnadenlos war; als Trettl sechs Stopfleberterrinen zur Ungenießbarkeit versalzen hatte, meinte Witzigmann nur: »Mach's noch mal.«

»Ich hab zerrissene Jeans angezogen, eine dreißig Jahre alte grüne Lederjacke, die mir mal ein kanadischer Eishockeyspieler geschenkt hat, und ein rotes Baseballkäppi. So hab ich in der Bar auf ihn gewartet. Da kam er die Treppe rauf, und bei mir ging das Licht an. Diese Aura, die hat mir getaugt. Und ich habe mir gesagt: Jetzt will ich's lernen.«
Roland Trettl zur Autorin 2006 über seine erste Begegnung mit Eckart Witzigmann 1990 in der *Aubergine*

Roland Trettl teilt mit Witzigmann manches. Fast auf den Tag genau ist er dreißig Jahre nach ihm geboren, im Personalausweis des Chefs steht das Geburtsdatum 4. Juli 1941, in seinem 3. Juli 1971. Er teilt mit ihm auch den Glauben an Vorzeichen. Deshalb erstaunt es ihn nicht, als er zu Hause auf dem Anrufbeantworter die Stimme des Chefs hört.

Anfang September 1997 sitzt Trettl in der *Ca's Puers*, redet mit Witzigmann und Plönzke. Und realisiert eher erschrocken als geschmeichelt, dass die beiden sich ihn als den Küchenchef vorstellen, mit dem sie im November den Betrieb eröffnen wollen. Als erfahrener Bademeister liebt Trettl Sprünge ins kalte Wasser und unterschreibt. Ende Oktober reist er an.

Der Chef, dem er in Sóller wiederbegegnet, scheint ein an-

derer zu sein als der, von dem er sich 1992 verabschiedete, in jenem Jahr, als die schwerste Zeit in Witzigmanns Leben begonnen hatte. Mit Wollust taucht er hier ein in dieses ihm fremde Dasein, begierig, eine Welt zu erkunden, in der es jeden Tag, an jeder Stelle anders riecht, nach Pinien und Schafen, nach Meer und Schweinen, nach Orangenblüten und Lorbeer. Roland kommt es so vor, als sei Witzigmann hier bereits zu Hause.

Training in Gelassenheit: Eckart Witzigmann auf der Terrasse der Ca's Puers *in Sóller, Mallorca.*

Der verrät seinem Schüler nicht, dass er Monate gebraucht hat, um einen neuen Modus Vivendi zu finden, schmerzliche Monate. Dass er am Anfang nur den Rückzug ersehnte, äußerlich und innerlich emigrieren wollte, dass er einsam wie ein Wüstenmönch droben in der alten Ölmühle in den Bergen saß, die nun zum Lokal werden soll, dass ihn diese selbst verordnete Isolation in Trübsinn und Trauer hinabzog. Roland erlebt Witzigmann als einen, der das Genießen wieder gelernt hat und sich zum Lehrling der mediterranen Esskultur macht. Mit dem Forscherdrang eines Humboldt hat er alles schnell erkundet.

Witzigmann weiß bereits, wo hier wilder Spargel und wilder Fenchel wächst, dass die Orangen von Sóller schon im 19. Jahrhundert ein Exportschlager waren, wie Myrte schmeckt und wozu sie auf Mallorca verwendet wird, dass Llampuga, der so genannte Gewitterfisch, nur zur Zeit der Herbstgewitter von September bis Oktober Saison hat, dass hier die Schmorgerichte fester Bestandteil der traditionellen Küche sind, weil das Fleisch auf der Insel der Hitze wegen nicht abgehangen werden konnte vor den Zeiten der elektrischen Kühlung. Er hat entdeckt, dass hier Aromen auf eine Weise kombiniert werden, die ihm völlig neu ist, jedoch alte Wurzeln hat: Häufig werden Zimt, Nelken und Safran verwendet, gern Joghurt zum Fleisch, Kaffee zur Meerbarbe oder bittere Schokolade zu Hummerkrabben, wie es einst die maurischen Besatzer einführten. Er hat bereits herausgefunden, wie gut der Geschmack von Zirbelkernen mit Erdbeeren harmoniert und wozu das Feigenbrot passt, das in Sóller nach einem 200 Jahre alten Rezept gebacken wird. Die mallorquinische Küche überzeugt Witzigmanns Gaumen. Es leuchtet ihm ein, dass zum Cabrales, dem mallorquinischen Blauschimmelkäse, Codonyat gereicht wird, ein festes Quittengelée, und dass hier, auf der Insel der Schweine, keine Milch, keine Sahne, kein Sauerrahm oder gar Crème fraîche verkocht wird, nur Olivenöl und Schmalz. Mit jeder Hausfrau, der er in einem der Läden begegnet, fühlt er sich verwandt, denn was die Qualität der Porchella negra angeht, des schwarzen Milchschweins, oder der Mantega del porc, des als Schweinebutter bezeichneten Schmalzes, nimmt sie es so genau, als heiße sie Witzigmann.

»In den Bergen hab ich einen Moralischen gekriegt. Ich bin zum Denken gekommen, aber wahrscheinlich zuviel. Ich bin ja kein Dichter. Ich halte Einsamkeit nur phasenweise aus.«
Eckart Witzigmann zur Autorin, 1998

Roland Trettl spürt, wie entflammt Witzigmann für die Insel ist, und der Funke springt sofort über. Weniger entflammt ist Trettl für die Frau, mit der er seine intimen Stunden verbringt, aber sie ist Spanierin, und nur so kann er zügig lernen, die mallorquinischen Köche in der *Ca's Puers* zu verstehen. Dass der Chef in Illhäusern mit derselben Methode Französisch gelernt hatte, weiß er nicht.

»Deutschland ist ein Volk von Erbsenzählern. Wenn ich in Deutschland aufgewacht bin, habe ich gedacht, welche Probleme der Tag bringt. Und hier wache ich auf und sag mir: Mal sehen, was der Tag wieder Gutes bringt.«
Eckart Witzigmann zur Autorin auf Mallorca, 1998

Wenn Roland Trettl seinen ehemaligen Lehrmeister auf den Mercador Olivar begleitet, die Markthalle von Palma de Mallorca, beobachtet er, dass der der Alte ist und doch verwandelt. Noch immer prüft er die Ware so genau wie beim Rungis-Express, aber ihm ist anzusehen, wie sehr ihn die Frische hier erfreut und die Fülle des Angebots. Beglückt befingert er den

Der Kaufrausch des Genießers: Auf Märkten kauft Witzigmann oft mehr, als er braucht. Weil es so schön ist.

Drachenkopf, wie er ihn für die Fischsuppe braucht, verliebt beäugt er den frisch geangelten Bonito, dem noch der Haken im Maul steckt, erotisiert schnuppert er über dem duftenden Thunfisch, Schwertfisch, Tintenfisch. Das Neue vor allem fasziniert ihn, die Rothühner, die schwarzen Spanferkel, die Bergkaninchen. Ihm gefallen die angestammten mallorquinischen Gerichte wie Peix a la mallorquina, der Fisch des Tages, im Tontopf geschmort mit Kapern, Mangold und Karotten.

»Ich habe immer das Einfache gesucht. Aber ich war eingesperrt in ein Korsett und unfrei durch den Leistungsdruck.«
Eckart Witzigmann zur Autorin auf Mallorca, 1998

Bald geht es Roland Trettl genauso wie dem Chef, der offiziell hier gar nicht sein Chef ist, sondern Supervisor. Es lockt sie beide morgens um halb sechs schon hinunter zum Hafen, wo die Männer ihre Fische herausziehen, beide spüren, wenn sie über einen Gemüsemarkt gehen, wie der Kaufrausch sie zu umnebeln beginnt. Es beruhigt Roland, dass Witzigmanns Lieblingsausdruck »ca se« – »mag sein« – ist, weil man sich damit nicht festlegt. Und wie er es dennoch genießt, sich mit der Gegend, mit den Menschen hier eng zu verbinden. Juan Alberti, der dritte Oberkellner in der *Ca's Puers*, ist nebenher Zweiter Bürgermeister von Fornalutx und Vorsitzender des Schafzuchtvereins. Er beeindruckt den großen Meister. Denn er kann am Fleischgeschmack sicher erkennen, wo das Schaf herkommt, weil jede Herde etwas anderes frisst.

Zwei, die seine Verletzlichkeit kennen: Roland Trettl und Paula Bosch flankieren den Meister.

»Die beiden mallorquinischen Köche haben ein Super-Niveau. Die können nur eines nicht: Druck aushalten. Und vielleicht haben sie sogar Recht damit.«
Eckart Witzigmann zur Autorin, 1998

Was Roland nicht erahnen kann: Es kommt Witzigmann hart an, nicht sein eigener Herr zu sein, denn über das Geld verfügt der andere, und die Pläne macht auch der, wenngleich er Witzigmanns Rat einholt. Wie schwer es Witzigmann fällt, mit der Situation umzugehen, merken aufmerksame Zuhörer daran, dass er krampfhaft nach einem geeigneten Titel für Herrn Plönzke sucht. »Chef« ist sein eigener Name quer durch Deutschlands Küchen, bemüht bezeichnet er ihn also als »mein Sponsor«. Roland Trettl weiß nicht, dass sich Witzigmann bei aller Freundlichkeit und Großzügigkeit der Geldgeber überflüssig fühlt – für ihn ein schreckliches Gefühl. Gebraucht, verstanden wird er nur in der Küche.

Dort aber ist nun ganz offiziell auf seinen ausdrücklichen Wunsch Roland Trettl Küchenchef. Die Köche, auch die Helfer, werden ratlos wie Hühner auf der Durchgangsstraße. Wohin bitte gehören sie jetzt? Wer hat hier das Sagen? Dieser Südtiroler, der ihnen als Küchenchef vorgestellt worden ist, oder dieser liebenswürdige Mann, den der Küchenchef immer Chef nennt, den sie nicht verstehen, weil er kaum ein Wort Spanisch kann, dem sie aber gebannt zuschauen, wenn er vorführt, wie aus schweren mallorquinischen Gerichten duftige Delikatessen werden, wenn er der einheimischen Küche Flügel gibt?

Dass Witzigmann zunehmend verstummt, fällt ihnen weniger auf. In dessen Kopf kreist die Unzufriedenheit mit dem Schüler, denn wie der regiert, kann einem, der seine Anfangsjahre bei Herrn Scheibenpflug bestand, nicht gefallen. Witzigmann kämpft mit sich. Wie soll er es Roland sagen? Schließlich greift er zur Methode seines Lehrherrn Paul Simon.

Roland Trettl trifft der Schlag unvorbereitet. Er kommt morgens ins Restaurant, sieht den Brief liegen, in Schönschrift adressiert, in Schönschrift geschrieben.

»Wenn alles so läuft wie geplant, werde ich auf Mallorca meinen Lebensabend verbringen.«
Eckart Witzigmann
im *Spiegel*-Interview
vom 1. November 1997

Lieber Roland!
Eigentlich wollte ich Dir einen langen Brief schreiben, aber ich finde ein Gespräch unter vier Augen vorteilhafter.
Ich finde es an der Zeit, Dir einmal zu sagen, dass Dein Verhalten anderen Leuten gegenüber nicht mehr zu akzeptieren ist.
Erstens würde es sich gehören, sich einmal zu freuen und zu bedanken, dass man es Dir ermöglicht hat, einen Herd, neue Arbeitstische etc. zu bekommen.
Diese Unordnung in der Küche insgesamt, sprich in sämtlichen Kühlschubladen, muss geändert werden. Außerdem diese abnormale Pfannenansamlung unter dem Herd, das ist ja auch anders zu lösen, indem man zum Beispiel die Pfannen nach groß und klein ordnet und stapelt.
Insgesamt herrscht eine schlechte Ordnung, die alle Beteiligten zu verbessern aufgefordert sind. Ich bin mir dessen bewusst, dass die Küche zu wenig Platz bietet, aber gerade da ist Sauberkeit und Ordnung oberstes Gebot.
Wenn man die Möglichkeit hat, den Arbeitsplatz und dessen augenblickliche Situation zu verbessern, dann ist das Deine Aufgabe.
So positiv Deine Leistung ist, gebe ich Dir einen guten Rat: Mache nicht den verfänglichen Fehler, das Gefühl zu bekommen, Du wärst unersetzlich, und Dir Star-Allüren zuzulegen.
Vieles richtet sich schon nach Dir, Deinen Wünschen und Launen, aber glaube nicht, dass alle nach Deiner Pfeife tanzen werden. Gut kochen alleine genügt nicht, um ein ganz Großer zu werden.
Zum Abschluss: Ich bin gespannt, wie es klappen wird an den kommenden Tagen. Auch im Organisieren und Delegieren liegt die Kunst.
Diese Zeilen, lieber Roland, sollen Dir mitteilen, wie sehr ich Dich mag, aber versuche, Dein Verhalten in den Griff zu bekommen.

Eckart Witzigmann

»Den werde ich aufbewahren, solange ich lebe, diesen Brief. Wenn ich in Gefahr bin, abzuheben, dann ziehe ich ihn raus. Und dann komm ich wieder runter.«
Roland Trettl nach Verlesung dieses Schreibens anstelle einer Dankesrede bei der Verleihung des Eckart-Witzigmann-Nachwuchs-Preises an ihn am 28. November 2005 in Stuttgart

Rolands erste Reaktion: Er ist verärgert, fühlt sich gekränkt, gering geschätzt, heruntergeputzt. Immerhin ist er hier der Küchenchef. Aber dann liest er den Brief noch einmal.

Die Aussprache danach ist wie ein reinigendes Gewitter. Und der Chef hält sich an die Abmachung, dem Chef freie Hand zu lassen. In der Küche steht Witzigmann nun seltener, aber seine freie Zeit nutzt er wie immer ausschließlich dafür, zu lernen. Auch mit Ende fünfzig ist er getrieben von Wissbegierde. Mindestens einmal in der Woche durchpflügt er mit Roland unten auf der Rambla das am besten bestückte Zeitungsgeschäft weit und breit. Das entdeckt er überall auf der Welt binnen kürzester Zeit. Während Roland sich mit *GQ*, *Vogue*, *Playboy* und *Quest* eindeckt, um zu erfahren, welche Haarfarbe, welcher Hosenschnitt, welche Designermarken und welcher Frauentyp derzeit aktuell sind, forscht Witzigmann, ob es irgendein Food-Magazin gibt, das er noch nicht kennt. Die Gefahr, vieles doppelt einzukaufen, geht er bereitwillig ein. Er muss dranbleiben an der vordersten Front. Und um zu wissen, wo er genau steht, unternimmt er Exkursionen. Für ihn, dem keiner mehr etwas zeigen kann, sind es Fortbildungsreisen.

Im Frühjahr 1998 kommt eine Einladung, die ihn nicht nur reizt, sondern ihm beweist, wie wichtig er nach wie vor genommen wird, sogar in den USA. Roland Trettl träumt bereits davon, was er in Hollywood an Konfektion erwerben könnte. Denn er wäre natürlich mit von der Partie, wenn der Chef annimmt. Sie haben ihn eingeladen, den Oscar-Lunch zu kochen. Umgehend wird er First Class zum Probekochen eingeflogen. Er lässt sich das Konzept zeigen. Und kapiert sofort, worum es hier geht: um seinen Namen, nicht ums Essen und schon gar nicht darum, den Gästen zu zeigen, wie kreativ dieser Cuisinier de siècle ist. Auf die Minute genau ist geplant, wann was auf den Tisch zu kommen hat, und vor allem, wann es wieder abserviert werden muss. Im Land des Fastfoods nicht weiter verblüffend. Doch Eckart Witzigmann sieht nicht den Scheck, mit dem ihm hier gewunken wird, oder den roten Teppich, den sie ihm ausrollen wollen, er sieht diesen Fahrplan und sagt Nein.

»Ich kenne keinen Koch, der mehr Skrupel hat als er. Andere Köche haben viel Geld verdient mit dem, was Eckart nicht gemacht hat. Zum Beispiel mit einer erfolgreichen Reismarke. Da hat Eckart nur gesagt: ›Den Reis ess ich doch auch nicht.‹«
Horst Bork, Agent und Freund von Eckart Witzigmann

Unbefangene Beobachter könnten meinen, Witzigmann sei glücklich. Schließlich macht es Normalsterbliche auch stolz, anzusehen, was sie alles abgelehnt haben. Doch Hamlet ist nicht gebaut für ein Dasein als Frühpensionär. Dass Roland Trettl es nur ein einziges Mal in all den Jahren schafft, den Chef an einen der Strände zu ziehen, um einen ganzen Tag über nichts zu tun, sagt alles.

Hamlet ringt. Und wo es keinen Widerstand gibt, keine Konkurrenz, keine Feinde, nicht einmal Kritiker, gibt es nichts zu ringen.

Am 20. August 1998 besucht Witzigmann seinen Schüler Jörg Wörther auf *Schloss Prielau*, der dort Küchenchef des Hotelrestaurants ist und sich bereits vier Hauben im Gault Millau erkocht hat – einen Guide Michelin nebst Sternen gibt es in Österreich noch nicht. Das Anwesen gehört der Familie Porsche, Freunden des Galeristen Gerhard Lenz. Und der war einer von Eckarts bevorzugten *Aubergine*-Stammgästen, einer, der die Dramaturgie eines Menues verstand. Damals war der Jörg noch sein Saucier. Dass ihn die Vergangenheit einholt, als er das Anwesen in Zell am See betritt, gibt er unbewusst zu erkennen. Nicht über seine eigene Intoxikation macht er sich dort Notizen, sondern über die eines Vogels.

Alles gefällt ihm, dem Puristen. Dieses Renaissanceschloss mit Kapelle, schlicht und schön in seinen Abmessungen, das Wildgehege dabei, der Kräutergarten, der Forellenteich und der zweite Teich mit Huchen. Witzigmann ist, als betrete er einen unerschöpflichen Vorratskeller, der zugleich einen nicht enden wollenden Vorrat an Inspirationen birgt. Jörg kennt den Chef gut genug, um herauszuhören, dass in seinem Lob und seinen Kommentaren der Gedanke anklingt, das hätte auch zu ihm gepasst.

»Wie kommt Quecksilber in die Federn des Seeadlers, was durch Proben festgestellt wurde? Durch Verdunstung der verschmutzten Luft werden Gifte in den Wolken aufgefangen, das Ganze kommt als Regen wieder, fällt in die Seen, setzt sich ab in den Pflanzen, den Algen, die von den Fischen gefressen werden. Der Seeadler frisst den Fisch, und so kommt das Quecksilber in sein Gefieder.«
Notiz von Eckart Witzigmann auf einem Block des Hotels *Schloss Prielau* in Zell am See

Witzigmann gönnt es seinem Schüler, schon weil der mit ihm mehr seelische Gemeinsamkeiten besitzt als die meisten anderen. Aber er spürt selbst, wie er brennt, dass er wieder zurückwill an den Herd. Als er kurze Zeit später dem *Playboy* ein Interview gibt und gefragt wird, wen er als Konkurrenz empfinde, bricht es aus ihm heraus: »Eigentlich jeden, der gut ist. Momentan habe ich keinen Konkurrenten, weil ich nicht im Wettbewerb bin.« Auf der anderen Seite freut er sich daran, dass er wieder lernt, die große Küche von Kollegen auszukosten. In der Blütezeit seiner *Aubergine* war ihm das schwer gefallen.

Zwischen Österreichs bekanntestem Gourmet-Autor Christoph Wagner und dem Bruder seiner alten Freundin Hedi Kös-

»Das Essen ist mir durch das dauernde Probieren ein bisschen verleidet.«
Eckart Witzigmann in einem *Playboy*-Interview elf Jahre zuvor, 1987

tinger sitzend, gabelt er langsam und aufmerksam die zwölf Gänge, die Wörther als Überraschungsmenue für ihn gekocht hat, von den Krebsen mit Thaispargelspitzen und Krebsbutter über die angeräucherte Lachsforelle auf Blattspinat und Beurre blanc, die Sellerie-Tascherl mit Steinpilzen und Pfifferlingen, die halbe Taube mit Hahnenkämmen auf Linsen und Kartoffelpurée bis hin zum Milchrahmstrudel mit Asti-Gelée, Kaffee-Eiscrème und Kirschenröster. Die Speisenfolge hat Jörg für sich selbst aufgeschrieben, den Gästen aber hat er diese Karte nicht gezeigt. Am nächsten Morgen sitzt Witzigmann bei Kaffee und Croissant und notiert alles, was es gegeben hat, nicht nur jeden Gang. Fassungslos liest sein meisterlicher Schüler mit, wie der Chef jedes Kraut, jedes Gewürz, jeden Schluck Noilly Prat vermerkt. Auf seiner Website wird zwar Jörg Wörther selbst als »Mozart der Küche« gepriesen, weil Kritiker ihm diesen Titel verliehen, aber jetzt ist deutlich zu erkennen, wer den verdient. Gleicht der Chef doch Mozart, der mit vierzehn Jahren auf der Italienreise mit dem Vater für eine Sensation sorgte, als er nach einer Festmesse in der Sixtina das neunstimmige Miserere des Gregorio Allegri, dessen Noten zu kopieren unter Androhung der Exkommunikation verboten war, aus dem Kopf fehlerfrei niederschrieb.

»Wenn es analog zum absoluten Gehör einen absoluten Geschmackssinn gibt, dann hat ihn Eckart Witzigmann.«
Pianist Gerhard Opitz, *Aubergine*-Stammgast, auf einem Empfang in München 1992

Doch von Bewunderung wird ein Koch wie Witzigmann nicht satt. Der Teint gebräunt, die Augen glänzend, das Lächeln sonnig, wirkt er entspannt, doch seine Rastlosigkeit ist spürbar. Vertraute Freunde rätseln, welche Pläne er hat, doch er behauptet, keine zu haben. Manche befürchten, er wolle noch mal ein Lokal aufmachen, ein stilles, ohne jeden Ehrgeiz, Trophäen zu erringen. Doch auch die wissen, dass er zu berühmt ist, um sich noch verbergen zu können. Sicher ist nur, dass Witzigmann nichts machen möchte, wobei er erhöhter Verletzungsgefahr ausgesetzt wäre. Außerdem scheut er die Öffentlichkeit, denn die Narben aus den schlimmen Jahren sind noch immer rosa. Dass er Menschen sein Vertrauen geschenkt hat, die es nicht verdienten, hat Witzigmann vorsichtig, übervorsichtig werden lassen. Er ist verärgert, als sein Freund Carl Geisel, Hotelier des *Königshofs*, ihm erklärt, diesen Kochkurs mit Witzigmann, den die *tz* unter ihren Lesern verloste, müsse er nun auch halten, er habe anfangs doch Ja dazu gesagt. Nun aber zuckt er zurück.

Wer weiß schon, wie sich fremde Leute aus München benehmen, wenn sie Seite an Seite mit ihm am Herd stehen? Carl müsste ihn doch verstehen, der ist doch ebenfalls ein Krebsgeborener. Doch Carl bleibt eisern. Passieren könne doch nichts, denn das Ganze ist ein Heimspiel: Stattfinden soll der Kurs in der Küche der Vinothek, dem Weinrestaurant von Stefan Geisel, Carls jüngerem Bruder, den Witzigmann kennt, seit er auf dem Taufkissen lag.

»Fürs Fernsehen ist er trotz der herzigen Kinderaugen nicht so geeignet, weil seine genuschelten Halbsätze nicht mal die Köche verstanden haben, die sie unbedingt verstehen wollten.«
Reinhard Gerer, Witzigmann-Schüler und Küchenchef des *Korso* in Wien, zur Autorin, 2002

Um zehn Uhr morgens stehen die Gewinner erwartungsfroh in der Küche. Doch Witzigmann hat sich in eine Ecke des Lokals zurückgezogen. Um halb elf wird die Truppe unruhig, aber der Meister ist nicht an den Herd zu bewegen. Er verlangt, dass Carl für ihn sondiert. Carl geht in die Küche, kehrt zurück, liefert einen Stimmungsbericht ab. Witzigmann hört ihn an und bleibt sitzen. Carl sondiert erneut, schildert die Teilnehmer als harmlos bis herzlich. Witzigmann bleibt sitzen. Es ist bereits elf. Erst als Carl erzählt, da sei ein Bayer in Lederhose dabei, der gute Sprüche draufhabe und mit dem er bestimmt seine Gaudi haben werde, verlässt Witzigmann sein Refugium und betritt die Arena. Und hofft, es möge ihm keiner anmerken, wie ihm zumute ist.

Dass er endlich Zeit hat, bringt alte Freunde auf ausgefallene Ideen – ihn, den großen Verwöhner, einmal zu verwöhnen, denn nach Hause eingeladen wird er ungern. Günter Schöneis von Moët & Chandon, ein alter Weggefährte, verlockt Witzigmann im Oktober zu einem Ausflug in die Champagne, auf das Château de Saran, das Gästeschloss des Champagner-Hauses. Dort kocht für einen erlesenen Gästekreis Yoshihiro Murata, den die Freunde in Épernay den Witzigmann Japans nennen. Und für die japanische Esskultur ist der seit seiner ersten Japanreise in den achtziger Jahren entflammt.

Es wurde kein Aufwand gescheut, um Murata ideale Konditionen zu bieten. Alles wurde eingeflogen, sogar das japanische Mineralwasser, mit dem zu kochen er gewohnt ist.

Witzigmann sitzt neben seinem Freund Günter Schöneis. Die beiden sind zwei lebenslustigen Mönchen nicht unähnlich. Doch Witzigmanns Gesicht wirkt angestrengt. Günter schweigt. Eckart schweigt. Beide schauen beherrscht in die Karte. Und lesen, was sie da in elf Gängen erwartet. Die japanischen Bezeichnungen sind zwar übersetzt, aber verständlich ist das Ganze trotzdem nicht.

Erster Gang: SAKIZUKE. Auf Deutsch: Matsutake vom Grill, Sudachi auf Holzkohlenfeuer gegart, Fuga.

»Was bitte ist Fuga?«, fragt Günter. »Und was ist dieses Sudachi, für das er hier mitten im Salon seinen Qualm verbreiten darf?«

Witzigmann schweigt und isst.

Zweiter Gang: HASSUN. Quappe-Leber mit Warisansho, Mizuna, Shimeji, Algen, Esskastanien, Kuwai.

»Weißt du, was Quappe-Leber sein soll?«, fragt Günter den Freund, aber der sagt nichts und isst mit Andacht.

Der dritte Gang wird kredenzt: MAKAZUKE, übersetzt: Fischrogen in Seezungenrolle mit Algenessig, Thunfischfilet mit Sojasauce und getrocknetem, echtem Bonito.

Günter hält es nicht mehr aus. »Schmeckt dir das denn, Ecki?«

»Das schmeckt interessant«, sagt der. »Sehr interessant.«

Beim vierten Gang, FUTAMANO, erklärt als Manju mit Foie gras gefüllt, kleiner Daikon, Möhren, Trüffeln mit Stärkemehl und Yuzu, lässt Günter Schöneis zwei Drittel liegen, sein Freund isst auf. Und nach dem fünften Gang, YAKIMONO, auf Deutsch: Seeohr vom Grill, Sauce von Seeohrenleber und Sudachi, hört er an seiner Seite wieder ein leises: »Interessant, sehr interessant.«

»Also mir schmeckt das überhaupt nicht«, erklärt Schöneis.

»Psst«, sagt Witzigmann. »Sag das nicht.«

Aufmerksam vertilgt er alles, was noch kommt, gleichgültig, wie befremdlich es aussieht oder riecht. Nach dem elften Gang wird Witzigmann noch zum Kollegen in die Küche gerufen, Meister unter sich. Als er dann Freund Schöneis am Tisch abholt und sich auf ein letztes Glas mit ihm zurückzieht, seufzt er: »Ich habe heute Abend leider nur den Dom Perignon genossen.«

»Aber warum hast du dann alles aufgegessen?«

»Weil der Murata bestimmt besonders genau geschaut hat, was auf meinem Teller liegen bleibt«, sagt Witzigmann.

Drei Jahre später wird von 440 Tellern einer nicht ganz leer gegessen zurückgehen in eine Küche, wo Eckart Witzigmann am Pass steht. Und dem eine schlaflose Nacht bereiten.

»Wer denkt schon nach über die Leiden eines Kochs, gerade, wenn er erfolgreich ist? Als ich mit der Lilly Unterberger am Grab von Hasi, ihrem Mann, gestanden bin, hab ich gedacht: Welchen Gourmet interessiert schon, was den krank gemacht hat?«
Eckart Witzigmann zur Autorin, 2006

XIII.
Kapitel

Keiner, der ihn aus dem Fernsehen kennt, aus einer der zahllosen Talkshows, könnte das glauben. Auch keiner, der ihn von den Umschlägen seiner Kochbücher leuchten sieht, verfiele diesem Gedanken. Aber seine Kinder wissen es: Der Mann, für den die Medien nur noch Superlative übrig haben, hat Angst. Mit sechzig ist er sie noch immer nicht losgeworden und wird sich wohl nie von ihr befreien können: von jener Angst vor dem Verletzen und Verletztwerden.

Er war der Erste gewesen, der zu Véronique ins Krankenhaus kam, nachdem sie von ihrer Tochter entbunden worden war. Aber sechs Wochen lang hat er nicht gewagt, den Säugling einmal auf den Arm zu nehmen. Drei große Weißbiere hat es gebraucht, bis er seine Hemmung ablegte und sein Enkelkind Marietta zu halten wagte. Und das, obwohl er, wie sein Schüler Christian Petz sagt, »jede Birne anfasst, als wäre sie ein Baby«.

Andere imprägniert der Erfolg gegen Angriffe, gegen Kritik, gegen Sticheleien. Aber bei Eckart Witzigmann will sich diese Schutzschicht nicht bilden. Vielleicht umgibt er, der das seinem Sternzeichen Krebs zuschreibt, sich deswegen gern mit anderen Krebsgeborenen. Auch Roland Trettl ist einer, dem bewusst ist, womit er den Chef verwunden kann.

Der Oktober 2001 ist wie oft sommerlich warm auf Mallorca. Und die Einheimischen beginnen nun, ihre Insel zu genießen, die Fremden sind abgereist. Auch in der *Ca's Puers* ist es still. Auf der Terrasse sitzen an dem lauen Abend niemand außer Eckart Witzigmann und Roland Trettl. Witzigmann spürt im Schweigen bereits, dass etwas Wichtiges von seinem Schüler kommen wird.

»Chef, das war meine letzte Saison hier«, sagt Roland.

Witzigmann schaut auf den Puig Mayor, der im Abendlicht nicht mehr schroff aussieht, und sagt: »Dann wird's auch meine letzte gewesen sein. Dann hast du mich nicht verlassen und ich dich nicht.«

»Manche meinen, dass er keine Kinder mag. Aber er befürchtet einerseits, an denen etwas kaputtzumachen, und andererseits, von ihnen nicht gemocht zu werden. Er hat Angst, die könnten ihm wehtun.«
Max Witzigmann, Vater von Alois Franz Xaver und Leni Sylvestra, zur Autorin, 2006

Beide haben feuchte Augen und schauen auf die Berge, damit es der andere nicht sieht. Verlassen zu werden ist für Witzigmann so schlimm, wie enttäuscht zu werden. Und dass er weder vor dem einen noch dem anderen gefeit ist, will er nicht einsehen. Jemanden zu haben, der ihn beschützt, ist Witzigmann mit sechzig Jahren wichtiger denn je. Und dass sein Beschützer zuvor Udo Jürgens und Udo Lindenberg, Christopher Lambert und Chris Rear, Falco und die No Angels gemanagt hat, empfindet er als besonders ehrend, denn so dringt er indirekt ein in jenen Dunstkreis der Musiker, mit denen er für sein Leben gern getauscht hätte. Horst Bork schaut sich für Witzigmann eventuelle Vertragspartner an und das Kleingedruckte, er handelt Konditionen aus und das, was Eckart Witzigmann ziemlich gleichgültig ist: die Honorare.

»Wenn sich mich jemand als Privatkoch leisten will, muss er schon Geld haben. Ich brauche es ja nicht für mich, aber fürs Einkaufen. Wer beim Einkaufen an der falschen Stelle spart, kann auch mit den besten Rezepten keine kulinarischen Höhepunkte erleben.«
Eckart Witzigmann zur Autorin, 2005

Horst Bork hat auch keine Probleme, mit jemandem einen Vertrag abzuschließen, der wegen einer Steueraffäre in die Schlagzeilen geraten war. Er ist den Füchsen der Branche gewachsen. Für Bork zählt, ob der Partner Qualitäten als Promoter besitzt, und die kann Matthias Hoffmann, der Die drei Tenöre zum Markenartikel und damit 200 Millionen Dollar Umsatz machte, keiner absprechen. Noch bevor Witzigmann sein mallorquinisches Idyll aufgegeben hat, steht ein Projekt, das sich mit dem Namen Witzigmann schmücken darf und von der Deutschen Arena, deren Geschäftsführer Hoffmann ist, betrieben wird: eine Dinnershow, Galamenue mit Unterhaltungsprogramm, in Spiegelpalästen, die nach alten Vorbildern mit dunklem Holz, rotem Samt und einer wirksamen Dosis Nostalgie rekonstruiert werden. Erlebnisgastronomie ist nichts Neues in Deutschland. Bernhard Paul, der mit Roncalli den Zirkus von Tierquälerei befreite und mit Poesie beschenkte, machte mit *Panem et Circenses* schon in den Achtzigern Furore. Und danach hatte Bernhard Pauls Mann am Herd, Hans-Peter Wodarz, mit seinem *Pomp, Duck and Circumstance* sogar eine Welttournee riskiert. Nachahmer gibt es ebenfalls schon genug, auch hochkarätige. Aber dass nun einer wie Witzigmann, jener Hamlet, der sich ständig mit der Frage quält: »Fein oder nicht fein …?«, ein solches Großunternehmen dirigiert, wo in fünf Städten Abend für Abend 370 bis 450 Menues kredenzt werden, ist neu. Schließlich dirigiert Barenboim auch nicht die

Fischer-Chöre. Doch Witzigmann lässt sich mit einem Wort zuverlässig entzünden: Sobald von Herausforderung die Rede ist, steht er in Flammen. Hier ist sie nicht nur kulinarischer, sondern auch logistischer Natur. Der kleinste Fehler ließe das ganze System zusammenbrechen. Die Köche wissen, dass sie für den ganzen Abend nur einen Sicherheitsabstand von insgesamt zehn Minuten haben. Wird der überschritten, kommt es zu schweren Auffahrunfällen. Wüsste Hoffmann, wie Witzigmann sich selbst einschätzt, überfiele ihn Panik.

»Ich war schon immer ein Langsamer, denn im Aszendent bin ich Stier. Und Stiere nehmen es genau, die lassen sich nicht von irgendwem oder irgendwas zum Pfusch verleiten.«
Eckart Witzigmann zur Autorin, 2004

Beginnt der Service, verlässt jede Sekunde ein Teller die Küche, 370 bis 450 Leute müssen gleichzeitig einen Gang serviert bekommen, einen Gang, der jeden geübten Hobbykoch nervös werden ließe, der vier Gäste damit bewirtet. Stünde Matthias Hoffmann öfter in der Küche, entdeckte er bereits früh, dass der Meisterkoch und er aus zweierlei Kulturkreisen stammen. Denn Witzigmann, der die fünf Küchenchefs der Spiegelpaläste in einem exklusiven Training ausbildet, verlangt von allen Köchen, dass sie ihre Arbeit mit Andacht verrichten, ob es nun darum geht, ein rohes Stubenküken zu tranchieren oder eine Rosette aus dem Steinbuttfilet zu formen. »Ohne Andacht wird das nichts«, sagt er. Und weil sie ihn anbeten, weil sie sein Produktgefühl ebenso bewundern wie seinen Instinkt für das Miteinander von Einfachem und Exklusivem, bemühen sie sich, höchste stille Konzentration, wie sie der Chef sich wünscht, mit Rekordgeschwindigkeit zu verbinden.

Thomas Jaumann, den er »seinen General« nennt, nimmt Witzigmann zwar das Feilschen bei der Warenbeschaffung ab und auch die Auswahl der Köche. Dennoch liegt Hamlet von Anbeginn an im Clinch mit dem König der Arenen. Denn ihm geht es um Qualität und Hoffmann um Quantität, vor allem, was die Gewinne betrifft. Witzigmann fordert lokalen Einkauf, weil es besser ist, Hoffmann zentralen, weil es billiger ist.

»Mich verblüfft er immer wieder mit dem, was er weglässt. Er ist wie Picasso, der eine Taube mit drei Strichen zeichnen kann.«
Günter Rochelt, Koch, Schnapsbrenner und Freund von Eckart Witzigmann

Hamlet ist kein Stück für Männer wie Hoffmann, Die drei Tenöre haben ja auch keinen Hindemith gesungen. Solange der nur hinter den Kulissen um höchstes Niveau ringt und darum, es zu halten, kann Hoffmann das gleichgültig sein. Witzigmann schlägt sich allein mit dem Problem herum, dass sich bei den vier, fünf Monaten Laufzeit jeder Show nach spätestens zweieinhalb der Schlendrian einschleicht, dass kühle Routine die

»Witzigmann verkauft alles unter Wert. Hoffmann hätte es lieber gehabt, dass er alles über Wert verkauft.« Wolfgang Klauke, ehemals Pressesprecher von Witzigmanns *Palazzo*, heute von *Bajazzo*, zur Autorin, 2006

erhitzte Wachsamkeit verdrängt. Also ordnet er an, dass die Posten gewechselt werden, dass der Saladier tauscht mit dem Saucier und der wiederum mit dem Entremetier. Wer regelmäßig ins kalte Wasser geworfen wird, neigt nicht zu Ermüdungserscheinungen. Doch was vor den Kulissen geschieht, verrät Hoffmann, dass Witzigmann anscheinend noch nie etwas von Pragmatismus gehört hat. Food-Fotos digital zu bearbeiten, findet Witzigmann so unsittlich wie eine Einladung zu Dosenravioli. Doch damit nicht genug. Da werden Fotos geschossen für die Feinschmecker-Magazine, und Witzigmann zieht einen perfekt arrangierten Teller im letzten Moment zurück. Den müsse man noch mal neu aufnehmen, denn da fehle eine Prise Meerrettich an der Sauce. Das Argument der Fotografen, sie wollten das nicht essen, sondern ablichten, dringt zu Witzigmann nicht durch. Marlene Dietrich, die für eine Rolle, in der sie niemals in Unterwäsche zu sehen war, seidene Dessous vom Produzenten forderte, weil sie sich dann anders fühle, anders gehe und spreche, verstünde Witzigmann bestimmt, Hoffmann jedoch leistet sich Idealismus so wenig wie die in seinen Augen falsche Bescheidenheit.

Warum quält sich Witzigmann, dem sie jedes Jahr eine neue Medaille oder einen neuen Orden verleihen, damit, dass die Arena-Betreiber ihn auf jeder Litfaßsäule als Jahrhundertkoch anpreisen? Das klinge, meint der Koch, als maße er selbst sich diese Bezeichnung an, als sei sie von den *Palazzo*-Leuten erfunden. Wenn man schon damit arbeite, dann bitte korrekt: »Eckart Witzigmann, 1994 vom Gault Millau zum Jahrhundertkoch ernannt.« Aus der Haut fährt er, wird er in der *Palazzo*-Werbung als Promi-Koch angekündigt. »Ich koche für Prominente nicht anders als für diejenigen, die ein Jahr für das Essen gespart haben«, schnaubt er dann. »Und das sind mir sowieso die Liebsten.« Was Witzigmann für angemessen hält, hält Hoffmann für lächerlich leise. Witzigmann hingegen schreibt in seinen Spiralblock: »Übertreibung ist die Vorstufe der Lüge.« Dass sein Name mit marktschreierischen Sprüchen befleckt werden könnte, ist für ihn eine erschreckende Vorstellung. Er ist in Bad Gastein aufgewachsen, und dort achtet jeder auf seinen Ruf so sorgsam wie auf die Sauberkeit der Straße vor dem Haus. Es beruhigt ihn, heimzukehren in diese Welt, der er längst entwachsen ist

»Wenn ich während meiner Zeit in der Aubergine *heimgefahren bin nach Bad Gastein und den alten Witzigmann getroffen habe, hat er immer gefragt: ›Wie geht es dir denn bei meinem g'spinnerten Buben?‹«* Jörg Wörther zur Autorin, 2006

und doch immer noch verhaftet. Italiens Staatspräsident Ciampi hat ihm gerade den Artusi-Preis verliehen, aber Witzigmann bedeutet es mehr, zum Ehrenbürger von Bad Gastein ernannt zu werden, denn das ist ein Sieg. Nun betritt er als Gleichberechtigter jene Welt, in die er früher nur als Laufbursche eingelassen wurde. Während auf dem Kongressplatz im Schnürlregen die Blaskapelle der Bürgerwehr spielt, denkt Eckart Witzigmann daran, wie stolz sein Vater heute auf ihn wäre.

Und sein eigener Sohn Max Witzigmann steht im Abseits neben seiner hochschwangeren Frau und denkt, wie sehr es ihm zuwider ist, hauptberuflich Sohn zu sein und von der Presse immer dasselbe gefragt zu werden.

Gefeiert wird am Tag darauf im *Grünen Baum*. Auch das ist ein Sieg, denn Eckart Witzigmann steht nun dort im Mittelpunkt, wo er als Kind nur unter der Tür stand, wenn er die Maßanzüge für den Vater von Monica Blumschein abgab, den Hotelier Erwin Linsinger, vor neunzehn Jahren zum Ehrenbürger ernannt. Dass Witzigmann die Hotelierstochter erst näher kennen gelernt hat, als sie mit ihrem Mann Wallfahrten zum *Tantris* machte, ist kennzeichnend für Bad Gastein. Die Blumscheins verwöhnen ihn, Karl Ederer und Jörg Wörther bekochen ihn.

Doch nicht einmal an diesem seinem Feiertag hört Hamlet auf zu ringen: Er hadert mit den geladenen Gästen, denn die finden offenbar das Endspiel der Fußball-Weltmeisterschaft, in dem Deutschland gegen Brasilien antritt, wichtiger als die Meisterwerke des Jörg Wörther rund um den Krebs, den der krebsgeborene Koch für den krebsgeborenen Lehrmeister in allen Varianten serviert. Es verletzt ihn persönlich, zu sehen, wie der Großteil der Freunde, Bekannten und Honoratioren vor dem Fernseher hockt, anstatt am Tisch mit Andacht zu essen, ist das doch ein Beweis dafür, dass die Kochkunst nicht imstande ist, sich als Attraktion zu behaupten, wenn es eine andere gibt. Und dass sie die ungeteilte Aufmerksamkeit, die sie verdient hat, selten erfährt.

»Er war beinahe erschrocken, was wir ihm hier geboten haben, dass der Jörg für ihn so viel Aufwand betrieben hat, denn bei uns isst er sonst nur ein kleines Rindsgulasch, ein Krenfleisch oder einen Waller im Wurzelsud.«
Monica Blumschein, geborene Linsinger, Besitzerin des Hoteldorfs *Grüner Baum*

Es kann ihn über solche Erlebnisse nicht hinwegtrösten, dass er mittlerweile für viele zum Vorbild geworden ist. Gordon Ramsey, einer der berühmtesten Restaurateure Englands, hat sein Londoner Lokal nach Witzigmanns legendärer *Aubergine* benannt,

»Wenn er im Tantris erkannt und beim Essen gestört wird, dann steht er zwar artig Rede und Antwort, aber ich spüre, wie sauer er ist. Er selber würde nie an einen Tisch gehen, während sich jemand mitten im Menue befindet. Wenn er alte Stammgäste sieht und begrüßen will, dann lässt er immer anfragen, ob die schon fertig sind.«
Paula Bosch, Sommelière im *Tantris*, über ihren Co-Autor als Gast

»Ich bin eigentlich nichts Außergewöhnliches, außer kompetent in meiner Berufssparte.«
Eckart Witzigmann auf einem Notizblock des Hotels *Schloss Hugenpoet*, Essen

Ferran Adrià, der neue Küchenmagier im *El Bulli* an der Costa Brava, hat sich Witzigmanns *Aubergine*-Kochbuch übersetzen lassen und im Bett gelesen, und der Moderator von »3 nach 9«, Giovanni di Lorenzo, bewundert den Meister, der vor laufender Kamera der Kartoffelbauerntochter Veronica Ferres bewies, dass er zwanzig Kartoffelsorten fehlerfrei identifizieren konnte, nach nur einem Biss in die rohen geschälten Scheiben. Für einige ist Witzigmann sogar ein Abgott. Eine nicht ungefährliche Position.

Da sitzt er mit seinem Freund, Agenten und Beschützer Horst Bork in Berlin im *Bamberger Reiter* beim Abendessen. Offenbar hat es sich herumgesprochen, dass er in der Stadt ist, und auch, wo er speist. Denn der große, athletische blonde Mann, keine dreißig, der im Parka das Lokal betritt, geht schnurstracks auf ihn zu, reißt sich die Jacke herunter, steht in Kochmontur da und fällt auf die Knie. »Chef«, sagt er, und seine Stimme flackert, »ich würde alles für Sie tun, ich würde Tag und Nacht für Sie kochen.« Witzigmann ist der Auftritt peinlich.

Er bittet den jungen Kollegen, sich zu ihm zu setzen, und wundert sich, warum ihn einige heiligenmäßig verehren, er aber mit Herrn Hoffmann nach wie vor kämpfen muss. Er solle das Rinderfilet um zwei Millimeter dünner schneiden, heißt die neueste Forderung der Geschäftsführung. Das bedeute 30 Cent Einsparung pro Teller, und das zahle sich aus bei 140 000 Portionen in der Saison. Außerdem wird Witzigmann ermuntert, doch ein paar Zutaten wegzulassen. Das sei doch kein Drama.

Witzigmann sieht ihn an wie ein Stardirigent, der gebeten wird, bei Beethovens Neunter doch den Schlusschor zu streichen. Paula Bosch hätte Hoffmann warnen können, sie weiß, dass der Meister nicht mal eines seiner Rezepte ein zweites Mal veröffentlicht. Aber auch das hätte den Promoter schwerlich davon abgehalten, einen solchen ökonomischen Vorschlag einzubringen.

Missverstanden zu werden tut Witzigmann weh. Wenn einer der so genannten prominenten Gäste sich freut, in den *Palazzo* eingeladen zu sein, »wo der Witzigmann doch fünf Sterne hat«, bekommt er das nicht mit. Auch nicht, wenn Premierenbesucher enttäuscht meinen, der Witzigmann sei ja wohl schon gegangen.

»Nein«, heißt es dann, »der ist da.«

Aber wo denn bitte?

»In der Küche«, erfahren sie zu ihrem Erstaunen. Dort sitzt er irgendwo in der Ecke auf einem Hocker und schält Wachteleier. Was ihm jedoch nicht entgehen kann: wenn fünf Prozent der Gäste Jakobsmuscheln zurückgehen lassen, weil sie das noch nie gegessen haben. Und das bedeutet für ihn eine persönliche Kränkung. Fast so schwer wie die durch Hoffmanns Versuche, hier und dort etwas einzusparen. Er hätte nur irgendeinen aus Witzigmanns Umkreis fragen müssen, dann hätte er erfahren, dass an diesem Mann, der im fünften Stock ohne Lift lebt und abends auch mit Knäckebrot und Frischkäse zufrieden ist, nur eines teuer ist: seine Qualitätsversessenheit.

»Es peinigt ihn, wenn er bei Rezepten Platz sparen muss. Und er fragt mich dann zwanzig Mal, was er denn bei der gespickten Zwiebel weglassen soll, die Nelke oder das Lorbeerblatt. Und wenn aus redaktionellen Gründen der Arbeitsablauf verkürzt dargestellt wird und dann dasteht: ›Nudeln kochen‹ anstatt ›Nudeln ins kochende Wasser geben‹, dann geht er in die Luft.«
Paula Bosch, die mit Witzigmann jahrelang eine Kolumne im *SZ*-Magazin verfasste

Einkauf und Verbrauch des* Palazzo *in der Saison 2003/2004

800 000 Flusskrebse
2,5 Tonnen Rauchlachs
70 000 Wachteleier
9,8 Kilo weißer Trüffel im Wert von 45 000 Euro
12,1 Tonnen Milchkalbfilet
21 000 Liter frische Sahne
400 Flaschen Champagner zum Verfeinern des Graupenrisottos

Die Spannungen zwischen dem Koch und dem Promoter nehmen von Jahr zu Jahr zu. Hoffmann muss feststellen, dass die Mutter aller Köche ihre Kinder gut erzogen hat, denn auch wenn Witzigmann nicht vor Ort ist, lassen die vermehrt angelieferte Ware zurückgehen, weil sie ihren Ansprüchen nicht genügt. Und als Witzigmann dann im vegetarischen Menue Blattspinat mit Spiegelei und weißen Trüffeln anbietet, ist der Eklat nicht mehr aufzuhalten. Diese sündteuren, unscheinbaren Scheibchen auf ein Gemüse zu betten, das doch bestimmt keiner mag. Das, was Bork bis dahin gelassen als Szenen einer Ehe bezeichnet hat, beginnt sich zum Scheidungskrieg auszuwachsen.

Wie immer, wenn es kriselt, flieht Witzigmann in die Überarbeitung. Als Spiritus Rector des elitären Projekts, das Red-Bull-Produzent Mateschitz in Salzburg entwickelt hat, muss er reisen, organisieren, Fototermine überstehen. Denn das Restaurant *Ikarus*, das Dietrich Mateschitz in seinem Hangar-7 eingerichtet hat, funktioniert nach einem ehrgeizigen Konzept: Jeden Monat wird

»Zwei Dinge lass ich mir nicht verderben: die Freude am Verwöhnen und meinen guten Namen.«
Eckart Witzigmann zur Autorin, 1998

ein anderer international berühmter Spitzenkoch geladen, der dafür eingeflogen wird und dessen Spezialitäten das Team von Küchenchef Roland Trettl vorher trainieren muss. Roland weiß mittlerweile, wie er mit seinem ehemaligen Chef umgehen muss, dass der gekränkt ist, wird er nicht in alle Pläne einbezogen, und enttäuscht ist, erntet er zu wenig Dank. Und dass er sowohl Kränkungen als auch Enttäuschungen speichert wie ein Kochrezept.

»Da warst Du zehn Tage in New York und findest es nicht der Mühe wert, einige Neuigkeiten von dort zu erzählen. Ich glaube, Du bist Dir meiner Loyalität Dir gegenüber nicht bewusst.«
Entwurf eines Briefes von Eckart Witzigmann an Roland Trettl

Dass Witzigmann zu den Menschen gehört, denen niemals eine Hornhaut auf der Seele wächst, wissen nur wenige. Doch sehr viele müssen mitbekommen, dass er Gelüste auf Neues hat, schließlich steht das sogar in den Zeitungen. Witzigmann ist jedoch für das *Palazzo*-Projekt unersetzlich, denn sein Ruhm wächst wie Kresse im Frühling.

Das Land Baden-Württemberg und das Deutsche Institut für Kulinaristik rufen den Eckart-Witzigmann-Preis ins Leben, mit dem herausragende Leistungen der Kochkunst gewürdigt werden sollen. Als Witzigmann ihn erstmals vergibt, verkündet Hoffmann der *FAZ* zufrieden, er werde dieses Jahr 20 Millionen Euro Umsatz machen, habe bereits für 45 Veranstaltungen die Zelte en bloc an Großkunden vermietet, die dafür 64 000 Euro hinblättern müssten. Und erklärt, genau wie Witzigmann es will, einen Winterschlussverkauf nach dem ausgebuchten Jahresende, also Ende Januar oder im Februar, gebe es nicht.

Im September 2004 vermeldet die *Bild*-Zeitung, auf der Trabrennbahn Bahrenfeld in Hamburg seien für Witzigmanns *Palazzo* zwölf Linden gefällt worden, um Platz für das Spiegelzelt zu schaffen, für das noch gar keine Baugenehmigung vorliege. Die Linden standen unter besonderem Schutz. Verantwortlich war nach *Bild* die Gesellschaft, die sich die Vermarktungsrechte für die Trabrennbahn gesichert hatte. Doch der Name Witzigmann wird in dem Beitrag gleich zehn Mal erwähnt, obwohl er, der sich scheut, eine Blume abzupflücken, erst durch die Presse von dem Baum-Frevel erfährt. Witzigmann muss erkennen, wie dunkel die Schattenseite des Ruhmes ist. Ihn kennt fast jeder, sein Name macht eine Nachricht erst interessant. Mit Magenschmerzen muss Witzigmann zusehen, wie jeder Skandal auf sein Konto geht. Im Februar 2005 klagen zwei ehemalige Service-Arbeiter des *Palazzo* vor dem Frankfurter Arbeitsgericht wegen in ihren Augen unzulässiger Arbeitsbedingungen und

»Mich juckt es seit einiger Zeit. Ich träume von einem neuen Lokal in München. Keine Eckkneipe, sondern ein Säulensaal mit Kuppel.«
Eckart Witzigmann in der Münchner *Abendzeitung* vom 3. Mai 2004

Überstunden. Zwei Kellner sagen aus, ihnen sei gekündigt worden, weil sie sich geweigert hatten, für 1400 Euro brutto eine 80-Stunden-Woche abzuleisten. Die *Frankfurter Rundschau* berichtet am 5. Februar über die Klage unter der Zeile: »Die ›harte Schule‹ des *Palazzo*-Witzigmann«. Der *Wiesbadener Kurier* vom 8. Februar 2005 vermeldet: »Kellner verklagen Witzigmann«. Zahlreiche Blätter bringen die Nachricht ebenfalls so, als gälten Witzigmann persönlich die erhobenen Vorwürfe.

»Der Friedhof der abgeholzten Bäume am Rande der Trabrennbahn. Der österreichische Meisterkoch Eckart Witzigmann (63) will ab 30. September die Hamburger mit seinen Künsten erfreuen. 5000 Karten sind schon vorbestellt.«
Bildunterschrift in der *Bild*-Zeitung vom 11. September 2004

Die Kläger arbeiteten im Service, nicht in der Küche, und ihre Saison-Verträge hatten sie nicht mit Witzigmann, sondern mit der Deutschen Arena geschlossen. Die Schattenseite des Ruhms: Wer bekannt ist, eignet sich zum Prügelknaben.

Schließlich, Ende November 2005, wird die Klage der Kellner abgewiesen, weil ihre Überstundennachweise, so die Richterin, zu pauschal waren. »Das kann ich nicht anerkennen«, erklärt sie, obwohl an der Berechtigung der Klage kein Zweifel bestehe. Dass die Mitarbeiter an sechs Tagen pro Woche jeweils zwölf Stunden gearbeitet hatten, wird weder vom Anwalt der Deutschen Arena noch von der vierten Kammer bezweifelt.

Witzigmann denkt daran, dass in seiner *Aubergine* zwar nicht die Kellner, sehr wohl aber die Köche allesamt länger gearbeitet haben; auf die Idee zu klagen wäre keiner verfallen. Doch dazu braucht es eben den Animateur Eckart Witzigmann persönlich.

Das Personal im *Palazzo* ist zunehmend gereizt, doch ihr Groll richtet sich nicht gegen Witzigmann, sondern gegen Hoffmann. Der muss hart kalkulieren.

»Was soll ich machen?«, klagt er Witzigmann sein Leid. »Ich kann denen doch nicht mehr bezahlen!«

»Sie müssen Sie nur pünktlich bezahlen«, sagt Witzigmann, der diese Situation als dereinst sehr viel schlechter bezahlter Commis kennt. »Die haben ja keine Reserven.« Die Mutter aller Köche verfügt über eine Eigenschaft, die rechnerisch denkende Unternehmer befremden muss: Witzigmann ist fürsorglich. Er sorgt sich dauernd.

»Im November 2005 hat der Michelin seine erste Pressekonferenz in Österreich veranstaltet. Und da hieß es, nur einer im Land hätte drei Sterne bekommen, aber der habe leider gerade sein Lokal im Schloss Prielau *aufgegeben. Das hat der Chef sofort erfahren, und er hat mich angerufen. Er hat fast geweint. Er war viel trauriger als ich.«*
Jörg Wörther, 1979 bis 1983 in der *Aubergine*

Nachdem er tagsüber mit seinen Leuten das neue *Palazzo*-Programm zur Probe gekocht hat, wie immer drei Tage lang mehrmals vom ersten bis zum letzten Gang, kocht er danach für seinen Sohn und dessen Familie Suppen und Eintöpfe, denn ohne dieses Catering kann der seinen Umzug unmöglich überstehen.

»Hoffmann ist ein großer Promoter, ein begnadeter Reißer. Und er kann reden, dass einem die Tränen kommen. Nur wenn sie dann einmal nicht kommen, wird es heikel.«
Horst Bork, Witzigmann-Manager und -Freund

»Ich glaube, der wollte meinen Namen beschädigen, damit mich, weil er mich nicht mehr kriegt, gar kein anderer mehr will.«
Eckart Witzigmann zur Autorin, 2006

Eckart Witzigmann ist zufrieden, dass er für die kargen Löhne, die von der Deutschen Arena geboten werden, so gute Leute für die Küche bekommen hat. Bork weiß so gut wie Hoffmann, dass es der Name Witzigmann ist, der junge Köche dazu bringt, wie dereinst in der *Aubergine*, für wenig Geld enorm viel zu leisten.

Trotzdem beschließt Witzigmann, dass das hier seine letzte Saison gewesen sein soll. Horst Bork erklärt Hoffmann, der Vertrag werde nicht mehr verlängert. Doch Hoffmann will diesen fetten Fisch nicht von der Angel lassen. Als er schließlich einsehen muss, dass er Witzigmann nicht umstimmen kann, ändert er seine Strategie. An Silvester, wirbt Hoffmann, werde Eckart Witzigmann im Münchner *Palazzo* persönlich anwesend sein. Doch noch bevor es so weit ist, erfährt der, dass an diesem Tag das Spiegelzelt viel zu eng bestuhlt sein wird. Mit 450 Gästen ist es bereits überfüllt, aber Hoffmann hat noch ein paar Dutzend Plätze mehr verkauft. Die Logistik in der Küche ist damit kollapsgefährdet. Auf Witzigmanns Protest hin gibt Hoffmann zu erkennen, dass hier nur einer entscheide. Auch darüber, dass aus Kostengründen das angekündigte Feuerwerk nicht stattfinden werde. Er beschließt, die Kosten für das Feuerwerk persönlich zu tragen. Nur mühsam gelingt es seinem Manager, ihn davon abzubringen. Er beruhigt sich, indem er für die Silvesterparty seines Sohnes und seiner Schwiegertochter Lachs mariniert und Meerrettich für die Sauce reibt, wobei jeder weinen muss.

Am Silvesterabend erscheint Witzigmann bereits mit dünnen Nerven. Und sieht, dass Hoffmann auf jede Festdekoration verzichtet hat. Kein Hauch von Silvesterstimmung weht ihm entgegen. Kaum ist die Feier vorbei, verkauft Hoffmann, obwohl die Nachfrage unverändert stark ist, Resttickets mit einem Rabatt von 50 Prozent. Hoffmann nennt das »Abschiedsaktion«. Witzigmann nennt es Rufmord. Vertragsdetails, die streng geheim zu halten sind, werden in der Presse veröffentlicht. Wer sie liest, gelangt zwangsläufig zu der Ansicht, Witzigmann habe sich rechtswidrig verhalten und krumme Touren gedreht.

Wer hat die Interna samt Interpretation an die Journalisten gegeben? Hoffmann streitet ab, damit etwas zu tun zu haben. Eidesstattliche Erklärungen jagen und widersprechen einander. Witzigmann ist froh, Horst Bork zu haben. Und eine Perspektive: Bernhard Paul, der Roncalli-Begründer, den er seit Jahren

»Was er für einen Charakter hat, sehe ich an seiner Unterschrift: Die hat sich seit den fünfundzwanzig Jahren, die er mir schreibt, nicht um das Allerkleinste verändert.«
Carl Geisel, Hotelier und Freund

kennt, wird mit ihm gemeinsame Sache machen. Ganz einfach wird das bestimmt nicht, auch wenn Österreicher im Exil zusammenhalten, auch wenn Paul mit Witzigmann die Liebe zum Tafelspitz und Beuschel und die Aversion gegen Junk-Food teilt.

Aber einfach will es Eckart Witzigmann ja gar nicht haben. Und auch wenn er sagt, er fange an, zufrieden zu werden und sich Zeit für die Familie zu lassen, auch wenn er erklärt, er wolle endlich sein Versprechen einlösen, für Véroniques Tochter Marietta zu kochen und mit ihr Ski zu fahren, auch wenn er mit den Enkeln schmust und sein Sohn meint, er habe nie gedacht, dass sein Vater jemals so gelassen werde, was alles nicht nach den existenziellen Kämpfen eines Hamlet klingt: Witzigmann wird immer Hamlet bleiben, obwohl der jetzt ein Kostüm aus der Commedia dell'Arte trägt. Denn auf Witzigmanns *Palazzo* folgt Witzigmanns *Bajazzo*. Und der Bajazzo in Leoncavallos Oper »I Pagliacci« ist so wenig komisch wie Shakespeares Hamlet. Er ist dünnhäutig und verletzlich. Und leidet Höllenqualen, als er hintergangen wird. »Ridi, pagliaccio«, »Lache, Bajazzo«, beginnt seine große Arie. Unter Tränen ermuntert er sich zu lachen.

»Sinnlose Verschwendung: Woran denken Sie da im Bereich Essen und Trinken?«
»An Drei-Sterne-Küche und alles, was damit zusammenhängt.«
Bernhard Paul, Circusdirektor, in einem Fragebogen, veröffentlicht in: »Der Reichtum der einfachen Küche: Österreich«, 1997

Das hat Witzigmann oft genug getan.

Danksagung
Nicht zustande gekommen wäre dieses Buch ohne Horst Bork mit seinem Gespür für den Meister und seinem Talent, alles zu organisieren.
Die Autorin bedankt sich ganz innig bei allen, die ihr geholfen haben, dieses Buch zu schreiben.
Allen voran bei Monika, Véronique und Max Witzigmann, deren Offenheit unersetzlich war, um Eckart Witzigmann zu verstehen.
Außerdem geht Dank – in alphabetischer Reihenfolge – an:
Norbert Becker, Alfred Klaus Bercher, Paula Bosch, Karl Ederer, Muschy und Fritz Eichbauer, Heiner Finkbeiner, C. P. Fischer, Carl Geisel, Reinhard Gerer, Jean-Pierre, Paul und Marc Haeberlin, Ingeborg Hartmann, Madeleine Jakits, Fritz Keller, Peter Kluge, der als Sammler auch wunderbares Material lieferte, Otto Koch, Heidi und Gernot Köstinger, Manfred Kohnke, Walter Olschützer, Christian Petz, Mechthild Piepenbrock-Fischer, Günter Rochelt, Jakob Strickner, Roland Trettl, der jede Eitelkeit vergessen kann, wenn es um den Chef geht, Günter Schöneis, Alfons Schuhbeck, Paul Simon, François Wilhelm, Jörg Wörther, Harald Wohlfahrt

Bildnachweis
Rainer Fichel, Cas Concos: S. 185
Mike Gallus, München: S. 105
Heinz Gebhardt, München: S. 91
Klaus Meyer-Andersen (© *stern*, Hamburg): S. 104, 139, 187
Sammy Minkoff, Eching (© Burda-Verlag, München): S. 135
Michael Moritz, München: S. 140
Emil Perauer, Salzburg: S. 153
Photo Bécam, Tassin-la-Demi-Lune (© Lyon-Reportage): S. 61
Privat: S. 20, 21, 24, 27, 33, 37, 38, 42, 50, 53, 68, 81, 89, 92, 100, 116, 118, 130, 150, 158, 185, 188
Winfried Rabanus, München: S. 97
Thomas Schumann, München: S. 178
Alfred Steffen, Hamburg: S. 207
Tassilo Trost: S. 56